R
1285.
#1.A.

LA SCIENCE DU MONDE.

OU LA SAGESSE CIVILE DE CARDAN.

Seconde Edition.

DIVISEE PAR CHAPITRES.

A PARIS,

Chez la vefue TOVSSAINCT QVINET, au Palais, sous la montée de la Cour des Aydes.

M. DC. LII.

Auec Priuilege du Roy.

A MONSEIGNEVR
MESSIRE NICOLAS DE BAILLEVL,
CHEVALIER, SEIGNEVR
de Vatetot sur Mer, de Soisy sur Seine, Baron de Chasteaugontier, & Conseiller du Roy en tous ses Conseils, President en sa Cour de Parlement, & Ministre d'Estat.

ONSEIGNEVR,

Cét Ouurage qu'vne seconde impression expose encore aux yeux du Public, pour auoir

ã ij

EPISTRE.

changé de parure exterieure ne laisse pas d'estre tousjours vostre: & de quelques changemens qu'il soit reuestu dans vne seconde naissance, ce luy est vne heureuse impossibilité de ne pouuoir paroistre que sous vostre Nom, puis que dans sa premiere ce sont vos qualitez illustres, & vos belles habitudes qui ont esté son modelle & son idée. Aussi son changement n'estant pas dans sa matiere, ses mesmes discours, & ses mesmes sentimens ayant esté conseruez; vous n'y en trouuerez point d'autre que celuy d'vn enfant qui voyage, & qui reuient couuert d'vn autre habit: mais qui rapporte ses inclinations plus ennoblies, & qui vient en rendre l'hommage à celuy qu'il estime en estre la cause. C'est le suiet qui luy fait prendre vne seconde liberté de venir vous entretenir de quelques applaudissemens qu'il a receus dans sa premiere course: parce qu'il ne peut vous en rendre compte, qu'il ne publie en mesme temps que ce sont des effets de la protection que vous luy auez donnée, et de l'estime que vous en auez conceuë, qui ont fait croire qu'il contenoit des maximes excellentes de la Science ciuile, puis que celuy que l'on reconnoist vniuersellement en auoir vne connoissance entiere et parfaite a daigné

EPISTRE.

l'approuuer. Si les peres sont emportez d'vn rauissement qui les charme quand ils voyent leurs enfans se couronner des mesmes inclinations, et des mesmes volontez, dont ils ont fait leur gloire; vous ne pouuez doubter, MONSEIGNEVR, de la qualité de mes transports en ce rencontre, d'auoir pû produire quelques lignes, qui selon mes inclinations ont vne necessité de vous honorer; et qui selon mes souhaits me donnent vne occasion de parler de vos vertus. Certes il y a de la necessité pour cét ouurage, puis que dans les defiances que son Autheur conçoit de ses forces, il ne peut attribuer son succez qu'à son offrande, ou plustost au merite de son Autel: & l'occasion y est si naturelle, & y force si agreablement, que ceux qui ont les yeux et le cœur pleins de l'Amour de la vertu, ne sçauroient vous regarder sans conceuoir vne si noble enuie, & en mesme temps le dessein de l'executer. En effet, ie ne voy point de matiere à Panegyrique si ample, & si facile que les actions de vostre vie. Le discours y coule si naturellement, que le stile n'a que faire de ces enfleures de parolles, & de ces termes pompeux dans leur signification dont on compose ordinairement les eloges: & les belles

EPISTRE.

actions s'y presentent auec tant de presse, qu'il ne faut employer qu'vne desduction qui se contente de nombrer vos Magistratures, vos emplois, vos Ambassades, & vostre Ministere. Tout le trauail qu'on y peut prendre est de se racourcir, & d'estre forcé de ne considerer pas cette foule d'actions & de vertus en particulier, de peur de ne se lasser iamais dans leur admiration & leurs loüanges, & de ne pouuoir finir. Tant de diuers emplois, & si differens dans leur conduite, & neantmoins executez auec tant de prudence, vous marquent bien en homme que le Ciel a reserué pour les belles choses: & si le peu d'espace d'vne Epistre m'oblige à passer legerement le pinceau sur leurs effects, ie dois du moins en illustrer la cause; & dire que la matiere qui les excite & qui les nourrit en vous, est cette generosité ciuile & vertueuse qui fait les seuls mouuemens de vostre esprit, & cette passion, qui fait la souueraine dans vos inclinations, de n'auoir des yeux & de l'enuie que pour ce qui peut seulement satisfaire vostre deuoir, & vostre Roy. C'est effectiuement en cét endroit où les plus belles couleurs de vostre vie doiuent estre en leur iour; & où la licence du siecle, & les affaires presentes peuuent

EPISTRE.

uent me donner la liberté de dire, que ceux qui ont l'honneur de vous approcher & de vous connoistre, y remarquent vn si noble attachement, que vostre connoissance est heureusement forcée de succomber sous vostre naturel, qui la contraint de ne voir l'image de nostre temps, que par ce qu'vn homme constitué dans vostre place en doit considerer par son deuoir, & non par les reflexions qui pourroient conuaincre son esprit. C'est vne suite de ces belles habitudes que l'on vous a fait prendre dés vos plus tendres années, & qui par leur objet ne peuuent estre nommées que Royalles. Et à veritablement parler, il suffit aux hommes, comme vous, qui sacrifient à la vertu toute pure, & qui marquent en ces conionctures que leurs interests, ou leurs mescontentemens n'ont iamais formé leurs actions, de meriter & d'attirer tout ensemble par l'inébranlable constance de leur deuoir les assistances & les protections de la Diuinité; pour conseruer la gloire d'vn Royaume, faire cesser les mal-heurs dont il est combattu; & pour donner vn exemple fameux de la fidelité sincere d'vn sujet qui force, par maniere de dire, les benedictions du Ciel. Ie ne voy point de conduite de qui l'on

EPISTRE.

puisse plus raisonnablement conceuoir ces esperances que de la vostre. Vostre douceur à conduire & ramener les passions les plus esmeuës en sont d'heureux presages; vos sentimens qu'on ne peut accuser d'interest, à moins de démentir la connoissance publique des subjets qui vous ont esleué dans toutes les Charges, pouuant produire des veritables persuasions en forment des presomptions violentes. Et si l'Histoire, & l'experience nous apprennent que le calme des temps facheux a tousiours esté reserué pour les vertus des hommes consommez dans toutes les Magistratures, qui n'ont pas moins de connoissance des intrigues de la Cour, que des mouuemens des Peuples, c'est vne certitude que i'en conçois, & que ie prends plaisir d'annoncer. On vous a veu dans la Cour tousiours ferme & genereux, & tousiours conseruant la sincerité de vos bons sentimens parmy les obstacles qui s'y trouuent : Le Peuple vous fait vn present de ses sousmissions pour recompense de vostre affabilité; & dans la distribution de la Iustice on vous y reconoist moins presider par vostre place que par vostre suffisance & vostre integrité. C'est à des actions si heroïques que sont deus les souhaits de ces

EPISTRE.

grands ouurages; c'eſt à des mains ſi ſçauantes, d'entreprendre à les former: & ſi i'en fais des vœux, c'eſt afin d'attacher encore ce Laurier au comble de vos Vertus: C'eſt pour m'acquiter des obligations que ie vous ay; & pour ne pouuoir mieux vous teſmoigner combien ie ſuis,

MONSEIGNEVR,

Voſtre tres-humble &
affectionné ſeruiteur,

CHOPPIN, Aduocat
en Parlement.

TABLE DES CHAPITRES,

QVI COMPOSENT LE TRAITE'
de la Science du Monde, ou de la
Sageſſe ciuile de Cardan.

LIVRE PREMIER.

CHAP. I. La maniere du choix des profeſſions, le ſuiet, les moyens, les occaſions de les changer. Pag. 56.

CHAP. II. Qu'il faut y conſiderer les inclinations du Siecle où nous viuons; & ſi abſolument les richeſſes y ſont preferables à l'honneur. p. 60

CHAP. III. Que tous les hommes ne doiuent pas pretendre à la gloire, & qu'il eſt trop difficile de la poſſeder. p. 64

CHAP. IV. Qu'il ſuffit de trauailler pour l'honneur. pag. 70.

CHAP. V. Qu'il faut conſulter les maiſtres des profeſſions qu'on veut entreprendre auant leur entrepriſe; & dans ce deſſein y apporter du courage. p. 83

CHAP. VI. L'Abregé des principes de la Science du Monde. p. 86

CHAP. VII. Quels ſentimens on doit prendre dans la queſtion de ſçauoir ſi le deſtin, la fortune, le Genie, & les Aſtres ont empire ſur la vie des hommes, & ſur leurs actions. p. 99

CHAP. VIII. Que Dieu donne des reuelations dans les incertitudes, quand on ſçait l'art de le prier, & de

DES CHAPITRES.
s'en rendre digne. p. 108
CHAP. IX. L'Exemple des euenemens est le modelle le plus asseuré de la conduite des hommes. p. 110
CHAP. X. Les preceptes à rendre la vieillesse heureuse enseignent à choisir les emplois de la ieunesse. pag. 112.

LIVRE DEVXIESME.

CHAP. I. La necessité de se proposer vne fin dans toutes ses entreprises, & d'en considerer la nature. p. 122
CHAP. II. La veritable fin de toutes les actions de la vie ciuile, les degrez qui esleuent à ses felicitez ; & les grandeurs les plus faciles à acquerir. p. 125
CHAP. III. Le principal estude d'vn homme d'honneur, est d'enrichir son esprit des Vertus, qui sont les soustiens de la vie ciuile. p. 234
CHAP. IV. La Science du mesnage du temps & de son employ est vn tresor. p. 129
CHAP. V. Les circonstances du choix d'vne habitation. p. 131
CHAP. VI. Le plus grand secret à reüssir dans vn dessein, est de se tenir tousiours ferme aux accidens de la fortune. p. 134
CHAP. VII. Que ce n'est pas assez d'auoir les vertus interieures pour la vie Ciuile ; il luy faut encore les exterieures, qui sont vne adresse industrieuse sur le champ, la science des mœurs, de la courtoisie, & la façon de faire paroistre la trempe de son esprit. p. 136
CHAP. VIII. Les fautes les plus ordinaires de la vie ciuile, comment les corriger, cacher ses disgraces, ses infirmitez, & les descouurir. p. 149
CHAP. IX. La substance, l'effect, & l'vsage de la parole de la vie ciuile. p. 159
CHAP. X. L'Vtilité qu'on peut tirer des sermens qui nous confirment dans nos desseins. p. 164
CHAP. 11. Le profit du silence. p. 168
CHAP. 12. Le silence apprend à deliberer. p. 171

TABLE

CHAP. XIII. La deliberation n'est parfaicte, que dans la cõnoiſſance des mœurs de ceux auec qui l'on a commerce, des inclinations, des ſentimens des princes, des Miniſtres d'Eſtat ſur les affaires qui ſe paſſent, & des brigues des villes où l'on veut agir. p.172

CHAP. XIV. Les moyens d'auoir la ſanté & d'acquerir les richeſſes. p.179

CHAP. XV. L'Ordonnance d'vne famille, ou les reigles œconomiques. p.181

CHAP. XVI. Comment faire ſocieté pour les diuertiſſemens; & quelles ſont les matieres de la conuerſation, & du deuoir. p.195

CHAP. XVII. La methode de conuerſer, d'agir auec les amis; & de connoiſtre s'ils ſont veritablement capables des effets de l'amitié. p.204

LIVRE TROISIESME.

CHAP. I. LA ſanté du corps rendant l'eſprit plus capable de ſes fonctions, il la faut conſeruer. p.209

CHAP. II. Le diſcernement des amis, des ennemis, des flateurs, & la façon de deſcouurir les eſprits. p.212

CHAP. III. La methode à pratiquer la vertu du bien-fait. p.222

CHAP. IV. Comment on prend empire ſur les eſprits d'vn chacun. p.225

CHAP. V. Il faut tenter ceux qui promettent leur faueur & leur aſſiſtance par de legeres rencontres d'obliger, auant d'eſtre reduit dans la neceſſité d'implorer leur ſecours. p.230

CHAP. VI. Le moyen à faire vne demande auec ſuccez. p.231

CHAP. VII. Il faut connoiſtre les humeurs de ceux auec qui l'on veut s'engager de commerce, de profeſſion, & d'amitié; & meſurer ſes forces à la qualité des entrepriſes. p.233

CHAP. 8. VIII. La vie ciuile a beſoin de la feinte, de la diſſimulation, de la perſuaſion, & de la menace. p.238

DES CHAPITRES.

CHAP. IX. Entre les fraudes ciuiles est l'adresse de l'eschange, & de prendre les occasions du temps. p. 256

CHAP. X. Les principaux moyẽs d'establir sa fortune. p. 259

CHAP. XI. Il faut parer toutes ses actions d'vne decence exterieure; & quelle est la decence de chaque âge, & de chaque condition. p. 262

CH. XII. La façon de bien executer vn dessein. p. 265

CHAP. XIII. La maniere de se seruir de la parole dans les actions ciuiles. p. 268

CHAP. XIV. Comment connoistre les fraudes des commerces, & s'en defendre. p. 272

CHAP. XV. La necessité d'auoir des personnes affidées dans ses intrigues; comment s'en seruir & gouuerner ses entremetteurs. p. 281

CHAP. XVI. Comment se comporter dans la corruption de la fidelité des domestiques, & s'en defendre. p. 291

CHAP. XVII. Comment la societé des hommes peut subsister parmy tous leurs desordres. p. 312

CHAP. XVIII. L'histoire est la veritable instruction des hommes; quelle est la façon de la lire. p. 321

CHAP. XIX. Les moyens d'engager les hommes dont on veut auoir secours dans les actions importantes & perilleuses; & d'y preparer leurs esprits. p. 326

CHAP. XX. L'adresse à traiter d'affaires auec les inconnus, les Dames, les amis, les Magistrats, & les communautez. p. 333

CHAP. XXI. Comment se comporter & se defendre aux accusations que l'on intente, ou qu'on reçoit. p. 341

CHAP. XXII. Les incommoditez qui suruiennent à l'occasion des amis; comment s'en defendre ou les destourner. p. 344

LIVRE IV. ET DERNIER.

CHAP. I. LA methode de se maintenir, d'agir en Cour, & de s'insinuer dans la faueur des Rois, des Princes, des Ministres d'Estat ou Fauoris, & des Grands. p. 360

CHAP. II. Comment se defendre chez les Grands, de la

TABLE DES CHAPITRES.

calomnie, & de l'enuie. p. 378

Chap. III. Comment trauailler au seruice des Rois, des Princes, des Grands; & quels sont les moyens d'y entrer & d'en sortir seurement. p. 383

Chap. IV. Les adresses à viure dans sa Patrie dans le repos, de s'y maintenir dans la crainte ou l'apparence d'y perdre ses emplois, & de succomber sous l'enuie & l'inimitié. p. 391

Chap. V. La prudence à se conduire quand on est obligé à changer de païs, & reduit à conuerser auec les estrangers. p. 395

Ch VI. La façon de faire voyage. p. 401

Chap. VII. Quelle doit estre la pratique de la vertu d'hospitalité. p. 403

Chap. VIII. Les soins, les moyens, l'importance d'acquerir de l'estime dans sa profession; & comme il faut dans leur execution se loüer, s'entendre loüer, & despriser les autres. p. 409

Chap. IX. L'adresse à se faire estimer du peuple, à gagner sa bienueillance, à conseruer chez luy sa reputation, à se purger & se plaindre de la calomnie, & de l'enuie. p. 421

Chap. X. Comment acquerir de la reputation dans les professions ordinaires, se commettre auec les inferieurs, superieurs, & corriger les fautes que l'on commet sur ce sujet. p. 428

Chap. XI. La methode de traiter, de parler auec les inconnus, les estrangers, & les importuns. p. 435

Chap. XII. Les discours dont on doit entretenir la conuersation, ses propres loüanges, celles d'autruy, & les hommes dont on veut tirer du profit. p. 439

Ch. XIII. L'art à composer les lettres missiues. 449

Chap. 14. La vãgeance, & la reconciliation, ciuiles p. 452

Ch. XV. La veritable instruction des enfans. p. 459

La Conclusion. p. 465

Fin de la Table des Chapitres.

PREFACE
AV LECTEVR.

COMME il est d'vne connoissance parfaite, que les hommes dans la necessité de leur condition naturelle ne produisent point d'actions considerables en leurs commerces, que par l'entremise d'vne societé ciuile; il est aussi d'vne verité bien establie, que ce qu'ils ont de puissance & de force n'a pas seulement ses accroissemens dans les deuoirs, & les seruices mutuels qui se rendent, mais encore son origine & ses principes. Ils sont les seuls dans la nature qui reclament d'abord du secours: les larmes qu'ils respandent en naissant montrent que leur foiblesse est extreme dans l'abandonnement & la solitude: & comme le reste des creatures au moment qu'ils voyent la lumiere, & dans la suite de leur estre, augmentent les douceurs de leur vie par la compagnie de

PREFACE

leurs especes, ils traisnent leurs iours languissamment dans la priuation de leurs semblables; & ils ont vne tristesse qui les tuë dans le temps mesme où la fleur de leur âge & l'acheuement de leurs forces deuroient les faire viure dans les plaisirs. Ainsi la solitude les rendant inutils, & faisant mourir leurs actions, ie me persuade facilement que ie puis dire auec raison, que si ce qui les establit puissans & les fait agir, a son mouuement, & sa dependance par leurs societez, & les seruices qu'ils se rendent : cét ouurage contribuera beaucoup à leur assistance ; puis qu'il est fait à dessein de leur apprendre les moyens qui conduisent à cette puissance, & qui donnent les habitudes qui forment parfaitement aux actions de la vie ciuile.

Entre ces actions & ces puissances sont les commoditez, & les fortunes qui s'acquierent par le tiltre des successions. On y compte l'adresse de flechir aux dispositions de ceux qui viennent à ce poinct de grandeur de prononcer de nouuelles loix, ou de faire regner les anciennes. On y trouue l'intrigue des confederations, des societez, & des commerces. On y void la necessité de se seruir de la violence des armes. Et l'on a peine d'y paruenir auec succez sans le credit & l'authorité des parens, l'assistance des amis, l'appuy de richesses & des grands, le renom d'vne sagesse, l'estime d'vne probité, la reputation d'vne pieté religieuse ; en vn mot, sans vne foule de personnes affectionnées à suiure nos interests & nos conseils, qui sont des tesmoins parlans des protections qu'on a renduës, & qu'on peut rendre. Des effets si considerables publient hautement son importance, & quel en sera le profit. Ce qui fait qu'estant icy dispensé d'en faire la preuue, ie viens d'abord aux instructions qu'il propose pour la science ciuile; & que pour les insinuer, ie dis que tous ces auantages qui sont ses matieres, qui composent les societez des hommes, & qui rendent celuy d'entre eux le plus puissant, quand ils se rencontrent tous renfermez dans son suiet comme en leur cercle naturel, leur sont presentez des mains de la nature, ou que leur trauail en fait l'acquisition. Que ceux qui reçoiuent ces faueurs de la nature, n'ont à produire d'autres actions que celles qui leur procurent la connoissance d'en bien vser; & que les autres ont cette double peine de trauailler pour les acquerir, & de s'en bien seruir quand elles leur sont acquises. C'est vne premiere instruction qui monstre la necessité que la vie ciuile a de ses preceptes; qu'à leur faueur on en peut adoucir les inquietudes: & c'est ce qui m'oblige de dire pour expliquer le dessein qui les conduit, que comme la perfection d'vn corps est en sa forme, & la perfection de la forme est en son operation; l'acheuement de cét ouurage sera dans les enseignemens qui conduiront metodiquement dans la science de connoistre si l'on possede ces auantages naturellement, d'en bien vser apres cette con-

PREFACE

noissance; ou d'en faire vne acquisition par le trauail, & la reduire apres dans les moyens de les bien pratiquer.

La fin qu'il se propose est de former la vie dans le bon-heur, & dans la saincteté morale. Si l'on iouïssoit de ce bon-heur, & de cette saincteté sans le secours des richesses, des amis, des grands, & des preceptes qui y donnent des entrées ; cette iouïssance ne seroit point vne action des hommes, mais vn effet de la nature diuine : parce que la seule prerogatiue qui met la difference entre la nature humaine & la diuine, est que la vie diuine a ses actions naturellement dans la saincteté, la perfection & le repos, & que la vie des hommes ne les produit de cette façon, qu'à la faueur d'vn secours estranger. C'est pourquoy leur condition estant telle, que pour faire vne acquisition tant importante, & pour en bien vser, ce leur est vne necessité de se soubmettre à mille incommoditez & mille trauaux; c'est vn mal dót l'accez est beaucoup moindre de souffrir la recherche penible de cette fin, pour iouïr de la douceur qu'elle donne, que par la crainte de la peine de sa poursuite, mener dans sa priuation vne vie dans l'oisiuité, & dans le mespris de toutes choses. Ce qui m'oblige de dire que c'est vn attentat aux Philosophes de l'antiquité, & principalement aux Stoïciens, d'auoir voulu donner aux hommes ce qui ne conuenoit qu'à Dieu; & d'auoir voulu faire croire que leur bon-heur dépendoit d'eux absolument sans

AV LECTEVR.

trauailler. Lorsqu'ils ont voulu se faire admirer, ils ont acquis la reputation de trompeurs, de vendeurs de fumée, & d'impies: leur vie auoit d'autres effets que ne publioient leurs preceptes; leurs paroles estoient démenties par leurs actions; & ce qu'ils donnoient aux hommes ne pouuoit estre pratiqué que par vne Nature diuine. Il est de l'experience que les hommes ne se rendent signalez dans la vie ciuile que par le trauail; que c'est luy seul qui les esleue dans les dignitez & la reputation; & qui meslant quelques espines parmy les fleurs dont on les couronne, leur fait sentir plus agreablement les veritables douceurs du bonheur.

Cette fin a des actions qui sont occupées vers les Rois, vers les sujets, vers les pauures, vers les riches, vers les ieunes, vers les vieillards, vers les sains, vers les malades. Ces actions font naistre beaucoup de trauaux & de doutes: ces trauaux s'auanceront facilement par les preceptes que cette science propose; & ces doutes y seront resolus. Le premier de ces doutes est de sçauoir, s'il est plus à propos de paruenir à la possession de cette fin, que de la mespriser? Le second, si ce n'est point vne necessité de se soustraire à toutes sortes de passions, puisque les felicitez, & le bon-heur mesme, selon Epicure, consistent à n'estre point sensibles ny aux incommoditez presentes, ny aux futures, ny aux passées? Le troisiesme si cette fermeté contre les disgraces qui vient iusques au stupide, peut estre nommée vtile & vertueuse ; puis qu'il est necessaire à tous les mal heureux de mesurer leurs volontez à leur puissance? Et le quatriesme, si ceux à qui la vieillesse a peruerty les organes du corps, peuuent encore iouïr des douceurs & des satisfactions de la vie ? Vne infinité d'autres doutes, qu'vn Lecteur iudicieux obseruera dans vn ordre assez bien compassé, seront expliquez. Ils seront suiuis de plusieurs traitez pour sçauoir ce qui est necessaire, & ce qui ne l'est pas pour rendre cette vie heureuse : & ces parties ainsi disposées, composant vn tout, auront atteint le but du dessein qui les forme, quand ils auront instruit les actions des hommes pour la iuste pratique de la conuersation ciuile ; dont les principaux objets sont de faire acquisition de puissance, de gloire, de loüange, d'amis, de bien-veillance en tous lieux ; & de iouïr auec satisfaction des biens que la fortune, ou l'adresse leur donne.

Cependant pour proceder auec ordre, i'insinuë que le secret de cette science consiste à faire des reflexions sur nostre côdition, & sur celle de ceux auec qui nous traitons quelques affaires, par la consideration du temps, du lieu, de la quantité, de la forme ; & de plusieurs autres accidens, qui ne sont supportables & permis, que parce que ce n'est qu'vn desir d'honneur, & de se rendre recommandable qui les fait entreprédre. Apres i'auertis que ce que ie maintiens estre capable de dôner l'honneur, & le repos, à son establissement dans les biens solides, dans la sagesse, dans la santé, dans le bon-heur d'auoir des enfans vertueux, dans la force d'vn âge florissant, dans les richesses, dans les Magistratures, dans les commandemens, dans les amis, dans les bien-veillances d'vn chacun : & que ceux qui pretendent à la sagesse, reconnoistront facilement, qu'il ne se pourroit pas faire dans ces choses vaines & importunes, comme sont les vengeances, les ieux de hazard, les paillardises, le luxe; & tout ce que les hommes commettent par leurs passions dans le déreiglement, quoy que dans leur denomination ils leur donnent le nom de biens. Dans cette reconnoissance, ils aduoüeront, que ce qui paroist delicieux ne l'est pas effectiuement; & que comme c'est vne felicité entiere, & accomplie, quand on iouit des biens veritables pleinement, & dans l'abondance, c'est en verité vn bon-heur tres-imparfait, que de n'en iouir que selon les sentimens qu'on en peut conçeuoir par le desordre des passions.

En suite ie dis que le profit que cét ouurage doit apporter est facile à presumer; en ce qu'en toutes les affaires des hommes pareils en fortunes & conditions, les vns en sortent heureux, & comblez de gloire, & les autres mal-heureux, & plongez dans le des-honneur & l'infamie. Or il est certain que dans leurs pensées, & leur façon d'agir, il y a vne bonne ou mal-heureuse fortune à esprouuer, & qui par sa disposition les peut rendre dans l'éleuation, ou l'abaissement, & que cette disposition peut estre aydée ou combattuë par la Nature, ou par l'Art. C'est pourquoy comme en la Musique, & en la Medecine l'experience apprend, que l'Art dans la perfection auec vn peu de naturel, reüssit beaucoup mieux, qu'vne excellente nature auec vn Art dans la foiblesse; il est visible que la societé ciuile doit auoir des reigles pour conduire l'Art ou la Nature, & que ces reigles composant vne science, forment vn ouurage dont les vtilitez seront sensibles à tous les hommes.

Pour former son abregé, ou plustost en donner vne peinture vniuerselle, elle soustient d'abord, que si le principe du traité d'vne science est l'ordre, & que si l'ordre prend sa naissance de la diuision, & si la diuision est l'origine de la connoissance; que celuy qui cherche la science des mœurs des hommes pour la vie ciuile, doit l'apprendre de la confusion, ou de l'ordre de leurs actions, & de leur esprit. Celuy qui cherche la confusion est entierement remply de folie, ou de méchancetez; & celuy qui cherche la distinction est amateur de la sagesse, & de la verité. Ce n'est pas que le desir de la verité soit tousiours le signe & la marque de la bonté de celui qui desire: les larrons sont desireux de sçauoir, si ceux à qui leur larcin fait violence, ont de l'or ou de l'argent dans leur bourse, mais icy il est parlé seulement de l'affection d'vne verité qui soit simple, & qui soit pure. Aussi ie ne sçay si c'est à ce propos qu'Anaxagoras a dit qu'il y auoit vn esprit preposé de Dieu,

AV LECTEVR.

Dieu, qui perpetuellement diſtinguoit & diuiſoit les choſes; Mais ie ſçay que c'eſt par la diſtinction qu'on vient à vne parfaite connoiſſance, qu'on diſcerne les bons d'auec les mauuais, & que celuy-là forme vn argument infaillible de ſon mauuais naturel, qui ne cherche que les confuſions & les obſcuritez.

C'eſt par ces moyens que celuy qui fera l'eſtude de cette ſcience, reconnoiſtra la bonté ou la meſchanceté des hommes auec qui ſon commerce l'expoſera. Dans les diſputes & dans les liures, la confuſion ſera le teſmoin du venin qu'on y cache, ou de l'ignorance qui les cauſe; & principalement quand on y traite de quelque choſe vtile. Il y a pluſieurs ſortes de confuſions, la verité de la ſignification des paroles, leur obſcurité, ou leur equiuoque, la chaleur, & l'effort de la voix de celuy qui parle, la cholere depeinte ſur le viſage, le pretexte de la Republique, de quelque danger, des choſes qui n'ont pas de rapport, ny de vrayſemblance au ſujet qu'on propoſe. Le trop grand diſcours en eſt encore vne marque : auſſi bien que d'empeſcher de reſpondre, d'intimider les defenſeurs, de former des ſoupçons friuoles pour la Religion, d'exhiber vne infinité de teſmoins de mauuaiſe vie, ou qui n'ont point de connoiſſance de l'affaire. Et rien ne la deſcouure plus, que quand on s'efforce de faire de pluſieurs calomnies vn crime capital.

Ainſi cette confuſion paroiſſant quand on traite vne affaire auec des paroles plus grandes que la chose, quand on souſtrait à vn homme les moyens de ſes defenſes par des teſmoignagnes corrompus; & par des feintes qu'on habille de ſouſpirs, de gemiſſemens, d'vn habit de deüil, & d'exclamations; il taſchera d'euiter les filets qui luy ſont tendus. Il ſe ſouuiendra de ſa condition. Il penſera que de tous coſtez elle eſt aſſiegée, & reduite en des eſpaces tres-petits. Que s'il recherche la felicité, elle eſt attachée à la miſere. Et qu'en conſiderant les eſpaces de la vie, on voit ſouuent la mort, & non pas ſeulement la vieilleſſe eſtre en ſuite de l'enfance. Sur ces objets il doit limiter ſes deſirs à ſa puiſſance, moderer ſes paſſions, & ſupporter patiemment les aduerſitez qui le choquent. Auſſi bien nul des hommes n'eſt paruenu iuſques en la vieilleſſe que par des incommoditez. Et quoy qu'en die le vieil Caton, il eſt conſtant qu'il eut le regret de ſe voir ſuruiure à ſon fils.

En effet, pour bien philoſopher, que les affaires reüſſiſſent ſelon nos projets, & qu'ils ayent des euenemens qui ſoient contraires, qu'vne choſe ſuiue la diſpoſition de noſtre volonté, ou qu'elle ne la ſuiue pas; cela dépend d'vne meſme ſuite, & d'vne meſme conionɛture. Pourquoy nous flatter de l'eſperance d'atteindre certainement ce que nous pourſuiuons, veu que nous ne connoiſſons pas touſiours la bonté de noſtre pourſuite? Encores qu'elle ſe faſſe ſans des incommoditez notables, que nous eschangions de grands maux auec de petits bon-heurs ; chaque aage apporte & fournit tant d'experiences, qu'il seroit inutile d'apporter icy des exemples pour montrer qu'on euite à peine cette confusion, qu'vne infinité d'accidens nous oppose quelque fois sans dessein, mais pour suiure le cours des choses humaines; ou parce que dans nos actions & nos affaires, l'ignorance, & la promptitude, & la precipitation y prennent tousiours leur part. C'est pourquoy, Lecteur, vous verrez dans cette science, que vous deuez par vne habitude naturelle considerer toutes les actions de la vie par vous-mesme, les faire agir par ces raisons ; & par de certaines suites aussi coustumieres comme celle de prendre & de mettre vos clefs, vos habits, & les vstenciles de vostre mesnage en de certains lieux. Qu'il faut faire vostre negoce à des heures certaines, à des iours qui soient reglez ; & que si vous reconnoissez que vostre memoire ne conserue pas les especes des sujets que vous meditez, vous les deuez escrire de peur de les oublier, & de donner des gesnes à vostre esprit, qu'il faut tousiours tenir tout prest, tout espuré, & tout franc de soucis, pour de plus grandes affaires qui peuuent suruenir.

Vous y lirez ce qu'il faut esuiter, & fuir principalement dans le cours de la vie : & que non seulement la mort, mais les actions qui la peuuent approcher sont les sujets de cette fuite. Non pas qu'il importe beaucoup au bon-heur de nos iours,

PREFACE

d'abreger vne vie si sujecte aux infortunes; mais parce que nous ne voions pas dás la nuict du futur l'importance de sa perte, l'illustre employ qu'on en peut faire; & que cette indifference de la vie nous fait offencer son Auteur.

A cette perte de la vie vous verrez comparer celle du temps: puis qu'il est vray de dire que nous ne viuons que lors que nous formons quelques actions; & qu'il ne vous importe en aucune façon quand vous dormez tousiours, de perir apres vn iour, ou bien apres mille ans: Vous remarquerez apres le grand tresor que c'est d'auoir l'esgalité, & la liberté tout ensemble de son esprit dans tous les accidens qui suruiennent: afin que dans la poursuite des bon-heurs, ou dans le combat des aduersitez le iugement agisse, on ne perde haleine ny courage ; & que dans l'inconstance du monde on tienne pour certain qu'il ne faut s'attacher qu'à ce qui apporte plus de fruit ; & que les amis, les richesses, & la gloire, qui formant les biens de la vie, semblent en effet former sa substance, sont moins vtils que les vertus. En cét endroit mes sentimens seront exprimez sur ces richesses, sur cette gloire; & sur tout ce qui flattant les sens a le nom de biens, qui ne seront pas mes imaginations, mais l'experience des sages.

Ainsi vous qui lisez ces lignes dans le dessein de vous instruire, prenez pour premiere maxime, qu'il ne suffit pas au Bon heur des entreprises, de les reduire dans vn poinct qui les expose dans vne parfaite connoissance. Il y faut adiouster vne preparation, ou plustost vn esprit resolu aux euenemens qui sont esloignez des poursuites, pour n'estre pas surpris par leur accident, & pouuoir par l'addresse d'vne resolution apporter par le discours & le raisonnement quelque remede à leur mauuais succez. Pour la pratique de cette maxime la nature de la parole, & du discours sera despeinte: vous verrez l'vtilité qu'elle apporte en la vie ciuile quand on sçait l'art d'en bien vser. Vous ferez cette obseruation, qu'auec les personnes sages & prudentes, qui sçauent les affaires dont nous parlons, ou par science, ou par vsage, on doit se seruir de breueté; qu'auec les autres moins intelligens vn discours par trop concis pourroit estre inutile; que ceux à qui la bonté d'esprit donne des lumieres qui percent tout, entendent en peu de mots; que cette breueté fait plus d'effort sur les esprits de cette trempe, qu'elle ne souffre pas que les choses dites d'abord s'esuanoüissent à la fin; & qu'elle opere aussi bien vn accroissement de l'authorité de celuy qui parle, que la gratification & la bien-vueillance de celuy qui escoute.

Croyez que la seconde à laquelle vous deuez vous attacher, est de tenir ferme dans la creance que le defaut, ou la force de ce que nous entreprenons n'est pas dans nostre esprit, ny dans la nature de la chose entreprise, mais dans les actions par qui nous auons entrepris. Comme l'ame est immortelle & infinie elle est parfaitement connoissante; l'esprit qui est vne de ses plus belles fonctiós a les mesmes qualitez : & comme les entreprises sont des matieres capables de receuoir toute sorte de formes, si l'esprit y fait quelques fautes, elles ne sont pas dans luy, ny dans les choses sur lesquelles il s'applique, mais dans le manque de sa science, & de leur vsage. En sorte que si vous vous efforcez d'y paruenir, & que vos efforts soient suiuis de l'execution, que cette science vous soit connuë, & que cét vsage vous soit familier; vous produirez des effets qui surpasseront non seulement vostre esperance, mais celle de ceux qui vous regarderont auec enuie, & qui vous opposeront des obstacles. Dans cette creance vous verrez reüssir vos actions, quand vous chercherez les veritables moyens de leur accomplissement; apres auoir corrigé le defaut de vos premieres poursuites; auoir fait diuorce auec les fausses voluptez, qui alterent les desseins, & corrompent les esprits; & que vous aurez iuré des societez eternelles auec les veritables. Aussi celles qui charment la raison plus qu'elles ne chatoüillent les sens, ne peuuent rendre vn homme entierement heureux: & auec le ieu, le cageol des Dames, l'oisiueté, les plaisirs de la bouche, vne trop grande attache à la poësie, à la musique, aux courses de nuict, au bal, à la chasse, à la comedie, la nature d'vn veritable & solide bon-heur ne s'y rencontre pas auec vne pleine satisfaction.

AV LECTEVR

Vous ferez fort apres sur les raisonnemens qui vous persuaderont, qu'vn homme meschant n'a pas la science de l'esprit, des vertus & des felicitez, & qu'vn sage qui vit dans l'honneur, ne forme point d'actions qui n'en soient les marques. En effet, vn homme vicieux qui est constitué dans les dignitez, n'est pas moins vn voleur pour estre dans la magistrature, quand il se sert de sa pourpre pour couurir ses larcins; Il n'est pas moins vn parricide, quand il croit n'animer les loix que lors qu'il punit, ou prononce iniustement; & il n'est pas moins vn ignorant, quand le respect qu'impose sa charge fait qu'on ne s'en oseroit plaindre.

Que si auec tous ces defauts il est dans la loüange, & l'approbation, & qu'auec vostre sagesse vous n'ayez que du mespris; ma proposition ne laisse pas d'estre veritable, & vous pouuez l'obseruer facilement. Si toutes choses luy tournent en apparence auec bon-heur, il a tousiours deuant les yeux la crainte des loix, & ressent à tous moments les remords de sa conscience. Comme il sçait que les mouuemens sont plus certains, quand ils agissent selon leurs pentes, & leurs cheutes naturelles; il est d'autant plus dans l'apprehension de l'inconstance de sa fortune, qu'il a par ses remords de connoissance de son peu de merite. Si sa meschanceté est impunie, à la fin ses propres vices consommeront ses richesses, & perdront sa reputation. La force de la Iustice est quelque fois opprimée, mais aussi cette palme se releue quand elle est abatuë; & la fortune qui se lasse, & qui ne fut iamais constante, en l'abandonnant ne luy laissera que l'infamie, & vne conscience dôt il ne pourra souffrir l'horreur. Que si ces malheurs ne sont point les accidens de sa vie, si la fortune accompagne ses funerailles, peut-estre il n'aura point d'enfans: ses sueurs employées criminellement à l'acquisition de tant de richesses seront les ébatemens, & le suiet des plaisirs de ses ennemis; & quand mesme ses enfans partageroient ses charges, ses honneurs & ses biens, cette posterité finira quelque iour, ses trauaux deuiendront inutils, & la recompense, ou plustost le supplice de ses crimes durera tousiours. Dans cette consideration vous sçaurez moderer vos desirs, mesurer vos passions aux regles de la sagesse, & trouuer des satisfactions en toutes rencontres. Par elle vous apprendrez que pour iouyr des plus beaux presens de la fortune, qui semblent estre les plus grands delices de la vie, on ne possede pas vn bon-heur accompli de tout poinct, si l'on ne sçait l'art de les bien gouster dans l'abondance, & de les acquerir dans la iustice.

Ce n'est pas la quantité des mets delicieux qui assouuit nostre faim; la nature est contente de peu: & ce ne sont point les Couronnes, les thiares, & les tresors qui donnent les tranquilitez, si la conscience n'est d'accord auec eux. Il est ainsi de tous ces biens à qui le luxe & la vanité donnent

vogue;

vogue ; & pour eschaper aux charmes qui nous trompent, vous verrez icy que les veritables maximes de la science du monde, sont de connoistre parfaitement la nature des felicitez, de ne laisser pas emporter sa creance à l'opinion des hommes du vulgaire ; & de sçauoir que la plus grande de toutes les confusions de la vie, est de croire absolument, que ceux-cy qui ont reputation de sages, le sont effectiuement, & que ceux-là qui ne sont pas dans cette estime, n'ont pas veritablement la sagesse.

Ces maximes vous enseigneront cette autre adresse si vtile de sçauoir à quel poinct d'amitié on est cheri de ceux qui sont nos domestiques. Que ceux-là nous aiment d'vne affection qui merite reconnoissance, qui adioustent du respect & de la crainte à leur amour ; & que ceux-cy nous haïssent, qui feignent de ne sçauoir pas les rencontres où la crainte est necessaire, qui ne les sçauent pas en effet, ou qui font gloire & vanité de cette ignorance. Elles vous asseureront que cette pensée de Cesar, qui disoit que la iustice pouuoit estre foulée iustement, quand cette oppression seruoit de marche-pied pour esleuer aux throsnes, est vne meditation que l'ambition seule auoit fait naistre, & qu'elle n'est point approuuée de ceux qui ne font profession d'autres commerces que de ceux qui sont iustes, vtils & honnestes. Et pour estre instruits generalement de tout ce qui peut rendre heureux, vous sçaurez qu'il y a trois sortes

C

d'actions parmy les hommes; Que les vtiles & les honnestes regardant la sagesse & le culte de Dieu, doiuent auoir tous nos soins; Que les plaisantes, qui ont les voluptez pour objet, ne nous sont pas toutes defenduës; Que les hommes n'ont pas vne nature si parfaite & si puissante, vne condition si bien establie, qu'ils puissent agir selon les reigles des vertus estroites; Et que quand ils seront paruenus à l'acquisition de ce qui est necessaire pour l'entretien de leur vie dans l'honneur, il faudra que pour posseder veritablement ses douceurs, ils renoncent de bon cœur aux voluptez, ou qu'ils les reçoiuent sans attachement.

Mais comme l'ordre est vn des principaux instrumens qui enseigne les sciences, & que le plus parfait est celuy qui reduit les substances premieres au point, que par des proportions les secondes viennent à la connoissance; c'est sur ses principes que cét ouurage se conduit. D'abord il sera traité des genres, les especes auront apres leurs explications. Vous verrez les actions des Princes décrites deuant celles des Courtisans. La description en sera generale; & en suite par des traitez plus particuliers, vous obseruerez les deuoirs des Princes vers les peuples, les sousmissions des peuples vers les Princes, les ciuilitez & les soupplesses des Courtisans vers leurs compagnons de fortune; & finalement l'adresse, la societé, & le commerce que se doiuent mutuellement ceux qu'vne pareille condition rend semblables. Cét ordre est naturel. Il y a des estres dans la nature qui doiuent auoir presceance: Les substáces doiuent marcher deuant les accidens, les causes deuant leurs effects, & les choses simples deuant les composées. Cét ordre dans la nature seruira d'exemple & de methode à l'art qui forme ces preceptes. Quand les actions des hommes en general seront instruites selon leurs perfections, ils apprendront apres la sage conduite des particulieres; & ils s'instruiront des choses qu'ils doiuent acquerir dans eux-mesmes, auant celles qui hors d'eux leur sont necessaires. En suitte celles qui doiuent estre acquises hors de nous seront diuisées en actions, en paroles, en gestes, & en traitez; & ces accidens seront partagez d'vne subdiuision, qui prendra pour tiltre la commodité des habitations, l'estime, le malheur, la fortune que donnent la magnificence, la reputation, les richesses, les amis, les ennemis, les maistres, les valets, la façon de s'en seruir: En vn mot, tous les effects sans lesquels la societé ciuile ne sçauroit subsister.

Apres l'obseruation de l'ordre tenu dans cet ouurage, il est de la suite d'exprimer l'intention de son Autheur; qui n'est pas de noircir ces lignes pour apprendre l'art de tromper, ou celuy de ne pas suiure les traces qui sont imprimées par les vertus; à la façon des Rheteurs, qui donnent des preceptes, par qui l'on peut aussi bien enseigner & loüer le vice, que la vertu. Quoy qu'en quelques rencontres i'establisse pour maxime

C ij

de la science du monde, d'agir par de certaines actions qu'vne iustice rigoureuse, & qu'vn Censeur aussi seuere que celui tant renommé chez les Romains, n'approuueroit pas; c'est vn establissement qui dit pour ses raisons, qu'il y a de la honte à souffrir que des hommes, qui n'ont iamais eu de commerce dans l'empire des sages, s'y meslent, pour leur dresser des embusches, & semer des espines parmy les fleurs de leurs vies. Il est certain qu'il n'est pas permis d'vser d'artifices & de tromperies auec les personnes qui viuent dans vne sage simplicité; que nous deuons nous proposer deuant les yeux l'horreur de la figure des crimes; penser combien leur memoire est affreuse, quand mesme les supplices n'iroient point à leur suite; & que nos esprits doiuent auoir pour suiets ordinaires de leurs meditations le peu d'espace de nos iours, la bassesse de la terre, & la grandeur du Ciel : parce que les accidens de la nature humaine, & l'incōstance de la fortune nous exposent à tous moments à la perte du iour, & que ce n'est point à nous à vanter nos actions, n'y à triompher de leur éclat; puis qu'il est vray que les plus innocens des hommes sont tousiours deuant Dieu criminels. Mais puis que la societé ciuile les expose les vns aux autres, qu'entr'eux il y en a dans les soupplesses & dans les artifices; il ne faut pas que les sages, & les politiques pieux attendent le coup de leurs finesses, & s'exposent à leurs traits. L'on peut sans crime, puisque c'est sans dessein d'en commettre, par vne conduite dans la sagesse le preuenir, relancer sur eux les traits qu'ils décochent : & lors l'adresse qui fait cette pratique, plus par necessité que par inclination, n'est pas moins vtile & necessaire, qu'elle est innocente & glorieuse.

Aussi c'est iustement qu'on a douté s'il estoit permis de faire de mauuaises actions: mais ce doute n'a iamais esté conceu, qu'il fust permis d'en produire de mauuaises à dessein. Quoy qu'il soit d'vne experience qui s'acheue tous les iours, que nous en formons de malicieuses par nostre seul instinct naturel, selon que le Roy Prophete disoit à Dieu, que s'il demandoit aux hommes raisõ exacte de leurs actions, il les trouueroit toutes dans l'iniustice; elles ont leur excuse, en ce que nostre nature est tellement encline au mal, qu'elle reçoit auec peu de combat, & mesme auec quelque sorte de complaisance, les efforts dont l'attaquent la lubricité de nos sens, les attachemens, les necessitez, & les occasions du monde. Ainsi si l'on euite ces monstres, que forme l'ingratitude qui deplaist tãt à Dieu, ces cruautez vers les innocens, ces insolences vers les miserables, ces rapines sur les pauures, ces impietez vers les sentimens de Dieu, ces ambitions si desordonnées pour les grandeurs, on ne renonce pas à toute sorte de iustice: & dans vne nature si foible, & dont le peché semble former les actions, on ne commet que des crimes, qui par leurs legeretez attirent des pardons à leur suite.

Nostre object principal doit estre vne obeïssance aux preceptes de Dieu, & à la disposition des loix qui regnent sur nous: & puis à cette suite nous pouuons faire marcher nos interests; pourueu que leur marche ait les apparences de l'honneur, & que si elle produit en effet quelque vice, il ait au moins l'image d'vne vertu. S'il est question de posseder ce qu'on n'a pas, il faut que ce soit plutost vne subtilité qu'vne force ouuerte qui le donne: & l'on le reçoit encore plus moralement, si on n'y employe pas tant les efforts d'vne subtilité que d'vne persuasion. La persuasion est vne subtilité d'amour & de douceur. La force n'arrache pas seulement auec violence, & contre la volonté; mais elle y aiouste de l'iniure. La subtilité a des amorces ineuitables, mais elle fait naistre le desir de se vanger: & à les bien considerer, on trouuera que la force est pire que la subtilité, & que la subtilité a moins de grace que la persuasion. La fraude peut estre pratiquée en de certaines actions qui l'excusent: & c'est dans les actions qui profitent à celuy qui les produit, & à celuy en faueur duquel elles sont produites, ou quand il n'y va que du plaisir, ou d'vne vtilité necessaire. On en peut prendre l'exemple pour ce qui est du plaisir, dans les comedies, qui par leurs intrigues subtiles surprennent; pour ce qui est de l'vtilité, dans ceux qui cachent aux meres la mort de leurs enfans vniques, pour espargner leurs larmes, & s'opposer à leur desespoir; & pour ce qui est de l'vtilité commune vers celuy qui agit, & vers celuy en faueur duquel on agit, quand on defarme vn homme, qui par l'ardeur de fa colere eft preft à nous faire du mal.

La perfuafion, quoy qu'elle foit toufiours reueftuë des couleurs de la fraude, eft admife entre les actions que l'on permet à l'hôme: parce qu'elle s'exerce fous vn vifage amy. Sa permiffiõ eft d'autant plus legitime, que fi vous n'oppofez que fes mefmes armes contre celles qu'elle employe contre vous. Dans les contracts de vente, il eft permis à l'acheteur de donner par toutes fortes de voyes le moins qu'il peut de prix; & il eft pareillement permis au vendeur de donner fa chofe à plus que fa iufte valeur: mais fi ces contracts fe font auec perfuafiõ à l'endroit de ceux qui n'ont point de connoiffance du prix de la chofe qu'ils achetent, qui font fi miferables que le mal-heur leur ofte la liberté du iugement, ou qui font gens fimples & ruftiques, ou vefues, ou enfans; en ce rencontre la perfuafion eft vn vice dangereux, & ces circonftáces ioignent trop de malice à cette fraude pour la rendre fupportable. Quoy qu'elle ne foit qu'vne partie de la fraude, & que les loix difpofent quelque fois, que les contracts qu'elle a formez auront leur execution; ce n'eft que par vne fouffrance en faueur des neceffitez de la focieté ciuile, & non pas par vne approbation.

Dans cét ouurage il fera parlé d'autres façons d'agir auec honneur & bien-fceance dans les actions qui peuuent retenir quelque chofe des vices. Les maximes defduites pour ce fuiet font de s'y comporter par les voyes de l'honnesté & de la douceur; de ne chercher pas tousiours le Soleil pour leur tesmoin, de faire reluire sur leur exterieur quelques vertus; & du vice, & de la vertu en faire vn meslange qui s'accorde, & qui face vne composition qui soit belle & apparente en ses parties. En effect, ces actions auroient mauuaise grace d'estre tousiours en exercice: il faut les estouffer dans le silence, & n'en point faire de vanité. Celuy qui condamne ceux qui cachent leurs fautes, ne peut rien pretendre à la sagesse: & celuy qui en veut tirer vanité, se montre vn effronté partisan des impietez & de l'insolence. Ces actions vn peu vicieuses doiuent estre ornées d'vne liberalité, paroistre dans vne pompe exterieure; emprunter l'assistance des belles lettres, se seruir du secours de la prudence, ressembler à la valeur des genereux, & prendre la pieté & les façons ciuiles pour leur ornement. Enfin imiter les Medecins, qui d'vn meslange de plusieurs bons medicamens auec vn peu de venin, composent vn antidote souuerain, & vn theriaque salutaire d'vne composition de ronces, de miel, & d'aromates.

Ces façons d'agir, qui trouueront leur perfection & leur acheuement, quand on les pratiquera dans les seuretez et dans la gloire, forment à la verité des maximes qui sont suiettes à la censure des loix qui sont seueres; mais la necessité qu'en a le monde doit parler pour leur defense, & excuser le mal que l'on commet par elles. C'est ce qui me conme contraint icy de publier, que cét ouurage n'est pas formé pour toutes sortes de personnes; qu'il doit estre receu auec plus de faueur de ceux qui sont capables d'en tirer du fruict, & que la meditation qu'il demande, exige d'autant plus de soins & de diligence.

Ce n'est pas que par ces raisonnemens, qui iustifient que l'on peut commettre des actions qui se ressentent vn peu du vice, pour ne rendre pas les sages en prise aux hommes vicieux, ie vueille prouuer qu'il soit permis dans le monde d'agir par la subtilité, & mesme par la preuoyance, & la connoissance des agéts naturels que l'on apprend de l'Astrologie ou du sort. Certes ie conseilleray tousiours de se soufmettre aux dispositions de la diuinité, & d'attendre par vne saincte patience les decrets sacrez de sa prouidence. Nostre sagesse est trop courte dans les sciences, nous dépendons de Dieu absolument; & les actions des hommes ont trop de circonstances & de diuersitez, pour y establir des reigles certaines. L'homme sçait bien l'obiect de ses desirs, mais il ne connoist pas si ce qu'il recherche auec ardeur, luy procure ses auantages; & s'il a assez de connoissance pour n'auoir dans ses souhaits que ce qui peut former son bonheur, il n'a pas assez de force & de puissance pour s'en promettre certainement la iouyssance. Aussi par la consideration de sa foiblesse, & de ses necessitez, ie ne puis entierement blasmer ceux qui s'en seruét quelquefois, & qui donnent leur crean-

D

ce aux auertiſſemens que preſentent les ſonges. L'experience fait voir le profit qu'on en peut tirer. Ceſar qui les a creus, a porté ſes armes victorieuſes où leur fer a brillé, & n'a fait qu'vne conqueſte de tout le monde: & Gallien, qui ne les a pas meſpriſez, s'eſt donné l'eſtime & la reputation du plus intelligent dans l'art des Medecins. Ces auertiſſemens que l'on deſcouure eſtre au deſſus de la preuoyance humaine, ou venir par la rencontre du hazard, ſont à receuoir, & Dieu quelquefois ſe ſert de petites choſes pour nous conduire à de plus grandes. Quoy qu'en nous deſillant les yeux par vne eſpece de diuination, pour nous faire voir quelles actions nous deuons entreprendre, & par quel moyen nous reſoudrons l'incertitude de nos eſprits, ils ne ſoient pas certainement des preſens de la diuinité; neantmoins leur rencontre ayant quelque ſorte de miracle, & de ſuiet d'eſtonnement, on ne les doit pas negliger, ny attribuer la mauuaiſe reüſſite qui en arriue à la foibleſſe de leur art, mais plutoſt à celle de noſtre eſprit, qui n'a pas aſſez de lumiere pour ſe conduire dans les lieux, qui ſemblent ſe deuelopper eux-meſmes de leurs tenebres.

Ce qui fait, que comme la production des ſemences ne ſe peut faire abſolument par la chaleur feconde du Soleil, ſi elle n'eſt aſſiſtée par l'humide fecondité de la terre, ou de la culture qu'elle reçoit par nos ſueurs; i'eſtablis que la plus ſaine opinion ſur ce ſujet, eſt que l'obſeruation qu'on pourroit faire du cours des Astres, des visions du sommeil, & des rencontres fortuites, n'empescheroit pas le succez d'vne affaire sur laquelle ils seroient consultez; comme ils ne formeroient point ses auantages, si on n'y donnoit les soins & les trauaux ordinaires par lesquels on y paruient naturellement. Ainsi de donner sa creance aux Astres, à ces rencontres fortuites, de s'y attacher par trop, & d'y fonder des esperances certaines (quoy que ie sçache que plusieurs qui se sont adonnez au sort des vers du Poëte Virgile, sont paruenus au comble des honneurs) i'asseure que de former des desseins sur ces foibles coniectures, c'est bastir sur vn sable mouuant, vouloir peindre dessus l'air; & que ceux qui par ces obseruations font quelques reüssites, sont de ces heureux pour qui la fortune semble estre née, & qu'elle fauorise iusques au poinct de les faire reposer sur son sein. Dans les incertitudes le moyen plus seur à prendre des resolutions, apres la prudence ordinaire, est celuy des prieres & des vœux à la Diuinité : ou nos prieres seront exaucées, ou nostre foy receura des accroissemens, & nostre esprit des lumieres.

Ce n'est pas aussi mon dessein de nier que la fortune possede vn empire dans le monde d'vne merueilleuse estenduë, que la plus grande partie de nos actions suit la disposition de ses loix ; & qu'il y a encore quelque force plus diuine, qui souuent les arreste, & les precipite en leurs cours.

Dans cét ouurage ie pourrois passer cét aueu sous silence : mais puis que ie veux y bastir vn Temple pour les veritez humaines, pour en tirer comme d'vne source feconde toutes les felicitez de la vie; ie ne laisseray pas d'insinuer quelques maximes qui seruiront à repousser ces efforts, & ces violences. Quoy que l'on sçache que les diligences imaginables apportées en quelque suiet, & que toute l'humaine industrie espuisée en vne affaire, ne la fera pas succeder plus heureusement; si vous consultez les oracles de ce liure, ils vous diront qu'il faut se comporter en sorte, que l'on puisse acquerir l'estime de conduire les affaires dans la prudence. Lors il vous restera assez de satisfaction, quand vous aurez esuité la ruine entiere de ce que vous proiettiez, & l'extremité des mal-heurs qui pouuoient arriuer, qui accablent ordinairement les hommes qui font des entreprises sans l'assistance des vertus, & qui sont surmontez de ceux à qui le courage, & la prudence donnent de la conduite. Certes ceux-là seuls sont admis au nombre des heureux, qui auec la faueur de la fortune, & la bonté d'vn Genie qui leur suggere tout, donnent des agréemens, & des perfections à tout ce qui sert d'object à leurs actions. Mais il est peu de personnes qui puissent atteindre, & donner iusques à ce but: c'est pourquoy ie dois icy faire obseruation de ce qui peut seruir à ceux qui ne sont pas si fortunez, qui sont en plus grand nombre.

Si on remarque vne force extreme dans la fortune, on y considere l'inconstance de ses caresses, & l'abandonnement qu'elle fait de ses entreprises. Ainsi lors qu'elle fait sentir sa disgrace, il luy faut faire esprouuer nostre courage; il ne faut point ceder à ses menaces, il faut parer les coups qu'elle porte; & ne faire point d'interpretations à nostre desauantage. Celuy-là peche doublement, qui dans les combats de la guerre, dans la dispute des sciences, & dans la poursuite des procez, cede à la violence qu'on luy oppose: & celuy-cy ne se noircit pas d'vn moindre crime, qui dans les contentions ciuiles fauorise, ou combat le party de son Prince, selon que sa fortune paroist auoir de l'auantage. Il est du deuoir d'executer ce que pratiquent ceux qui sont excellens en l'art de nauiger, qui lors qu'ils voyent la violence des vents esleuer leurs tombeaux, iettent leur anchre pour s'arrester en quelque lieu, & qui trouuans ce moyen inutile, s'abandonnent à la mercy des flots, à la conduite seule des vents, & cedent à la violence qui surmonte les maximes de leur art. Apres les efforts de l'humaine prudence, le secret du salut dans ces sinistres accidens, est de se preparer à vaincre cét engourdissement d'esprit, qui saisit dans les malheurs, & qui conduit dans le desespoir, dont les voyes semblent nous estre ouuertes par l'ennemy commun des hommes; qui nous voyant pres des infortunes qui peuuent en quelque façon fraper

PREFACE

les esprits, les plonge tout d'vn coup dans cette abyſme, pour y precipiter les iugemens, & nous interdire leurs fonctions. Comme les malheurs ont eu leur commencement, il faut eſperer qu'ils auront leur fin. Cependant vne confiance entiere en Dieu doit donner conſolation à nos eſprits ; & des actions de vertu doiuent nous attirer ſon aſſiſtance. Sur ces fondemens tres aſſeurez, il faut tenir ferme, & ne point s'abandonner : non ſeulement par l'eſperance que ces diſgraces auront vn iour leur fin ; mais encore par cette conſideration, que les biens, & les maux ne dépendent que de nos volontez & de nos ſentimens, qu'il n'eſt heureux que celuy qui le croit eſtre, & qu'il n'eſt mal-heureux que celuy qui s'eſtime infortuné.

Pour paruenir auec facilité à l'execution de cette morale, Lecteur, vous deuez apprendre dans cette Preface quelles ſont les conditions de la nature humaine. Pour les connoiſtre parfaitement, meditez en premier lieu ſur le ſuiet pour lequel vn corps humain, quelque beauté qu'il ait, quelque eſclat qu'il poſſede, ou de l'aage ou du ſexe, eſt neantmoins vn theatre veritablement remply d'horreur ; & pourquoy deſſous cette peau delicate, le ſujet quelque fois d'vne blancheur qui fait honte à celle des lys & de la neige, il n'y a que l'ordure, de l'auerſion, & qu'vn receptacle de pourriture & de vers ? Conſiderez enſuite quelle eſt la trempe, & la force de nos eſprits ;

si la sagesse vous conduit dans cette consideration, vous deuez penser qu'vn homme est d'autant plus dans l'abaissement de l'ignorance, qu'il est esleué dans les sciences: en sorte que les satisfactions qu'il peut en attendre, ne sont produites que par vne presomption vicieuse, ou de la nature, ou de la chaleur de l'aage, ou de l'infirmité du sexe. Et si l'on vous dit que ces hommes là sont meilleurs que ceux-cy, ne le croyez pas, on vous trompe : ils sont tous mauuais esgalement ; mais les vns le sont d'vne façon, & les autres d'vne autre maniere. I'auouë qu'entre tous les hommes il y a de la difference. Leur difference principale est celle de l'aage ; la seconde est de l'education ; & celles qui sont apres sont de nation, de familles, & de sexe. Mais la cruauté, l'auarice, & l'ambition, sont des vices qui leur sont communs, & tous ces vices sont commis esgalement par eux : Si ce n'est que ceux qui ont le plus de politesses, qui n'ont pas le nom de barbares, les exercent auec plus de modestie, de douceur, & d'humanité. Il est vray que les vns les quittent auec plus de facilité que les autres, mais ce n'est pas l'effect d'vne nature meilleure, c'est qu'ils sont plus dans l'indifference & dans la crainte ; qu'ils se sont sousmis à des loix qui les punissent, & que leur nature est plus capable d'auoir de la pudeur, & de la honte pour le crime. Ie demeure d'accord qu'on obserue encore entr'eux vne autre difference dans les affections à l'endroit de ceux qui sont nez de leur sang; puisque ceux de l'Afrique formoient vn commerce pour la vente de leurs freres & de leurs enfans, & que les Antropophages en faisoient leurs repas les plus delicieux. Et ie ne desnie pas qu'il ne s'en trouuent qui exercent plus sincerement que les autres ces deux vertus du bien-fait, & de la fidelité, qui sont les sources d'où naist tout ce qu'il y a de bon-heur au monde: Mais ie dis que ces actions differentes sont tousiours produites par des principes qui ont esgalement quelques vices par les effects de l'amour, de la gloire, de la conuoitise, de l'vtilité, de la simplicité, & de la crainte, qui sont des passions qui sont communes à tous les hommes. Par l'affection & l'amour, les vns rendent des deuoirs & des seruices à ceux, ou à celles qui ont pris naissance dans leur propre sang, qui partagent les plaisirs de leur couche, & qui leur tiennent compagnie dans leurs diuertissemens. Par le desir de posseder & d'acquerir de la gloire, les autres se rendent esclaues & ministres des Rois & des Princes: ils donnent des approbations à tous leurs sentimens, & trouuent leurs actions toutes diuines: & c'est par vn assouuissement & vne pleine satisfaction de toutes choses, que ces Rois, & ces Princes traitent leurs suiets auec douceur; parce que leur condition n'est point digne de leur enuie; & que les choses qu'ils poursuiuent ne sont pas seulement des obiects capables d'arrester leurs yeux. Par la simla simplicité, les femmes, les enfans, & presque toutes les personnes de basse extraction, font des vertus, parce qu'ils n'ont pas assez d'adresse & de commoditez pour les vices. Par la crainte ils gardent leurs fidelitez aux puissances, & à ceux qui sont esleuez dans les dignitez; parce qu'ils apprehendent les chastimens qui suiuroient leurs desobeyssances, & qu'ils ont tousiours deuant les yeux les effets des supplices qu'ordonnent ceux qui gouuernent les loix. Et enfin, ce n'est qu'en faueur de leur propre interest, qu'ils gardent cette fidelité des negoces : ils sçauent qu'elle est la mere du commerce, qu'elle est vn bien de la societé des hommes, & que sans elle il y auroit entr'eux vne diuision, qui causeroit leur ruïne.

Ces meditations qui font vn tableau racourcy des inclinations de la nature humaine, vous apprendront que c'est sur leurs objects que les actiós de la vie ciuile doiuent prendre leur conduite. Si vous en voulez vn portraict dans de plus larges estenduës; les premieres maximes de cette science vous aduertiront, que celuy qui se veut intriguer dans les affaires ciuiles, doit d'abord considerer la breueté de la vie, l'inconstance de nos actions, & les obstacles que la fortune a de coustume d'interposer entre le commencement & la fin des entreprises. Qu'apres cette consideration il doit s'imaginer que tous les hommes ont leur propre interest plus cher que celuy de leur prochain ; Que tous les esprits ne sont pas de mesme trempe, que

E

les vns sont plus subtils que les autres; & que ceux-cy ont des talens pour vne entreprise, que ceux-là n'ont pas pour cette mesme entreprise, mais qui en possedent d'autres, qui les conduiront asseurément dans d'autres desseins. Cette imagination de raisonnement luy fera sçauoir, qu'il faut connoistre les esprits qui animent les conseils de ceux auec lesquels il veut traiter; qu'il faut regarder s'ils ne sont point susceptibles de passions & de changement; & si l'on peut faire en sorte que les choses qui estoient le matin l'object de leur auersion, soient le soir celuy de leur desir. Il faut encore qu'il fasse cette obseruation, que le temps mesme qui sert à desirer vne vie, vne fortune, ou meilleure, ou plus glorieuse, forme des momens qui s'eschapent à la possession de cette enuie. Que toutes les faueurs du monde, qui flattent les sens, sont enuironnées d'espines pour nous blesser, d'embusches pour nous perdre, d'empeschemens pour nous en retirer, de difficultez pour nous empescher de les poursuiure aueuglement, & de peines & de trauaux pour donner des bornes à nos conuoitises sans mesure. Apres tout, que la pensée qu'il doit auoir tousiours presente dans l'esprit, est qu'vne vie humaine ne peut posseder la perfection du bon heur. Que les fortunes communes & nouuelles n'ayát point d'establissement certain, sont changeantes & perilleuses. Que les grandes ne s'acquierent pas facilement, & que les petites ne donnent pas assez de satisfaction aux ambitieux. Qu'il n'est pas en nostre puissance de sçauoir iusques à quand nos mal heurs nous feront sentir leurs pointes. Que bien souuent nous ne l'apprenons que lors qu'ils nous ont opprimez; & que l'experience des infortunes est seulement ce qui fait gouster les douceurs de la vie. Tant il est vray que c'est par elle qu'on reconnoist que les momens de nos iours, qui peuuent former nostre gloire, forment aussi nos calamitez; & que ceux-là qui nous auoient fait seoir dessus les trosnes, & nous auoient couuerts de pourpre, sont les mesmes qui dans leur reuolution nous plongent dans vn abysme de disgraces, & nous font paroistre en estat d'esclaues sur la cendre, & sur les fumiers.

Par cette experience on apprend, que les caresses que font la plus grande partie de ceux qui se dient nos amis, sont des artifices, & des embrassemens pour nous estouffer, ou du moins des actions que forme leur seul interest. Que les ciuilitez de ceux qui ne nous connoissent point donnent peu de profit. Que l'amitié des grands est vn faix insupportable: que celle des pauures est vne charge aussi pesante; & que la fidelité des hommes est vne foy fragile ou suspecte. Que si on la veut conseruer, elle reduit souuent dans le danger d'estre trompé: que si on l'abandonne, on s'expose dans l'infamie; & que si par la disposition des loix nostre salut dépend de la déposition des tesmoins, nostre cōseruation n'a point de fondemens qui ne puissent estre esbranlez à

E ij

PREFACE

l'aspect de l'or & de l'argent. Enfin par elle on connoist que dans la societé ciuile il y a des hommes dont les vœux, & les plaisirs sont de nuire par inclination, & volontairement à leur prochain. Et par ces reflexions on void comme en vn miroüer qui represente au naturel, que celuy qui se veut former auec perfection dans la vie ciuile, doit estre tousiours sur ses gardes, raisonner auec sa prudence sur chaque incident; & ne peut rien acquerir que par la force: puis que les choses qu'on y poursuit, & qu'on y possede ont pour moyens vne adresse trompeuse, vne puissance qui leue des obstacles, vne esperance qui flate d'vn bien futur, des societez, des amitiez qui lient les interests, vne crainte qui donne de la deffiance, & qui attache aux plus puissans & plus infortunez.

Pour cueillir les fruicts de cét ouurage, il faut auoir ces considerations tousiours deuát les yeux: ie iure qu'elles sont necessaires à former la vie dás le repos & le bon-heur moral qui sont la plus ample récompense que l'on puisse receuoir de la sagesse. Adjoustez-y cette connoissance si vtile de se seruir, & se defendre de la flatterie. Vous l'aurez parfaite quand vous sçaurez que le sujet pour lequel les hommes ont pris son habitude si facilement, n'est pas d'auoir pensé pouuoir attirer à cette amorce ceux qui font profession de la prudence; c'est vn artifice trop grossier à leur endroit: mais d'auoir creu que les ieunes gens, les enfans, les femmes qui ont l'esprit de femmes, les hommes mal polis & rustiques, les artisans, & ceux d'vne simplicité naturelle, se laissant prendre souuent par cét appas, ils deuoient s'en seruir vers le reste des hommes plus par coustume, que par adresse. C'est vne façon de conuerser qui doit rendre suspects ceux qui la pratiquent, & faire croire qu'ils sont nos ennemis. Ces personnes sont d'vn naturel tres pernicieux, ils affligent, ils insultent souuent au mal-heur des miserables en voulant les consoler; & par le deguisement qu'ils apportent à leurs calamitez, & aux pensées de leur esprit, ils exercent la malignité de leur nature, où la compassion, & vne veritable charité deuroient agir. Aussi cette sorte de gens dans cette pratique reçoiuent souuent la récompense de leur fraude: & quand ils s'en seruent aupres de ceux qui connoissent leurs artifices, ils n'en remportent que leur indignation & leur haine.

Cependant quoy que cette habitude soit vicieuse, elle doit quelquesfois changer & reigler nos mœurs; & dans la vie ciuile elle est necessaire en beaucoup d'actions & de commerces. Les Marchands, & les artisans ne paruiennent aux richesses que par la complaisance & la flaterie, dont ils se seruent vers ceux à qui leur commerce est vtile, plaisant, & necessaire: & la plus grande partie des Nobles, qui font la cour aux Roys, & aux Grands, n'obtiennent leur faueur que par l'adresse de s'accommoder aux occasions, de suiure la disposition des temps, & d'approuuer les sentimens de ceux dont ils suiuent la fortune. C'est cette connoissance du secours que les hommes tirent de la flatterie, qui oblige d'apprendre la façon d'éuiter la puissance que par elle on pourroit auoir sur nous. Vous deuez croire que les paroles de ciuilité, & d'affection dont on se sert en vostre endroit, ne sont pas tousiours les mouuemens & les sentimens du cœur; & que sur la reigle de ce que pratiquent vers vous ceux qui flattent, vous pouuez mesurer les actions, dont l'vsage vous est necessaire pour vous en defendre.

Cette pratique doit estre adroite. Si ces Courtisans flatteurs, & ces artisans adroits ont la creance que vous vouliez les offenser, vous sentirez d'abord combien vostre injure leur est sensible: ils sont ordinairement inexorables: & il est facile à remarquer en eux, que sans leur propre interest ils n'auroient point de complaisance, & que la seule violence formeroit toutes leurs actions. Aussi les voit-on paruenir rarement en quelque estat heureux: leur inclination est plus prompte à se trahir, & s'opprimer les vns les autres, qu'à se prester des assistances. Ceux qui suiuent plustost les sentimens de leurs passions malignes, que ceux d'vne amitié charitable, ont des inclinations à perdre ceux qui se meslent de leur commerce; & cette inclination est tousiours assistée d'vne colere, d'vne haine, & d'vne emulation. D'ailleurs, comme il est plus facile d'abatre, & de ruiner les edifices d'vne structure bien proportionnée, que de les esleuer; ils se portent plus volontiers sur le penchant des facilitez, à la perte, & à la ruine de leur prochain : & non seulement cette habitude passe pour nature entr'eux, mais ils estiment que par elle ils rendent vn seruice notable au public, aussi bien qu'ils le reçoiuent, puisque donnant des obstacles à la fortune de cét homme, ils rendent cette fortune en estat de se pouuoir donner à eux mesmes, ou bien aux autres.

Ceux que la naissance range entre les Nobles qui se laissent flatter, suiuent les mouuemens de l'ambition, & du despit. Ceux à qui la pauureté rend toutes choses necessaires, suiuent ceux qui leur peuuent donner ce qui est capable d'éloigner leurs necessitez. Les autres ont des inclinations selon l'estat de leur fortune. C'est sur cette connoissance des mœurs d'vn chacun, qu'il faut reigler celle qui fournira les moyens de se defendre, ou de s'aider de la flatterie. Ainsi vous verrez qu'il est facile de prendre auantage des defauts de ceux auec qui vous conuersez, auec qui vous auez commerce, pour faire reluire d'autant plus vos vertus, & vos adresses; en vn mot, tout ce que vous preualez par dessus les autres.

C'est vne pratique qui peut estre faite generalement à l'endroit de tous les hommes. Il est trop certain qu'ils sont tous suiets, ou pluftost esclaues des passions, & que la flatterie en est la source la plus feconde. Il n'est pas difficile d'en venir à la preuue. Quoy qu'il soit constant que ceux que la naissance rend illustres, & qu'elle éleue au dessus du commun, ayant ordinairement de meilleurs sentimens de Dieu que les autres, meinent vne vie plus iuste, moins dans le déreiglemét, & moins en prise aux impressions qui les peuuent tromper; il est certain aussi que plusieurs d'entr'eux, & principalement ceux qui se meslent de gouuerner les autres, estiment que leur esprit n'est qu'vn amas de principes de science, qui se confond auec leur ame, & qui prend chez eux intelligence, comme le corps prend aliment par la chaleur, qui cuit ce qu'on luy donne pour son entretien. Cette pensée ne leur donne que de la vanité, leur fait croire que leurs passions sont des raisonnemens; & ne les releue pas tant au dessus des ames communes, qu'ils ne participent à beaucoup de leurs foiblesses. Quoy qu'ils ayent estably des loix, aux reigles desquelles ils ont tellement fait la mesure de ce qui est dans la iustice, & l'honnesteté, qu'ils s'efforcent de faire croire, que tout ce qui est de leur disposition est honorable & iuste; l'experiéce fait assez connoistre, que la plus grande partie de ces dispositions sont apparemment horribles, & contre les sentimens de la nature. Ainsi pour ne faire qu'vne application generale, ils ont voulu que ce fust vne actió de iustice, que de faire mourir vn fils deuant les yeux de son pere, quand des Iuges l'ont ainsi prononcé; que ce fust vn traitement legitime, que d'immoler à nos déplaisirs, à la chaleur de nostre colere la vie de nos esclaues;

& que

& que ce fuſt vne honneſte tolerance, que de permettre de faire injure publique à celuy que nous haïſſons particulierement. Ainſi ces Politiques publient, que c'eſt par les principes de la Iuſtice, qu'ils condamnent ſur la depoſitiō des teſmoins, quand ils voyent qu'vne accuſation ne peut eſtre preſumée par les circonſtances du faict; & qu'ils abſoluent par ſes reigles, quand par les circonſtances ils preſument la verité de l'accuſation, & que neantmoins par les teſmoignages depoſez il n'en reſulte point de preuue. Certes alors ils prennent l'execution de la loy pour la loy meſme: ils veulent que leurs paſſions particulieres faſſent des vertus qui ſoient publiques. Ainſi leur raiſonnement ſe trouuant capable de quelques defauts, leurs eſprits ſont ſuſceptibles des paſſions, & conſequemment des effects qu'vne flatterie bien meditée peut operer. Lecteur, voyez les auantages que vous en pouuez tirer, & comment vous vous en pouuez defendre.

Apres ce tableau de la nature humaine dans la ſocieté ciuile, apres cette peinture de la trempe de ces hommes, que le vulgaire eſtime eſtre les ſeuls diſpenſateurs de la ſageſſe; vous n'aurez qu'à penſer de quelles qualitez ils ſont, & quels eſprits doiuent auoir ceux qu'on appelle ordinairemét mauuais ou groſſiers. Et dans cette penſée, aſſez inſtructiue pour ceux qui ne renoncent pas entierement au ſens commun, vous irez dans le monde & ſon commerce auec plus de certitudes, & plus

F

de preparations pour supporter & fuir les disgraces, & pour acquerir les fortunes.

Mais que cette autre consideration ne vous eschappe point encore. Sçachez que la cause des mal-heurs des hommes, & la source des difficultez qui les trauersent, ont leurs principes dans vne sinistre opinion qu'ils ont le plus souuent de l'immortalité de l'ame ; dans l'obseruation de certaines loix, de certaines coustumes qui n'ont point la vertu pour object ; & dans l'asseurance qu'ils conçoiuent des choses presentes, qui les destournent des pensées de la mort, & des choses pires qui la suiuent. C'est ce qui fait qu'ils combattent pour les commoditez presentes, comme si leur vie estoit eternelle. C'est ce qui leur fait employer la violence, & le sang contre ceux qui traittans auec eux, agissent selon leur sagesse, dans l'indifference & la moderation. S'ils auoient la pensée que la mort peut estre à la suite de ce qu'ils projettent auec tant d'ardeur, la plus grande partie d'entr'eux formeroit des actions plus morales, & le reste sentiroit dans sa vie les douceurs que l'on gouste dans le détachement des affaires. Mais il faudroit faire reuenir vn siecle d'or, pour faire cesser l'oubly qu'ils conçoiuent de leur condition naturelle, en faueur des desirs violens qu'ils ont pour les choses presentes. L'attente de ce qui suit apres la mort, vient d'vne connoissance que Dieu départ seulement à ceux qui font profession de la sagesse, & de la bonté : ceux qui n'ont point

AV LECTEVR

ces pensées, ne rendent point leurs sacrifices à la pieté, à la religion, à la iustice, à l'honneur, aux sages passions, aux preceptes des vertus, & des ciuilitez. Et, ô malheur des hommes! le monde est vn theatre, où telle sorte de gens sont veus si frequemment, que l'on croit auec raison qu'ils en composent la plus grande partie. Efforcez vous de n'y paroistre pas; & quand vostre esprit aura peine à former des resolutions sur les obiects qui luy seront presentez; qu'il reflechisse sur ces considerations, qu'il obserue les mœurs de la Noblesse du sang, de la Noblesse de vertu, les passions dont sont capables ceux auec qui son negoce l'expose, les actions qui leur sont communes; & s'il trouue encore des difficultez, qu'il tienne pour certain, qu'il est plus à propos d'agir auec vne confiance prudemment presomptueuse en ce qu'on entreprend, que de perdre le but de ses desseins par vne crainte lasche & molle, & qui prouient de certains respects confus, & mal digerez.

Iusques icy, c'est l'abregé de quelques principes, que i'ay creu capables de donner preparation aux Lecteurs pour receuoir plus facilement ceux que i'establis dans cette science. Ie diuise la façon de la traitter en quatre Liures, que ie partage en Chapitres, afin qu'à la faueur de l'ordre l'instruction en soit plus facile. C'est vn partage que ie fais selon les degrez qu'il faut monter pour paruenir methodiquement à l'acquisition de ce qui est necessaire pour se rendre intelligent dans la vie ciuile, & que ie donne aux desirs de quelques personnes tres-considerables qui l'ont souhaitté en faisant la lecture de sa premiere edition. Le premier commence par les serieuses meditations qu'on doit faire sur le choix des professions & des emplois; & il finit par les maximes de la science du monde, qui sont des principes tres-asseurez. Le second est composé de preceptes generaux pour la ciuilité, & les commoditez de toute sorte de conditions. Le troisiesme traitte de leur application particuliere. Et le quatriesme & dernier explique la methode de viure en Cour, de s'habituer auec les estrangers; & fait la distribution des moyens pour arrester la fortune dans les emplois où la disgrace abbaisse, & le merite esleue.

En effet, ie reconnois que cet ordre aura plus de beautez, & que chaque traitté ayant son Chapitre particulier aura plus de grace, & d'explication. Ce qui auoit fait paroistre d'abord cet ouurage sans cette diuision estoit que ie ne l'auois formé que pour mon profit particulier, & que mon dessein estoit seulement de donner mes paroles aux sages sentimens de Cardan, afin de me les rendre plus familiers. Ie ne m'estois point attaché à l'ordre de son liure, comme ie l'ay desia dit la premiere fois qu'il a paru deuant les lecteurs: Ie ne m'y attache point encore à present: l'on n'y trouuera pas la version entiere de tous ses termes ny de toutes ses pensées. I'ay laissé celles qui ne me semblent point compatir auec nos mœurs toutes genereuses ; & que cét illustre autheur auoit exprimées pour les hommes de son païs, pour les Italiens. Ces traductions si forcées, qu'on appelle literales, ne sont bonnes qu'aux liures qui contiennent des misteres de religion, ou de politique, & qui sont composez d'vne langue dont les termes sont si équiuoques qu'autant de fois que l'on les lit, on y trouue vn sens different, & diuerses applications. La latine n'est pas de ce genre, ses expressions sont vn rencontre assez heureux auec la Françoise ; & pour suiure les libertez, & l'humeur de ceux qui la parlent, qui n'affectent le changement que pour paruenir enfin à la perfection, il n'est pas deffendu dans la chaleur du trauail, de changer les ornemens d'vne conception, de l'habiller à nostre mode ; & l'on n'y commet pas de crimes quand nostre ingeniosité est excitée par celle d'vn Autheur, & qu'on la laisse libre en sa cariere.

C'est la methode de cette copie que i'ay tirée, qui sera facile à remarquer à qui voudra prendre la peine d'en faire la comparaison auec son original. I'ay mis la fin de la composition de Cardá au commencement de la mienne. Ie n'ay point entierement suiuy l'ordre de ses chapitres, & de ses traitez. I'en ay dit les raisons particulieres la premiere fois que cet ouurage a paru au public. A cette seconde i'adiouste que du premier liure qui cõ-

F iij

tenoit les Prolegomenes de cette science, i'en ay fait ce preface, qui selon mon estime, ne peut estre leu qu'auec profit auant les chapitres particuliers qui suiuent. Dans la mesme liberté que i'ay prise en tout cet ouurage, ie viens d'y mesler ces lignes qui seruent à rendre raison de l'ordre que i'y tiens. Ie les finis, & ie reprends celles de mon Autheur, pour dire que les preceptes qu'il publie ne sont pas d'vne nature à pouuoir estre vtils à toute sorte de personnes.

Pour en tirer du fruict, il faut auoir vn iugement solide, qui considere si la fin qu'on se propose est conuenable, & proportionnée à la puissance qui entreprend, & si elle est bien mesurée aux efforts de la nature qui veut agir. Ceux qui sont stupides iusques au poinct de rechercher ce qui surpasse toute esperance, & ce qui est hors de la possibilité naturelle & morale n'y trouueront point d'assistance. Et quoy qu'ils puissent s'excuser, en disant qu'ils recherchent de l'occupation, & non pas la chose qu'ils poursuiuent, c'est vne excuse peu raisonnable, & qui marque la foiblesse de leur esprit : Ils ne doiuent point se mettre en estat de rechercher ce qu'ils ne peuuent pas acquerir ; & doiuent s'efforcer de poursuiure ce qu'ils peuuent auoir. Les actions pour l'employ seul sont pardonnables quand le suiect pour lequel on s'occupe apporte quelque satisfaction de gloire, & d'vtilité; comme est la profession des Aduocats dans les barreaux, & comme estoit celle des Orateurs de Rome, qui sont des voyes pour paruenir à des fonctions plus releuées & plus importantes. Vne occupation où l'on s'applique serieusement n'est iuste & legitime, que lors qu'elle ouure vn chemin pour entrer necessairement en vne plus grande ; qu'elle sert d'exercice pour apprendre la vertu, & pour s'instruire dans les maximes de l'honneur. Si la sagesse en souffre d'autres, qui n'ont pas determinement cét object ; c'est moins par vne approbation que par vne tolerance ; & c'est par la consideration de l'incertitude des euenemens. Il faut du moins y trouuer cét auantage, que ce ne soit pas vn deshonneur sensible au dernier poinct, de n'auoir pû mettre dans la perfection ses entreprises, quoy qu'elles soient formées sur de beaux sujets ; que ce ne soit point vne infortune qui nous puisse destruire, de ne pas s'arrester en la iouïssance d'vn bien qu'on auoit acquis ; que ce soit pour tenter la fortune de nos actions, pour nous deliurer de quelques inquietudes, ou presentes, ou que nous preuoyons : en vn mot que ce soit pour consulter auec la fortune quel establissement nous deuons prendre. Ce qui les excuse est que dans les perplexitez, & les incertitudes de nos raisonnemens, sur le poinct de se lier à de certains emplois, on void par elles s'il est plus auantageux de faire sa demeure dans sa patrie, que de l'establir dans vne autre ville? S'il est plus expedient de viure dans le repos des estudes que dans l'action des negoces? Si le plaisir est plus grand à rechercher les richesses, & les honneurs, qu'à les mespriser? Et si l'on trouue plus d'appuy dans vne posterité nombreuse, que dans vn celibat? Toutes lesquelles choses n'estant pas à toute sorte de personnes des commoditez, il est necessaire d'en faire experience pour s'y arrester, pour y fonder les esperances : & ceux-là font cette experience auec d'autant plus de raison, qui peuuent facilement reprendre leurs premieres conditions, s'ils y trouuent dauantage le contentement, & la satisfaction de leur esprit.

Aussi toutes les fins qu'on se propose n'ont pas leurs executions permises, si elles nous sont nuisibles, ou si elles ne sont pas dans les reigles de la Iustice, & de l'honneur. C'est pourquoy i'ajouste que ces preceptes ne sont pas donnez dans le dessein de conduire à leur acheuement : puis qu'elles sont vicieuses, il les faut estouffer. Et ne croyez pas que s'ils parlent de quelques moyens pour former à la complaisance, & à la poursuite de quelques fortunes, ce soit pour enseigner à combattre plus facilement la chasteté des Dames, & prendre vn empire tyranniquement absolu sur les foibles esprits. De crainte que vous ne fassiez le contraire de ces petits animaux mysterieux, qui des fleurs de l'aconit ne laissent pas d'en tirer du miel : ie me sens obligé de vous auertir icy que les sentiers qu'à la naissance de ces pensées criminelles, vous trouueriez couuerts de fleurs, seroient à leur fin semez d'espines, & que les triomphes que vous rem-

remporteriez de ces combats par l'industrie de ces preceptes, ne vous donneroient qu'vne victoire sanglante, & funeste. Ainsi si par des seruices complaisans, si par des discours qui ont fait vne peinture naïfve de vos passions, vous pouuez vous flatter de l'espoir de la possession de quelques beautez; rompez ces liens qui vous attachent, abandonnez cette poursuite. Apprenez que c'est vne vertu d'estouffer vn mal dans sa naissance; & que c'est vne fausse philosophie que celle qui donne de l'adresse à se perdre. Si vous auez dessein de tirer du venin de ces fleurs, retirez vos yeux & vostre esprit de cette lecture; & n'alterez pas le dessein de celuy qui vous les presente. Faites que vostre imagination considere les suites mal-heureuses des passions que vous voudriez instruire. Deuant la ioüissance des plaisirs qu'elles vont vous proposant, vous n'auez que des vœux, des desirs ardents, & des larmes de ioye; & quand vostre passion est satisfaite, vous n'auez plus que du degoust, de l'horreur, & du repentir.

C'est ce qui arriue quand on espouse des femmes hors la presence de la raison; quand on forme des entreprises qui excedent les forces; & quád on se laisse emporter à ces desirs sans bornes d'vn amour impatient des choses qui sont defenduës, & qui ne sont capables de donner que du deshonneur, de la peine & des inquietudes. Ne pensez pas que les affections de celle que vous aimez, soient en mesme mesure que les vostres: ne regar-

G

dez point la grandeur de voſtre amour, mais celle de celuy qu'on a pour vous. Quand vous n'aurez plus ces richeſſes qui vous font aimer, il n'y aura plus que de la haine pour vous. Ces paſſions vous reduiſent à ce poinct, qu'elles ne peuuent vous faire heureux, qu'alors qu'elles vous aueuglent, & vous empeſchent de voir le piege qu'on vous dreſſe. Que ſi voſtre amour eſt ſi grand que ces conſiderations ne puiſſent vous en deſtourner; au moins iettez les yeux de l'eſprit pluſtoſt que ceux du corps ſur ce que vous idolatrez. Cette Dame dont la beauté vous charme, n'eſt en verité qu'vne pourriture couuerte d'vne peau qui la cache: retirez en cette peau n'eſt-ce pas vn ſepulchre? & de tous les ſepulchres le plus horrible? Conſiderez encores combien à de perſonnes infames par l'ordure de ce vice, elle s'eſt proſtituée, & ce qu'elle a receu de corruption par leurs embraſſemens & leurs baiſers. Ne vous flattez point de la creance d'eſtre le ſeul qui la captiue, ou d'eſtre le plus chery de ceux qui la voyent; ſa beauté la fait pourſuiure de tous ceux qu'vne pareille paſſion à la voſtre anime: tant d'adorateurs la flattent, qu'il faut qu'elle y reſponde; & que la multitude des ſeruices dont tant d'hommes l'honnorent, effacent ceux qu'en voſtre particulier vous luy pouuez rendre. Auſſi tant d'hommes qui la meſpriſent, ne renoncent pas par ce meſpris à ce qui les peut rendre heureux. Banniſſez donc cette paſſion ſi peu iudicieuſe: penſez que cette beauté eſt fragile, &

AV LECTEVR.

perissable, & que le fard en fait vne bonne partie.

Ainsi par ce discours qui fait leçon, & reproche tout ensemble aux vicieux, & qui blasmant vn vice, accuse tous les autres, il est aisé de voir que cet ouurage n'est formé que pour conduire les desseins qui sont dans l'honneur & la pieté. Si les prophanes esprits veulent en aider leurs méchancetez ; il est assez d'exemples par lesquels on apprend, qu'il ne faut pas laisser de faire de bonnes actions, quoy que de mauuaises arriuent à leur suite. Il suffit de iustifier mon dessein ; & de dire qu'il n'est pas fait pour ceux qui cherchent ce qui est entierement éloigné de leur profession, & de leurs capacitez. Ils desrobent à l'art qu'ils entreprennent la gloire de les rendre parfaits ; & ils consument le temps, qui les pourroit polir, & les rendre plus recommandables en vne autre. Il n'est point fait aussi pour ces personnes qui n'ont pas l'esprit assez iudicieux pour cueillir les fruicts de ce qu'ils apprennent : il est inutile & contre le sens commun de chercher par des preceptes des voyes où l'on peut apres s'esgarer.

Finalement, ces hommes qui sont impropres à tout, des fardeaux inutiles à la terre, qui sont opiniastres, & d'vne impatience qui naist ou de ce que leur nature a trop de chaleur, ou de ce qu'ils ne peuuent attendre le cours des affaires du monde, ou qu'ils manquent en effect de iugement, ne pourront faire aucun profit de cette lecture, s'ils ne se corrigent : parce qu'ordinairement ils ioi-

PREFACE

gnent l'orgueil à l'impatience & à l'opiniaſtreté, & ne veulent pas donner leurs attentions, & leur creance aux preceptes qui les pourroient inſtruire. Comme dans la vie des hommes il y a mille difficultez, & autant de deſtours differens, qu'il y a de viſages, & d'apparences dans les affaires; tant qu'ils demeureront dans la penſée d'auoir chez eux aſſez de lumiere pour ſe conduire, ſans en emprunter d'eſtrangere, ils n'eſuiteront point tous les obſtacles qui s'y rencontrent. Cette ſorte de gens ne pouuant tirer aucunes vtilitez de cet ouurage, ſon Autheur ſe tiendra tres-heureux s'il ne tombe point dans leurs mains: il auroit iuſte ſujet de craindre qu'ils ne fiſſent vn abus des myſteres qui ſont icy deſcouuerts aux perſonnes que l'eſtude & la docilité rendent propres à tout; & que le Temple qu'il croit auoir dreſſé pour l'honneur, l'adreſſe & la vertu, n'eut que les encens & les victimes du vice.

LA SCIENCE DV MONDE,
OV
LA SAGESSE CIVILE DE CARDAN.

LIVRE PREMIER.

APRES auoir desliné par vn simple crayon dans vn Preface les maximes generales de la Science du Monde, pour donner vne premiere & plus facile teinture aux esprits qui en voudront faire l'estude ; il est de l'ordre qui est le maistre le plus instructif de tous ceux qui monstrent les sciences, de les exposer dans leur veritable iour, de les figurer de leurs traits particuliers, d'eſtablir quels ſont leurs veritables principes; & de former auparauant quelques raiſonnemens ſur les difficultez qui naiſſent dans les eſprits, ſur l'incertitude de l'entrepriſe des conditions, & ſur le deſſein de changer celles que l'on profeſſe.

La maniere du choix des profeſſions, le ſuiet, les moyens & les occaſions de les changer.

CHAPITRE PREMIER.

LE ſecret d'en faire le choix & le changement auec vtilité, eſt de ne pas entierement quitter celles où l'on a quelques habitudes, & de ne point publier en tous lieux le diuorce que l'on leur iure, auant l'entiere iouyſſance du ſuiet qui le fait naiſtre. Il faut ioindre de l'adreſſe à cette publication, & à ce delaiſſemét. De paroiſtre pleinement reſolu dans les premiers deſſeins de ſa profeſſion, & d'en chercher vne autre, ce ſeroit pourſuiure des moyens contraires à ſes intentions apparentes: auſſi d'abandonner ſes habitudes premieres, pour ſuiure vne fortune incertaine, ce ſeroit fonder ſes eſperances ſur vne inconſtante, qui fait gloire de ne pas donner ce qu'elle promet. Le milieu de ces extremitez, eſt d'auancer vn pas dans cette condition qui tante, & de retenir l'autre dans celle qu'ó poſſede: de ſe mettre en deuoir de preſſer cette fortune, qui ſemble flatter par les apparences; &
de ſe

de se tenir en vn estat, où l'on ne puisse nous reprocher, que d'auoir esté sensibles aux desirs, & à l'esperance d'vne condition meilleure.

L'esperance de ces conditions plus auantageuses est donnée par plusieurs tesmoignages, qui sont en soy beaucoup differens. On en conçoit l'asseurance par les demonstrations d'amitié que fait vn Grand, qui ne reçoit pas nos deuoirs, & nos seruices d'vn mauuais œil, qui se plaist à voir des Courtisans de sa fortune; & qui possede tant de bontez, que sa fortune n'est l'objet de son estime, que parce qu'il en peut communiquer les faueurs, & les tresors. Quelquefois vne troupe d'amis d'vne authorité mediocre donne assez de hardiesse pour y penser, & pour en former des desirs: & souuent les occasions qui se presentent, les chágemens qui s'offrent, les professions dont on void sortir les richesses, & la connoissance qu'on a de ses propres forces, pour executer de certains emplois, plus auantageux que ceux où l'on est attaché, donnent legitimement de l'ardeur pour les poursuiure. Icy le chef d'œuure de l'art est de s'attacher à ce qui paroist le plus puissant, le plus asseuré; & à ce qui semble auoir plus de bontez pour nous, & plus d'inclinations à bien faire generalement à tout le monde.

En ces rencontres, il faut donner des preuues de sa valeur, & de son merite, pour exciter les effects de ces bien-veillances qui peuuent rendre plus fortunez: & les personnes qui ont quelque habitude auec les belles lettres, peuuent donner des tesmoignages de la bonté des seruices qu'ils sçauent rendre, par quelque ouurage de leur esprit. Par l'offre & le present qu'ils en font aux Princes, ou à leurs ministres, ils peuuent en commençant leurs liures, toucher les sentimens qu'ils ont de leurs merites, & de leurs vertus; monstrer l'obligation qui les attache au desir de leur seruice, & la iustice du sujet qui rend iustes les pensées qu'ils en conçoiuent.

La façon de renfermer leurs panegyriques dans les espaces d'vne epistre doit auoir vne meditation dans des regles particulieres, qui ne sont pas si faciles que plusieurs s'imaginent. Leurs loüanges doiuent estre dans la moderation, & prédre pour sujet les vertus qui composent la connoissance publique de leurs grandes actions : En sorte que la crainte de faire effort à leur modestie, ne puisse desrober les plus belles lumieres de leur vie au public, qui pourroit se plaindre legitimement, de ce qu'on luy soustrairoit les plus beaux sujets de son imitation. Les affections que l'on porte à ces Princes, ou à leurs ministres, peuuent quelquefois dispenser des respects qu'on doit à leur modestie : & cet amour iointe à l'esclat de leurs vertus qui surprend, & qui emporte vn panegiriste, peut aussi donner la liberté d'estaller largement toutes les fleurs de leur vie. Toutesfois la discretion doit y prendre beaucoup de part : les termes qui sentent le flatteur en doiuent estre esloignez ; & il la faut mesurer à la façon dont Pline s'en seruit vers son Prince Trajan, qui charma si bien sa modestie, qu'il souffrit dans ses Eloges, & ses tiltres d'honneur, qu'il y meslast celuy de maistre, quoy que ce fust vn terme qui dans la franchise & la liberté genereuse des Romains sonnast tres mal. Le discours de ces epistres qui marque les affections, & les sentimens qu'on a pour ceux à qui on les adresse, doit contenir vne breueté concise, qui par peu de paroles die beaucoup ; & qui par les termes qui le compose, montre en sorte la grandeur de ceux qu'il despeint, qu'on ne les puisse accuser d'ambition de le souffrir, & qu'on ne puisse aussi reprendre le stile de son Autheur, d'estre vn art par trop dans la foiblesse, pour estre employé sur vne si riche matiere. Aussi c'est vn stile bien different d'escrire vne epistre, & de composer vne histoire. L'epistre se presente deuant les mesmes yeux qui ont éclairé toutes les vertus qu'elle descrit ; icy la modestie doit s'accorder auec la verité : l'histoire n'est faite que pour ceux qui ne sont pas tesmoins des actions qu'elle louë ; & là il est du deuoir de donner tout à la verité, & d'oster tout à la modestie.

Qu'il faut y considerer les inclinations du Siecle, où nous viuons, & si absolument les richesses y sont preferables à l'honneur.

CHAPITRE II.

Ceux qui sont dans le dessein, ou dans la necessité de quitter leurs premieres cõditions, & de suiure celles qui leur paroissent plus auantageuses; qui sont assez bien nez pour ne point faire d'actions, qui ne soient mesurées aux reigles de la morale, se proposent d'ordinaire les raisonnemens de sçauoir, qui des richesses, de l'honneur, & de la gloire doit auoir preference sur leur esprit? Et si sans blesser leur reputation, ils peuuent suiure vn corps chimerique de gloire & de fortune, plutost que les solides biens d'vne satisfaction d'esprit, qu'ils pourront obtenir, s'ils se mettent en estat de la poursuiure. Ils apprendront dans les principes de cette morale, que ce dessein de changement a sa iustice dans la rencontre des temps où Dieu les a fait naistre. Il y a des siecles où la violence est en regne, où les sacrifices ne se rendent qu'aux statuës d'or; & où les professions qui n'ont que la gloire & l'honneur pour partage, deuiennent les emplois de ces Philosophes chagrins, qui se remplissent moins de solidité que d'imaginations. Ils verront qu'il est necesfaire de suiure les mouuemens de ces siecles; qu'il est plus à propos de caler voile, & de fléchir, moins par approbation que par vertu morale; & que puis qu'ils n'ont pas la puissance d'y resister, d'en changer les habitudes, & les inclinations, ils les doiuent suiure comme vn mobile superieur qui les entraisne.

Ainsi quand ils sont forcez à ces changemens par le seul desir de faire fortune; qu'ils croyét qu'il leur est glorieux de se sousmettre, & de faire les volontez de ceux qui la dispensent: parce que l'experience & la rencontre du temps, montrent que l'extreme obeyssance, & les seruices assidus qu'on rend à ces puissances absoluës, donnent en peu de temps les richesses, & la faueur. Quand des necessitez violentes les y contraignent, qu'ils sçachent que c'est l'aage, la prudence, & le progrez qu'ils ont au monde, qui doiuent imposer la reigle de l'honneur ou de l'vtilité à leurs entreprises. Le changement pour chercher la fortune n'a pas besoin de longs preceptes, puis que l'obeyssance & les seruices la trouuent : il suffit de dire qu'ils doiuent estre ingenieux & complaisans, & ne s'arrester que sur ce qui a la puissance, & l'inclination de la donner. Mais celuy qui est fait à dessein d'euiter les disgraces, a plus de difficultez: cét exemple les va resoudre. Vn homme chargé d'aage, d'honneur, de famille, & de biens, à qui l'enuie, & la calomnie preparent des accusateurs, qui le vont exposer deuant des Iuges, qui possible ne maintiendront pas son innocence, se trouue en vn estat auquel il ne sçait point s'il doit combattre ou fuir ses persecuteurs, ou surmonter par vne patience leurs insolences, & leurs opprobres. Que fera-t'il dans cette incertitude? Son aage dans la caducité donnera des couleurs apparentes, & des excuses plausibles à sa patience: quoy que le desir d'honneur, dont il a tousiours fait montre, luy reproche que cette patience a plus de lascheté que de courage, & l'expose en vne posture à receuoir infailliblement les coups du foudre qu'il entend gronder sur sa teste. Le soin de sa posterité releuera ses esprits abatus, & rafermira son courage. Par son iugement, & son experience il doit considerer sa famille comme vn estre qui dans sa durée fera la siéne; que par sa fuite ou son combat elle seroit indubitablement vaincuë ou choquée; que par sa presence la memoire de ses anciens seruices fera des obstacles pour ses ennemis; que sa patience par la faueur du temps dissipera ces orages d'enuie & de mesdisance, qu'on vouloit faire fondre sur luy; que ces Magistrats dont il soupçonnoit la iustice seront changez, ou n'auront plus de credit, & de vie; & que cét estat, où les Iuges & les Ministres disposent des loix, auront des reuolutions, par qui les personnes de merite & de vertu auront des recompenses, & les calomniateurs des supplices.

Aussi l'esperance est le cœur qui doit faire les

mouuemens de nostre vie, & en quelque aage que ce soit mourir en nous le dernier : & les choses honestes sont tousiours marquées par leur durée & par leur necessité. La durée d'vne famille, & la necessité d'auoir des enfans, sont des biens qui sont estimez des auantages parmy tous les hommes. Dans vne fuite pour esuiter ses malheurs, il les rendroit coupables de ce dont on l'accuse, ou compagnons de ses supplices ; & dans vn combat il augmenteroit la colere des puissances qui le persecutent. Au pis aller, sa vie n'estant plus que l'ouurage dernier de sa mort, il y a moins de regret à la perdre, que celle de ses enfans, qui est encore toute florissante, & qui peut esperer des fortunes plus agreables, & moins inconstantes. Tous ces des-honneurs qu'vn mauuais siecle aura produits, seront effacez par vn meilleur : & cette posterité pourra triompher par sa patience, ou du moins se maintenir, & ioüir de la vie. En vn mot, pour donner des remedes à toutes ces difficultez, en quelque aage, & quelque condition que l'on soit, si cette demeure, & cette patience reduisent à tel poinct de mespris, que leur faueur soit incapable d'exempter de la disgrace, & que la fuite montre plus de seuretez ; que la meditation agisse profondement pour se tirer d'vn pas si dangereux : & tenez pour certain que la morale auouë, en ces accidens, pour ses reigles les plus iudicieuses, de donner tout à l'honneur en ce qui nous regarde en particulier ; & de ne rien refuser à l'vtilité, en ce qui concerne ceux qui nous touchent par les liens sacrez du sang: parce que les disgraces, & l'infamie ne se partagent qu'auec ceux qui ont le mal-heur d'auoir part au crime qui les font naistre. Il en est de mesme pour les autres rencontres, où les changemens de la vie sont necessaires pour suiure les faueurs, ou fuir aux disgraces. C'est pareillement à nostre aage, aux intrigues, au naturel, à l'esprit, aux puissances que nous auons de nous donner des reigles; & sans s'estendre plus longuement sur leurs exemples, c'est assez de dire que selon leurs sujets & leurs differences, il y faut apporter ces mesmes meditations.

Que tous les hommes ne doiuent pas pretendre à la gloire, & qu'il est trop difficile de la posseder.

Chapitre III.

POur l'esclaircissement de ces doutes, qui sont conceus sur la preference de la gloire & de l'vtilité, dans le dessein de changer de profession, il faut d'abord sçauoir quelle est leur nature par leur veritable definition. Il n'est pas difficile de connoistre celle de l'vtilité, elle est si sensible que chacun la connoist de sa propre experience. Il n'en est pas ainsi de la gloire, on ne la connoist,

DV MONDE.

noift, & on ne la poſſede, que par des principes qui ne dependent pas de nos ſeuls ſentimens. Le Prince des Philoſophes a fait beaucoup d'effort pour la rendre dans vne definition qui la fiſt connoiſtre ; & le Roy des Orateurs a compoſé deux Liures ſur ſon ſujet : mais ils l'ont definie ſi diuerſement, & l'ont diuiſée en tant d'eſpeces, qu'au lieu de donner des lumieres en ſa faueur, ils n'ont preſenté que des nuicts. Auſſi ie m'aſſeure, que celuy qui aura fait vne puiſſante reflexion ſur ſa nature, ſans s'arreſter à leurs diuiſions, auoüera facilement, que la gloire dans ſa parfaite definition, n'eſt autre choſe qu'vne reputation vniuerſelle d'vne vertu, qui n'eſt pas commune, qui donne à tout le monde de l'admiration, & de l'eſtonnement ; & qu'il reconnoiſtra ſans faire violence à ſon eſprit, que les richeſſes, les honneurs, la vaillance, & la magiſtrature, n'en ſont que des idées; & ne ſont pas les veritables ſujets qui la peuuent départir : parce que ce ne ſont pas des vertus qui trouuent des applaudiſſemens, & des approbations vniuerſellement dans les eſprits.

Il y a trois ſortes de vertus. De vulgaires, parce qu'elles ſont les vertus de pluſieurs ; d'excellentes, parce qu'elles ne ſont pratiquées que par des eſprits au deſſus du commun ; & de merueilleuſes, parce qu'elles ſemblent ſurpaſſer la nature humaine. Celles qu'on nomme vulgaires, ſont les generoſitez d'vn ſimple ſoldat, de qui la gloire, que luy produit ſon courage, eſt eſtouffée dans la mul-

I

titude de ceux qui combatrent auec luy auec mefme ardeur, & dans le mefme rang. Celles qui par
leur excellence ne fe pratiquent que par peu de
perfonnes, ont pour exemple cette belle action de
Lucius Petrofidius Enfeigne des Romains, qui
pour eftre abattu, & couuert d'ennemis, côferuoit
affez de iugement & de courage pour ietter fon
Enfeigne hors de leurs prifes, de crainte qu'elle ne
feruift d'ornement à leur triomphe. Neantmoins
cette action toute illuftre qu'elle eft, n'eft pas la
gloire de noftre definition: l'hiftoire fouuent ex-
pofe pour noftre imitation de femblables exemples. Celles qui tiennent du miracle, font les vertus qui animoient vn Coriolanus, vn Curtius, vn
Cocles, qui faifoient admirer ces deux grands
hommes Sceuola; & non pas celles qui faifoient
agir Crifpinus, de qui la reputation auoit à fa fuite
ce difcours, c'eft la conjuration, c'eft le party
dans lequel il s'eft ietté, qui l'anime, & non pas
les fentimens de cœur & de liberté, qu'il deuoit
conceuoir en faueur de fon païs. Il en eft encore
d'vne autre nature. Il y en a qui paroiffent par les
feules actions, comme celles des perfonnes de
courage & de cœur dans la profeffion des armes;
& il y en a qui ne font remarquées que par la puiffance, & la difpofition qu'on a pour les executer,
qui font les moindres. Auffi ce qui donne des
tiltres d'honneur, & ce qui publie des loüanges en
faueur d'Ariftides & de Ptolomée, n'eft pas la difpofition qu'ils auoient pour les belles vertus, mais

parce qu'elles furent suiuies des effects; que l'vn donnoit à son païs la gloire de produire vn homme qui composoit des loix, & des maximes de Iustice pour les estrangers; & que l'autre y laissoit des monumens de sagesse & de science, pour exciter le souuenir de sa personne dans les esprits de la posterité.

Mais ces vertus qui composent la gloire, estant ainsi diuisées, mõtrant tant de diuersitez, font voir par leur nombre la difficulté de les posseder toutes, font obseruer que les vnes sont dans l'estime des vns, & dans l'indifference des autres; & qu'ainsi elles ne sont pas les sujets de la gloire que nous definissons, puis que la matiere qui la compose est vne approbation des vertus que le monde celebre vniuersellement auec admiration. Pour la rendre vniuerselle, il faut qu'elle soit dans la durée, & dans la celebrité; qu'vne affection generale le tesmoigne; qu'vne ioye, qu'vne complaisance en dõne des marques; & qu'vn applaudissement & vne perpetuelle iouïssance la rende tousiours sensible. Ainsi si cét homme dont la vie auoit esté dans vne veneration tres-grande, void terminer ses iours par vne iniuste condamnation à la mort, cette veneration qui faisoit le fruict de ses belles actiõs ne luy donne point cette gloire. Que son innocence soit cruellement ou tyranniquement persecutée; que sa valeur qui le va perdre tire des pleurs de ceux qui le connoissent, ou qui luy touchét par le sang; que sa sagesse indignement traitée fasse entendre mille soûpirs; sa vie n'est point dans vn estat glorieux : il ne iouït pas des biens sans aucun trouble, la fortune ne les luy presente pas à pleines mains, n'en fait point la recompése de son merite; & sa reputation n'est pas vniuerselle, puis qu'elle trouue des enuieux, des interessez, & des persecuteurs. Elle n'appartient point à ces personnes pour qui les disgraces semblent estre nées : quoy que leur infortune soit l'instrumét de leur vertu; qu'ils viennent en sorte à la mort, que la fin de leur vie suiue les mesmes traces d'honneur qu'ils s'estoient proposées dés le commencement; qu'ils imitent Socrates, & les Sages qui l'ont suiuy, qu'vn iugement injustement public a condamnez: tant il est vray que la nature de cette gloire est difficile à posseder, & qu'on peut dire raisonnablement, qu'elle n'est point le partage de nostre vie.

Certes il ne faut pas s'en estonner, cette gloire a deux parties. La premiere est dans l'action de la vertu, elle est à la verité dans nostre puissance : mais l'autre est dans l'applaudissement des hômes, & n'est pas dans nostre pouuoir. De ce raisonnement i'infere que son acquisition n'est pas vn effet de ce que nous pouuons. Parce que quoy qu'vne mort cóforme à la sainteté d'vne vie, qui soit couronnée de constance & de generositez, semble estre vne action qui veritablemét deuroit departir la gloire; il est neantmoins certain que cette mort qu'vne injuste condamnation fait naistre, que ces generositez qui sont suiuies des disgraces, attirent d'autant plus de compassion, qu'on void que c'est vne puissance tyrannique qui les ordonne; & que cette compassion estouffe cette gloire estant opposée à sa nature : dautant que ses veritables effects ne sont qu'vn triomphe vniuersel de tous les sentimens, de toutes les approbations des hommes, & vne agreable & pleine iouïssance des biens que la fortune dispense.

Doncques pour l'acquerir, puis qu'il est d'vne entiere necessité d'establir aux yeux de tout le monde les fleurs, & les fruicts d'vne vertu tres singuliere, & de les exposer au iour à toute sorte de saisons, de lieux & de rencontres, afin qu'elles produisent dans les esprits de tous les hommes des affections, & des respects qui ne soient pas moins constans qu'vniuersels ; il est facile à conclure qu'elle n'a point pour ses principes & ses fondemens des actions legeres, ou fortuites, dans le bonheur, la faueur & l'esclat : mais celles qu'vn raisonment necessaire des maximes de la prudence fait naistre, qu'vne deliberation qui part d'vn iugemét solide expose aux yeux ; & qu'vn assemblage parfait de merite, de bon-heur, & d'estime, fait vanter parmy tous les esprits. Certes peu d'hommes paruiennent iusques à ce poinct. La gloire qui n'a point ces auantages a des plaisirs insipides, & peu charmans; & nous n'en voyons qu'en Dieu la veritable image. L'Eglise nous apprend cette verité, quand par les hymnes dont elle forme vne partie de son culte, elle chante à haute voix, gloire à Dieu dans les Cieux: la gloire est son preciput, c'est son partage à l'exclusion de ses creatures.

Qu'il suffit de travailler pour l'honneur.
CHAPITRE. IV.

Apres ces raisonnemens il ne faut plus de doutes pour la preference de la gloire à l'hôneur. Il est facile à remarquer la foiblesse des biens dont on iouït dans sa possession, & le peu de raison qui pousse à la poursuiure auec tant d'ardeur. Par ce que s'il est vray qu'elle se forme de l'opinion que les autres conçoiuent de nos vertus, & du plaisir que nous receuons dans les deuoirs qu'on nous rend vniuersellement en sa faueur; c'est vne côception où nous n'auons point de part, qui ne depéd de nous en aucune façon, & qui par vne suite necessaire ne donne point des prosperitez certaines. C'est vn plaisir qui peut nous sembler fade, ou que nous pouuons prendre à tiltre faux. Les objects de la loüange & de l'estime d'autruy ne sont pas toûjours nos satisfactions; & par les effects seuls d'vne imagination, nous prenons souuent pour delices ce qui a droit de nous affliger, pour afflictions ce qui doit resiouïr, pour deuoirs officieux, ce qui est de signalez mespris, & pour iniures, ce qui met en haute reputation. La seule opinion d'auoir toutes les parties qui composent la gloire, ne la donne pas en effect; & la creance de n'auoir pas ce qui la forme, la destruit. Si cette gloire a ses dependances de la loüange que l'on vous peut donner, de l'affection, & des reconnoissances d'vn peuple tout entier, dans l'estenduë d'vn pouuoir, & dans la memoire de tous les hommes pour celebrer vos vertus; ce sont accidens qui ne dépendét pas de vous, qui ne seront pas veritables quand vous les croiriez tels ; & qui ne vous donneront pas les biens de la gloire, quand ils ne vous seront pas sensibles. Et s'il est vray qu'elle est destruite dans la creance que vous auez qu'on n'a pas sujet d'estimer en vous ce qui fait vos auantages & vos bon-heurs, parce que par vostre repugnance elle n'est plus approuuée vniuersellement : voyez que cette gloire n'a pas seulement son estre dans l'opinion de la posseder, qu'elle le perd dans la creance de ne la posseder pas, que sa substance veritable n'est pas si facile à trouuer que plusieurs imaginent; & qu'ayant des effects qu'vn homme peut executer difficilement, elle ne doit pas estre la plus ardente recherche de ses soins.

Ainsi comme ces lignes ne sont faites qu'à dessein d'aider la vie dans les irresolutions qui la peuuent trauerser; il faut composer ce differend, terminer les doutes de cette description de la gloire aussi veritable que subtile, par vne conciliation auec l'honneur ; & voir par leur difference qui des deux l'on peut suiure auec plus de profit & de facilité. La gloire est vn honneur sureminent, qui n'est pas le partage ordinaire des viuans, où l'esprit seul agit par les seules vertus qui sont estimées de tout le monde, & où peu d'hommes peuuent paruenir. La moisson de l'honneur est plus ample, & plus facile à recueillir ; les richesses, les charges, les satisfactions d'esprit raisonnable sont ses effects, qui ne font pas moins sentir leurs douceurs au corps qu'à l'esprit. Sa nature le constituë dans vn ouurage qui dépend de nous, dans vn bien que l'on a desia gousté, & dont on a l'esperance certaine, ou l'exemple. Dans cette difference de nature, comme il est constant que la gloire a ses diminutions, ses accroissemens, & sa ruine par des sujets qui ne naissent point necessairement selon nos volótez; il est certain que l'hóneur a ses parties plus stables & permanentes, & qu'elles durent malgré les injustices & les violences des persecuteurs des gens de bien. Doncques l'on void à descouuert le chemin qui nous est marqué ; qu'il faut s'attacher à cette solidité, qui rend heureux, & resolus dans les desseins : & que ces doutes conceus sur la preferance de la gloire & de l'vtilité, ne peuuent estre plus honnestemer terminez, puis que c'est dans l'honneur que leur confusions prennent ordre, & que leurs obscuritez s'éclaircissent.

Qu'il faut consulter les maistres des professions qu'on veut entreprendre, auant leur entreprise, & dans ce dessein y apporter du courage.

CHAPITRE V.

DAns ces pensées & ces desseins d'acquerir vne vie plus heureuse, ou vne fortune meilleure, il y a des sentimens contraires parmy les hommes : & entre ces sentimens, les pires sont les pensées du vulgaire, qui apres auoir quelque reuerence, encore assez legere, pour les preceptes qui leur comandent le culte de Dieu, l'education de leurs enfans, l'obeïssance à leur pere, & à la Iustice, tiennent pour creance raisonnable, que les biens de la fortune & du corps sont tousiours preferables à ceux de l'esprit ; & qu'il est plus à propos de faire vne iniure, que par vne patience religieuse l'attendre, & la receuoir. Elle n'est pas seulement brutale, mais pernicieuse : il est de l'interest & du repos des hommes sages de l'estouffer, ou de montrer l'absurdité qui la fait naistre.

Puis qu'il y a quelque ordre pour le desordre, & quelques instructions pour l'ignorance ; qu'ils apprennent que les biens du corps ne sont pas tousiours permis, & sont perissables, & que ceux de l'esprit durent autant que nostre vie ; & qu'en manquant de les atteindre, on ne laisse pas dans leur

K

poursuite d'acquerir de l'estime & de l'honneur. Qu'ils sçachent, qu'il est plus preiudiciable de faire iniure, & violence, que de la receuoir. Par vne sainte patience leur fortune, leur corps, & leur esprit doiuent esperer des recompenses; & par les actions violentes leurs esprits sont blessez dans la passion, & leur conscience est chargée de crimes sujets à la punition. Que si par les mesmes raisonnemens de leur foiblesse, ils s'imaginent que l'abondance leur est plus profitable que la pauureté; que le repos & vn loisir faineant leur est plus auantageux que le trauail; qu'vne multitude d'amis vicieux leur prestera plus d'assistance qu'vn petit nombre de bós; & qu'il est plus conforme à leur nature de se gorger de voluptez que de s'en abstenir: qu'ils croyent qu'vne infinité d'autres pésées ainsi conceuës sans aucun iugement les trompe, & leur ferme les yeux, pour les empescher de voir les images qu'on leur presente de la vie future. Que les reigles de la science du monde, & de la sagesse ciuile leur donnent vne salutaire leçon, quand elles leur dient sur ce sujet, qu'il ne faut pas s'enseuelir dans vn repos ingrat & sterile; qu'ils doiuent embrasser les occasions auec chaleur, où la fortune, ou quelque bon genie semblent leur descouurir des chemins qui les conduisent à quelque bon-heur ; & ne rien espargner de leurs peines & de leurs soins pour y paruenir: & que si la force de leur esprit n'est pas assez puissante pour leur donner des resolutions sur ce qui s'offre dans le cours de leur vie, il est d'vn esprit bien éclairé d'emprunter du secours de ceux qui sont les maistres de la profession qu'ils recherchent.

S'ils veulent sçauoir quel estat de vie est le plus conuenable à l'homme, si c'est le repos, ou le trauail? qu'ils consultent vn Philosophe. S'ils veulent apprendre quel est le regime de viure, qui fait la santé plus parfaite; qu'ils le sçachent d'vn bon Medecin. S'ils veulent entreprendre des procez ou la profession qui les decide; qu'ils écoutent les Iurisconsultes. Et s'ils veulent augmenter leur patrimoine par vn achat de maisons; s'ils veulent décorer leurs possessions en chargeant leurs terres de bastimens magnifiques; qu'ils ayent auant l'auis des bons mesnagers, des Maçons, & des Architectes. Il n'est pas seulement necessaire d'auoir vne connoissance legerement vniuerselle de la fin des choses qu'on entreprend; mais il est encore prealable de sçauoir les moyens generaux, & les actions particulieres par lesquelles on y paruient: autrement c'est commettre des fautes contre le iugement, & c'est meriter à iuste tiltre le mauuais succez de ses entreprises. Dans ces precautions peu de reüssites échaperont à leurs desseins; & rien ne leur échapera quand ils auront perdu cette creance, qui fait peur d'abord à tant de persones, qui s'imaginent que les choses qui sont grandes ou puissantes en apparence, le sont effectuement, & sont des empeschemens qui les trauerseront tousiours. La puissance des Rois, de ceux qui gouuernent leurs esprits, qui participent à leurs conseils, qui trop de fois mesme les instruisant vsurpent leur puissance; & encore de ceux qui sont employez aux intrigues des ministres, qui semblent auoir donné des seruices assez grands pour rendre leurs emplois & leur fortune sans disgraces, ne doiuent point paroistre cóme obstacles : l'experience fait voir les reuolutions, & les changemens de ces Rois, de ces Ministres, les maximes d'vn temps, & d'vn Estat toutes changées; & doit apprendre que la constance, la vertu, le courage, & l'adresse, acheuent des entreprises les plus éloignées des facilitez & de l'esperance.

L'abregé des principes de la Science du Monde.

Chapitre VI.

POur traitter d'vne science, & la reduire en des termes qui l'enseignent methodiquement, on luy donne des principes : on les establit pour maximes certaines, contre lesquelles on ne souffre point de dispute; & l'art à les mettre dans la perfection est de les rendre generaux, dans vne connoissance facile & tousiours certaine. Ces principes conduisent d'abord à la speculation, & puis à la pratique; ceux-ci marcheront du mesme pas, quoy que leurs demonstrations les plus certaines ne soient que dans la prudence qui considere les euenemens qui suiuent les actions, qui change dans la rencontre des temps. C'est ce qui m'oblige de trancher court en cét endroit ; & de renuoyer les Lecteurs, apres l'exposition de quelques principes generaux pour la theorie, & à l'experience qu'ils trouueront par leurs propres actions, & par celles qu'ils estimeront estre dignes de leur imitation, pour en faire vne iuste pratique.

Le premier de ces principes, est d'auoir vne ferme creance que les choses du monde sont capables de receuoir plusieurs changemens dans le seul espace d'vn iour, & mesme d'vn moment ; & que ces mutations n'arriuent pas seulement aux choses, mais aux personnes qui les conduisent, & aux desseins qui les acheuent : de sorte que le secret de s'y comporter auec methode, est de n'y rien precipiter, si l'on ne void apparamment que les occasions de leur acheuement s'éuanouissent, & s'échapent.

Le second, est de n'employer dans la poursuite de l'execution d'vn dessein, que des moyens conformes & proportionnez à la dignité de la chose qu'on entreprend ; & dans vne affaire de peu de consequence, de ne pas se seruir de tout son credit, & de n'en faire aucun éclat par des actions extraordinaires : comme aussi dans vn sujet, dont nostre conseruation & nostre fortune dépendent, de ne pas demeurer dans l'oisiueté, & de n'agir que dans l'indifference.

Le troisiesme, fait esleuer les yeux, & veut que l'on considere le Ciel sous lequel on respire; que l'on medite sur la disposition des loix sous lesquelles on est sousmis; que l'on prenne garde à l'vsage, & à la coustume des lieux; & que l'on raisonne en soy puissamment sur l'humeur, sur les inclinations de ceux auec qui l'on va prendre commerce; sur la qualité de leurs esprits, sur nos forces, sur nostre âge, sur les ennemis que nous pouuons auoir; & sur la fortune que nous esprouuons en nos actions ordinaires.

Le quatriesme, force à croire que la seule felicité qui a droict de charmer, est celle de plaire à Dieu, de donner à toutes ses actions le tiltre de vertus; & dans les prosperitez du monde, de ne se laisser pas emporter à la creance qu'elles sont deuës à nos merites, & qu'elles ne nous abandonneront iamais. Il veut encore que les pensées soient portées iusques dans l'eternité; que les meditations s'occupent aux euenemens des siecles passez: où pour abaisser les ambitions, on puisse voir mille sceptres brisez, mille Couronnes destruites, autant de Rois qui rendent illustres les despoüilles de la mort, & autant de leurs descendans; qui loin de commander à la fortune, n'employent leurs soins que pour luy rendre des caresses, & pour éuiter les disgraces.

Le cinquiesme, dit hautement qu'on donne preferance en ses desseins à ceux qui sont apparemment les plus seurs, & les plus certains; & qu'on suiuie les vtils auant ceux que l'ambition seule fait naistre. L'vtilité est sensible à tous momens, ses douceurs se répandent dans tous les accidens de la vie; & l'ambition, quoy que dans le succez, ne prepare veritablement que des soucis, & ne presente que des déplaisirs, & des craintes; ou pour ne donner pas aussi auant que les souhaits, ou pour preuoir les decadences, par l'exemple des cheutes de ceux qui ont precedé.

Le sixiesme, donne auis qu'il est tres difficile de tenir vn milieu également partagé dans les extremitez; & que malgré le iugement on doit s'abandonner quelquefois à la necessité qui prend empire sur nous: parce qu'elle fait paroistre en beaucoup de rencontres l'occasion des vtilitez, & qu'elle donne des excuses aux actions que la prudence n'a point conduites. Que dans les affaires où cette necessité n'a point de pouuoir absolu, il y faut apporter des preparations auec tât d'estude, qu'aucunes fautes n'y prennér part: & que si cette adresse à ne point faillir vient d'vne science si sublime, qu'elle ne soit pas vn don fait à tous les hômes, parce que c'est l'experience seule qui l'acheue; on paruient à son acquisition par la connoissance des mœurs de ceux auec qui l'on traitte, & on l'obtient infailliblement par vne meditation serieuse de leurs actions, & de leurs habitudes.

En vn mot, il apprend que ceux qui par vne simplicité prudente agissent innocemment, & traittent par des paroles, que l'effect fait connoistre veritables, doivent acquerir en nostre endroit la creance que leurs inclinations se portent au bien, & qu'il est du devoir de respondre, & de satisfaire à leurs traittez simplement, & sans artifice. Que les autres à qui la feinte semble former toute l'addresse, aussi bien que les paroles inutiles, mais belles, & qui cachent de la fraude, enseignét par leurs procedez assez faciles à découurir, que leur habitude, & leur commerce ont du venin caché dessous des fleurs, & qu'en negociát auec eux on doit estre tousiours en garde. Quelle fidelité pourriez vous esperer de ces hommes qui croyent que la feinte & les surprises sót les clefs des thresors de la fortune, & que les artifices seuls sont les soustiens de leur vie? vous n'y trouueriez que des ingratitudes & des perfidies: fuïez de ces lieux qui ne sont fameux que par les pertes qu'ils causent. Dans cette consideration ne vous approchez point de ceux qui d'vne basse condition, & d'vne pauureté tres indigente sont esleuez dans les grandeurs, & le luxe, par le moyen des prodigieuses richesses qu'ils ont acquises en vn moment par le vice des temps: ces personnes souuent ont peu de foy, & suiuent tousiours le train de leurs premieres habitudes, & des inclinations de leur naissance.

Le septiesme, auertit de prendre vn soin particulier à venger par vne morale Chrestienne les iniures receuës; en sorte qu'il ne s'accorde pas moins auec la conscience, qu'auec la Politique; & qu'à ce dessein, il soit plus dans l'apparence, que dans l'effect, &

fect; & dans la seule pensee de ne se montrer pas insensibles aux affronts, aux assauts qu'on reçoit, & sans aucun pouuoir de repousser ce qui offense.

Le huictiesme, conseille de prendre garde à ne pas s'enferrer de sa propre espée, & à ne point s'enuelopper dans les filets qu'on prepare pour autruy. Que l'on obserue auant que d'entrer en vne affaire si l'issuë en sera facile; & si on ne peut leuer ses obstacles qu'auec l'assistance du hazard, si ce secours venant à manquer, on peut échaper sainement. Cette obseruation sera l'estude principale de ceux qui s'abaissent iusques au poinct de prendre des emplois hazardeux, ou vils, pour paruenir à ceux qui donnent les commandemens.

Le neufiesme, dit pareillement que les affaires qui ont vn mauuais principe, & vne naissance dans les vices, ont ordinairement vne extremité malheureuse, & vne mort dans l'ignominie. Que si leur succez n'est point accompagné de fortune, leur ruine les enseuelit dans vn oubly: & que si leur euenement a du bon-heur, le bon-heur flatte ceux qui les entreprennent, leur oste le iugement; & leur donne vne asseurance insolente, qui les éleue si haut, que leur force ne pouuant les entretenir à ce poinct, il est d'vne necessité que leur cheute soit la marque de leur mauuais procedé, de leur perte, & de leur orgueil.

Ce seroit vne expression ennuyeuse de ne parler des principes de cette science qu'en leur donnant vn nombre: regardez-les en foule dans la sui-

L.

re, vous ne les distinguerez, & ne les connoistrez pas moins facilement. Vous y trouuerez ceux d'éuiter les rencontres, que le commerce dans la diuersité des affaires donne auec ceux qui poursuiuent apparemment mesme fortune, mesme employ, & mesme charge que nous ; ou qui ont vne enuie particuliere sur nos prosperitez : parce que les occasions de la conuersation, des habitudes, & d'vn temps pris à propos par leur moyen, leur offrira les suiets de nous destruire, de découurir nos brigues ; & nostre patience se laissant blesser, ne pouuant souffrir ce qu'ils éleueroient pour nous abattre, nous irions au deuāt des coups qui nous seroient portez ; & dans l'enuie d'en porter d'autres pour les parer, nous aurions la reputation de trahir ceux qui auroient mesmes desseins que nous, & de moins chercher les charges, & les autres emplois pour l'affection de seruir nostre païs, que pour celle d'accroistre nos interests. Vous obseruerez qu'à ce sujet il faut s'éloigner de ceux d'vne nature qui nous est contraire, dont les inclinations & les humeurs sont pesantes & tardiues, quand les nostres sont plus promptes, & d'vn temperament de chaleur, quand le nostre est froid : & ceux encore d'vne inclination boüillante & cruelle, quand la nostre se plaist dans le repos & la douceur : parce qu'à la suite du temps nous commettrions mille fautes ; nous quitterions insensiblement nostre propre nature, & la force de nos inclinations particulieres. Cela causeroit vne augmentation de foiblesse & de vice en nous, vn suiet d'assistance en nos competiteurs, & la ruine de nos proiects edifiée par nostre propre ouurage. D'où suit, qu'il est de nostre conseruation, de ne fuir pas seulement celuy qui nous peut perdre, mais qui corrompant ce que nous auons de bontez & de forces naturelles, prendra des auantages sur nous. Cette contrarieté d'humeur est seule suffisante à montrer la raison de cét aduertissement : si elle n'est demonstratiue par les reigles des sciences, vn instinct secret en fait le precepte. Il est certain que des personnes contraires en humeurs ne se peuuent accorder, que leurs genies se feront la guerre asseurement ; & que deux temperamens contraires ne pourront pas long temps subsister, sans la ruine du plus foible, ou de tous les deux ensemble.

Ces raisonnemens qui suiuent sont encore des principes. Croyez que tant qu'il reste quelque sorte de puissance en vn homme, il ne souffre point l'extremité des malheurs, ny des iniures : parce qu'il espere en ce reste de pouuoir ; & que cette esperance formant en luy la pensée qu'il pourra vaincre ses infortunes, il fait effort à ce sujet, & que ceux qui le considerent en cét estat, imaginent qu'il pourra se vanger vn iour des mespris qu'on luy rend. Quand ses ennemis, ceux qui taschent à le destruire, le voyent dans ce trauail, ils le flattent encore, & le traittent de paroles, de complimens, & d'offres de seruices: ils craignent qu'il n'ait le pouuoir de surmonter ses miseres, & de punir leur enuie & leur haine. Ainsi comme ce pas est dangereux, & que ces paroles de respect & de ciuilitez souuent couurent en effet des desseins violens; si dans peu l'effet ne respond à leurs promesses, s'ils ne destournent ou suspendent les mal-heurs qu'ils sont prests à faire tomber; celuy qui se void reduit à ce poinct, doit employer auec vn courage ardent, mais en secret, son reste de puissance, pour combattre & destruire ces ennemis. Ce combat par vn triomphe luy donnant de la gloire, luy ostera l'iniure; & mesme dans vne deffaite, quand son courage aura paru, sera genereux. Lors soit qu'il ait la victoire, ou la deffaite, en les ioüant à son tour, qu'il leur rende les mesmes paroles de respects, & de ciuilitez; qu'il aouë les obligations dont il est leur redeuable; qu'il feigne que son esperance ne s'est fondée que sur leurs paroles & leurs promesses; qu'il n'attend que d'eux ses prosperitez: & par de semblables discours, quand ils croiront qu'il prend leurs artifices & leurs mensonges pour des veritez, il pourra traitter auec eux plus seurement dans son malheur: il pourra les vaincre auec moins de violence, son triomphe sera plus glorieux, & plus acheué; sa deffaite sera moins cuisante, & par cette adresse il adoucira ses infortunes.

Finalement, souuenez vous, que les actions composant l'operation de la sagesse ciuile, & de la Science du Monde, il y a des principes pour elles. Entre les actions, il en est de propres à l'esprit comme l'intelligence; de propres aux corps, comme sont les qualitez d'vne substance; & de propres, & particulieres à l'homme raisonnable dans la societé ciuile, comme sont les negoces où il s'applique. La façon à les rendre dans la perfection, est de n'entreprédre que celles qui meinent à l'honneur, qui conduisent à la reputation, & qui ont moins de subtilité que d'vtilitez. Si ces actiós s'occupent vers les arts mechaniques, d'exercer ceux qui ont plus de solidité, & qui seruent le plus dans le commerce de la vie. Si sur des accidens d'vne nature releuée, d'agir par des soins, des deuoirs, & des diligences qui soient exquises: ou si sur des sujets importans, que cette occupation soit dans l'importance de son action: comme si vous estes employé aupres des Rois, des Princes, des Ministres d'Estat, & des Grands, que cét employ soit dans toute l'estenduë de vostre pouuoir, de vostre diligence, & de vos fidelitez.

N'oubliez pas que celuy qui doit donner vn bien, & qui ne le donne pas, l'oste effectiuement: & que pour paruenir à l'amitié d'vne personne, il faut auant luy faire voir des effects de l'affection qu'on luy porte. Et tenez pour certain, qu'il est necessaire à tous les hommes d'auoir la creance qu'ils sont serfs, & qu'ils doiuent porter le ioug d'vne seruitude, mais qui s'adoucit dans le tiltre qu'elle a de ciuile. En effet, ils sont tous obligez

L iij

de porter obeïssance à des Superieurs; & il n'y a que les Rois seuls, & les Princes souuerains qui en sont exempts. Ceux qui soustiennent les necessitez de leur vie par le trauail de leurs mains, & de leur esprit, ne rendent-ils pas des deuoirs, & des sousmissions à ceux qui recompensent leurs trauaux par la retribution de l'or, & de l'argent qu'ils possedent? & les possesseurs des richesses, dans les proportions de leur rang, de leurs qualitez, & de leurs emplois, ne se sousmettent-ils pas à ceux qui peuuent augmenter leurs thresors, ou les conseruer? Il est vray que ces seruitudes sont d'autant plus dans l'esclauage & l'abaissement, qu'elles sont renduës à des personnes plus releuées; & que si l'esperance de soulager ses necessitez, de faire fortune, & l'habitude, n'adoucissoient la contrainte des deuoirs officieux, & des sousmissions qu'on rend au seruice des Rois, & des Princes, il s'y trouueroit peu de personnes si ardentes: ce seroit vn fardeau que tous les hommes en general trouueroient insupportable. Mais puis qu'elles sont des necessitez de la vie ciuile, apprenez pour vn des plus importans principes de cette Science, qu'vn ieune homme qui voudroit excuser sa faineantise, & donner des couleurs à son libertinage, par le desir qu'il a de viure dans le repos & la liberté, doit estre puny dans vn Estat où regne vne iuste police. De cette excuse, qui n'a pour ses defenses que ce desir, on ne peut presumer autre chose de luy, sinon qu'vne volonté de mener vne vie sans l'exercer au trauail, de ne prendre d'autres emplois que les ieux & les larcins; & de ne fuir vne honneste seruitude, puis qu'elle est ciuile, que pour sousmettre son corps aux voluptez, aux crimes, & finalement aux pieds d'vn bourreau. Il est permis de changer la nature, ou l'effect de cette seruitude, & de quitter celle qui nous pese trop, ou qui nous déplaist, pour en embrasser vne autre qui touche nos inclinations : mais de l'abandonner pour viure en libertin, c'est renoncer à ses auantages, à ceux de ses proches, & de sa patrie. Cette seruitude estant ciuile, est vne necessité du monde : cette qualité la rend honneste, les plaisirs qu'elle donne dans la distribution des grandeurs la rend agreable; & la recompense qui est tousiours à sa suite, selon la qualité des seruices, la fait sentir vtile.

Si donques on n'échape pas sans crime à cette seruitude, & si l'on doit necessairement rendre des deuoirs à quelques puissances, escoutez attentiuement ces derniers principes, qui dient qu'il faut estre auare du temps, & tascher aussi-tost qu'on a l'vsage de la raison & des forces pour quelques operations ciuiles, à se rendre capable de faire profit ou de ses actions, ou de celles de son prochain ; & de rendre des seruices vtiles, ou en faueur de ses interests, ou en consideration de l'assistance qu'on doit à ses parens, à ses amis, & à son païs. Ainsi dans le cours de vostre vie n'entreprenez rien d'inutile, & dont vous ne puissiez vous desgager facilement. Apres tout, croyez que la cause des mal heurs qui vous suruiennent, est dans les fautes que vous commettez par vos erreurs, par l'auarice, par l'ambition, par l'amour, par la haine, par l'inconstance; & souuent par vne paresse, qui fait que vous agissez moins par vostre personne, que par vn secours estranger, qui n'a pas la creance parmy le monde que vous pouuez auoir, l'authorité de vostre naissance, la promptitude qu'on donne à ses propres interests, & la connoissance particuliere, & plus intelligente qu'ont les hommes dans les affaires qu'ils entreprennent. D'où vient que pour reparer les pertes causées par la negligence, il faut souuent vser d'adresse, de subtilité, & quelquefois de perfidie. C'est ce qui expose à la colere de Dieu, & des hommes; & ce qui rend la perte de la reputation & de l'ame inesuitable.

Pour esuiter ces mal-heurs, occupez vous entierement à ce qui vous fera connoistre la nature des felicitez & des fortunes, pour qui vous formez des desirs. Vos desirs sont raisonnables, quand ils sont assistez d'vn choix iudicieux; & ceux-là succedent ordinairement, qu'vne prudente connoissance conduit. Ce qui attire les infortunes dans les desseins, est l'ignorance des façons de les conceuoir, des moyens de paruenir à leurs succez; & vne presomption vicieusement naturelle d'estre sçauants en tout, qui nous empesche de prendre aduis de ceux qui y ont passé deuant.

uant nous, & qui par vn âge moins ignorant ont plus de sçauoir & d'experience.

Quels sentiments on doit prendre dans la question de sçauoir si le Destin, la Fortune, le Genie, & les Astres, ont empire sur la vie des hommes, & sur leurs actions.

Chapitre. VII.

Apres ces principes sur qui la sagesse ciuile donne ses enseignemens, & ses decisions ; & qui sont tirez des demonstrations les plus necessaires, que peut auoir la prudence, & l'experience du monde ; il reste à faire vne obseruation pour sçauoir, si seuls ils ont assez de puissance pour regir, & disposer auec succez des affaires des hommes: parce qu'il est certain qu'ils sentent quelquefois l'effect de certaines forces superieures, qui semblent s'occuper à prendre des plaisirs en combattant, ce que la prudence leur suggere. Ceux qui les reconnoissent, leur donnent le nom de Destin, de Fortune, de Genie, & d'Influence d'Astres. C'est icy le lieu d'entrer dans la question de sçauoir, s'ils sont les causes generales de tous les accidés qui suruiennét en l'Vniuers, qui fauorisent ou combattent les affaires des hommes? S'ils donnent seulement quelque branfle en particulier aux euenemens de leurs poursuites? Et si ces Astres, cette Fortune, ce Genie, & ce Destin, comman-

M

dent sur eux generalement, ou n'exercent leur empire que sur des objects particuliers? dautant que nous voyons sensiblement, qu'ils ne s'y respandent pas auec égalité. Cette question contient encore ce doute, si ces puissances que nous reconnoissons estre au dessus de nous, ont des effects ineuitables? Si elles agissent chacunes selon les forces de leur nature: Et si elles font toutes ensemble vn meslange de leur pouuoir, pour en faire sur nous les impressions? Mais ces difficultez me feroient prendre vn trop grand effort; & ie sortirois des bornes de mon sujet, si ie voulois entierement les resoudre. Il suffira d'en leuer les ombres les plus grossieres, & de découurir seulement ce qui peut seruir dans les deliberations qui sont formées sur les professions qu'on veut embrasser, & sur les emplois qu'on veut changer.

Ceux à qui la profession de la Philosophie a donné le nom de sages, ont tous vnanimement reconnu, que dans le monde il y auoit vn destin, qui n'est pas vne substance qui forme, & qui cause fatalement la necessité de ses accidens; mais qui prend cette denomination, parce que ces accidens doiuent naistre ainsi qu'ils arriuent. Si bien que cette nature qu'ils luy establissent ne peut donner aucunes vtilitez, ny procurer aucuns dommages aux actions de la vie. Ils reconnoissent pareillement que le visage seul des prosperitez humaines, est capable de faire croire sans aucun doute, que l'homme est vne matiere à souffrir vne bonne ou mauuaise fortune dans tous les temps de sa vie; & mesme quand il change de climat, suit, ou quitte les personnes auec qui ses infortunes, ou ses felicitez semblent estre attachées. C'est pourquoy ce Mage, ou plutost ce Philosophe Egyptien, disoit à Marc-Antoine, Prince, vostre fortune a des rayons si éclattans que les yeux en sont éblouïs; mais la doctrine de mon art me fait voir, que vostre genie a des transes à tous momens, & des craintes à toutes occasions, au sujet de ce ieune homme (il luy designoit Octauius Cesar). Si vous voulez vostre conseruation, faites sa perte; si vous desirez faire durer vostre triomphe, commencez sa deffaite; & rompez ces liens qui tiennent ses interests attachez aux vostres.

En effet, cette fortune paroist sensiblement dans vn bon & mauuais aspect tout ensemble, dans le mesme homme qui conduira les mesmes desseins, & qui prendra tousiours les mesmes moyens en sa conduite. Ce qui fait que le veritable conseil sur ce poinct, est de fuïr les occasions où sa haine paroist, & de ne se rendre pas opiniastre contre vne obstinée. François premier, qui auoit toutes les qualitez qui composent vn Roy bon, sage & vaillant, a long-temps combattu l'Empereur Charles le Quint par la force ouuerte des armes; sa generosité, & son intelligence au faict de la guerre n'a pas donné plus de bon-heur à ses entreprises: & la fortune luy estoit si contraire, que ce Prince qui auoit autant de prudence que de valeur, se resolut de ne plus se soufmettre à ses dispositions, & de ne la tenter plus que par les moyens de la preuoyance, & l'adresse de prendre des auantages par la rencontre des occasions. Ce grand Prince, dont la memoire viura tousiours, mourut dans ce dessein. Henry second luy succeda, qui par l'ardeur de son courage, de sa ieunesse, & des grandes armées qu'il mit sur pied, fit croire qu'il alloit esleuer des trophées sur les deffaites de son pere ; & qu'en vengeant ses pertes, il alloit changer le triómphe de gloire de ses ennemis en triómphe de deüil. D'abord, la fortune luy fit caresses, & luy découurit ses thresors. Celuy auquel il auoit donné la charge de Viceroy sur les Escossois, disoit ordinairement dans ses Eloges, que son Maistre connoissoit que la fortune estoit vne femme imperieuse, & sans raison, qu'vn baston deuoit dompter, & battre iusques à ce qu'elle fust rangée à l'obeïssance, & qu'elle fust deuenuë souple. Ce sentiment qu'il auoit d'elle, sembloit d'abord estre veritable, par le succez qu'il eut dans les victoires, dont il enrichit sa Couronne. Mais ses premieres prosperitez luy donnant des esperances pour des secondes, il pressa trop cette fortune; il voulut sa faueur dans de plus hauts desseins, elle luy tourna le dos, ses lauriers seicherent, & ses triomphes finirent. Il creut vne troisiesme fois qu'il auoit surmonté ses mespris, & vaincu ses disgraces : il fit la paix auec cét Empereur, il fit alliance auec luy, il croyoit toucher le Ciel : Au milieu de sa pompe, & de ses plaisirs, dans la ville où son trosne, a ses bases, dans le sein des delices, dans le passe-temps des nopces, il trouua la mort, vne sedition cruelle qui fit vn deluge de sang & de feu dás son Royaume suiuit: Et apres l'aisné de ses enfans receut presque aussi tost la fin de sa vie, qu'il chargea sa teste & ses mains de son sceptre & de sa Couronne. Mais nous nous engagerions icy dans vne description de malheurs & d'infortunes, reprenons le fil de nostre discours. Disons que veritablement la Fortune caresse les vns plus amoureusement que les autres, mais que le Destin ne peut rien sur nous; qu'il n'exige point des suites necessaires à nos actions; qu'il n'est Destin qu'en ce qu'il est le nom de ce qui doit arriuer, & non pas en imposant necessité d'arriuer à ce dont il est la denomination: & que cette fortune, quoy qu'elle semble prendre part à nos actions, peut estre surmontée par l'adresse de la fuite, ou des accommodemens des lieux, des affaires, & des personnes, qu'elle veut éleuer en nous opprimant.

De moy, ie me persuade facilement, que les hommes dans leur interieur, & dans les presentimens de leur esprit sentent vn instinct particulier, que plusieurs appellent Genie: I'en ay senty l'effet quelquefois. Il est constant que Socrate & Plotin en auoient vn particulier; & les Historiens asseurent que Dion en auoit vn qui l'assistoit en ses deliberations; que Synesius, quoy qu'il fust Euesque Chrestien, sentoit sa force & l'escoutoit; & que

César Auguste, Sylla, Marius, & Marc-Antoine suiuoient ses dispositions dans leurs plus hautes entreprises. C'est vn doute qui n'est pas bien éclaircy, si tous les hommes en ont vn particulier, ou si Dieu n'en depart qu'à ceux que la naissance, & les actions illustres releuent au dessus du commun. Mais c'est vne verité sans contredit, que ces genies instruisent les hommes dans leurs desseins, qu'ils leurs donnent de la hardiesse, & de la retenuë selō les necessitez de leurs entreprises. Toutes fois, comme il en est de bons & de mauuais, & qu'il est difficile en ces instincts de connoistre de quelle part ils viennent; Le meilleur conseil que ie puis donner sur ce sujet pour assister les deliberations, est de conduire tousiours sa vie dans l'innocence, dans l'abstinence des voluptez, dans la pratique des vertus; & dans vne ferme esperance du secours que Dieu donne à ceux qui le seruent : Il n'abandonna iamais ceux qui l'ont regardé comme l'Autheur, & la source de tous les biens qu'ils pouuoient receuoir.

Ainsi que ces colosses d'or & d'argent, ces hommes si riches, & si puissans, que ce qui paroist deuant eux semble n'estre fait que pour leur plaire & les seruir, vantent tant qu'ils voudront le pouuoir de leurs thresors; que ces ieunes gens qui par les molesses & les voluptez veulent surmonter les Heliogabales, les Sardanapales, publient & rendent des tesmoignages en tous lieux de la delicatesse de leurs plaisirs: ces richesses & ces voluprez s'évanouissent en vn moment, deuiennent funestes à ceux qui les possedent; & n'ont pas la certitude, & la durée des protections que nous receuons de nostre Dieu. Comme il sçait éleuer les vns sur les trosnes, & faire naistre les autres dessus l'or & la soye; il a la science de les reduire sur les fumiers, & de rendre leur mort en tel estat, qu'on n'ose parler de leur vie. Les seuretez que donnent les richesses & les throsnes sont tousiours branlantes, & prestes à perir: celles qu'on reçoit du Principe des principes en faueur de la iustice des actiós, sont tousiours en vigueur, & tousiours fermes. Quiconque aura cette lumiere, dans les obscuritez du monde, il descouurira par tout, aura des satisfactions en tous rencontres; & se trouuera dans vne assiette si forte, qu'il causera la cheute & le débris de ceux qui prendront le dessein de le choquer.

La puissance des Astres est assez celebre par les effects qu'elle produit, par l'experience qui frape les yeux, & par l'operation sensible de leurs influences, pour persuader les hommes aisement qu'elle fait aussi quelque effort sur leurs inclinations, & sur leurs esprits. En effet, si ces causes premieres de nos mouuemens, pour venir à leur perfection n'auoient besoin de ces secondes, qui sont renfermées dás cette disposition propre que nous auons de nos volontez: nos actions seroient en vain regies par les maximes de la prudence, puisque leurs euenemens auroient vne autre dépendance. Mais cette volonté qui dépend de nous,

qui est l'appanage le plus noble de nostre naissance, resiste à l'influence des Astres, nous soustrait à leur domination, ou plustost à leur tyrannie ; & fait obstacle à la puissance qu'ils prennent sur nos esprits. L'Astrologie ne peut rien determiner de certain des choses futures, puis que leurs entreprises, leurs moyens, & leur fin ne subsistent que par les effects d'vne volonté, qui dás chacun des hommes a le tiltre de souueraine. Cette science ne peut faire de demonstrations que sur ce qui regarde les choses qui n'ont pas leur dépendance de la volonté des hommes, mais qu'ils l'ont seulement de leur nature. Elle dira par la consideration de l'Astre qui domine en quelque naissance, qui fait la constitution ou le temperamment de quelque corps, que cét homme n'aura pas vne vie de cent années. Par quelques reigles de ses principes, elle preuoira qu'estant né sous vne telle constellation, la violence fera vne partie de ses inclinations ; que son temperamment estant d'vne telle qualité, il aura de l'impatience, de la haine pour de certains sujets, & de l'amour passionné pour d'autres ; qu'il aimera la chasse, le ieu, & le reste des diuertissemens, ou n'aura des pensées que pour les charges, les honneurs, & les Empires. Si la Planette de Mars domine en quelque naissance ; elle dira que cét homme aura ses plaisirs dans la violence & le sang, qu'il sera genereux, voleur, & parricide. Si celle de Mercure ; qu'il aura ses inclinations dans les artifices, & ses discours dans l'éloquence. Mais elle
deuroit

deuroit se contenter de dire, que cét homme peut auoir des inclinations à ces vices & à ces vertus; & non pas que sa nature soit telle, qu'il les doiue executer. Cette volonté que nous auons si libre, par les bonnes instructions, par l'effect d'vn solide iugement corrige nos inclinations, fait que les Astres ne sont pas les causes necessaires des euenemens; & doit faire croire à tout esprit raisonnable, qu'ils n'ont d'autres effects que ceux de donner des preparations & des facilitez à receuoir des habitudes.

Le succez des affaires dépend entierement, ou de la volonté de Dieu, ou de la faute, ou de la prudence de ceux qui les manient, & qui les traittent. Cette decision est celle que l'experience nous donne; que les sages authorisent en y souscriuant; & que les loix de Dieu nous confirment. L'Astrologie dans ses reigles marquera les années, les mois, les iours, & les heures des accidens de nostre vie; mais la marque qu'elle en fait n'est pas tousiours certaine, & n'en fait pas la necessité. Si ce sont accidens qui dépendent absolument de la nature, elle peut dire la verité: mais si nos actions qui sont volontaires, sont dans leur concours; si leur commencement & leur fin a besoin de nos deliberations; elle ne donnera que des incertitudes, que des vains amusemens, qui coustent souuantefois du sang, & des repentirs tres cuisans à ceux qui ont l'esprit assez foible pour y donner creance. Elle ne fait present d'aucunes vtilitez aux

N.

hommes, que de leur donner la connoissance du penchant de leurs inclinations; il est apres de leur prudence, de n'employer leurs soins qu'à cultiuer les bonnes, & se détacher des mauuaises.

Que Dieu donne des reuelations dans les incertitudes, quand on sçait l'art de le prier, & de s'en rendre digne.

Chapitre VIII.

Outre ces puissances qui sont au dessus de la nature humaine, mais qui vers elle sont occupées, on dit qu'il est encore ie ne sçay quelle nature diuine, qui preside en nous, aux vns plus sensiblement, aux autres moins. Les Philosophes, & les Medecins ne sont pas les seuls qui tiennét cette opinion: les Theologiens la trouuent veritable, & luy donnent approbation. Ils disent que nous sommes capables d'en sentir les faueurs, quand l'esprit ne partage plus les fonctions du corps, & qu'il n'est plus en estat de se ressentir de la pesanteur de sa matiere. Que la Diuinité nous les presente, ou par les visions du sommeil, ou par quelque rayon de connoissance particuliere, qui nous fait percer la nuict du futur; & par ie ne sçay quelle prudence, que nous reconnoissons ne venir point de la suffisance de nostre esprit. Ie ne pense pas que ce soit l'effect d'vn genie, mais ie sçay que cela forme vne fortune, qui visiblemét nous flatte; nous donne des clartez qui découurent les precipices qu'on nous prepare; & qui font auoir à nostre vie de la tranquilité, de la longueur, & de l'asseurance. Les viandes difficiles à digerer, comme sont les herbages, les chairs, les poissons salez, le pain de mauuais bled, les vins corrompus, les trop grandes veilles, & longues abstinences, sont non seulement des empeschemens formels à rendre capables de receuoir ces presens de la Diuinité, mais seruent à corrompre en nous ce qui pourroit en receuoir les especes & les images. Taschez d'éuiter cette façon de viure, qui oste vn si grand appuy dans nostre foiblesse: cét appuy a rendu des assistances qui tiennent du miracle à plusieurs Hermites & Philosophes, qui en ont merueilleusement adoucy les aigreurs de leur vie. Dans le peu de connoissance que nous auons au monde, on ne doit rien negliger: & les prieres faites à Dieu dans les infortunes, ont ce charme innocent, qui les fait finir, qui les appaise, ou qui donne des secrets à les vaincre, qui ne sont point encore connus d'aucun art. Ce fut l'artifice sacré dont se seruit saint Augustin, dans son dessein de changer sa condition, & ses mœurs; & dont il eut succez, par cette oraison qu'il fit par l'espace de quarante iours, où son humilité parut par les pieds nuds qu'il auoit, & sa penitence par le ieusne qu'il faisoit pour rendre cette priere plus celebre.

De cet exemple on peut tirer vne preuue tresclaire, que nous auons en nous les semences de plusieurs choses, que nous imaginons n'y estre pas; & ne subsister que dans les choses que nous voulons passionnement auoir, ou dans la rencontre du hazard. Le suiet pour lequel ces assistances, que nous reconnoissons estre diuines, sont départies à si peu de personnes, est l'ignorance que plusieurs ont de l'estat auquel il faut estre pour en estre participant. Les graces se répandent en partie par vne lumiere où les yeux sont estrangers, en partie par la recompense des vertus; & encore par les considerations que donne la veritable science du mode. Peu s'appliquent à l'exercice des vertus: & presque tous suiuent des maximes qu'vne fausse Philosophie a introduites en ce siecle, qui n'a que les seuls interests, & les seules voluptez pour ses principes.

L'exemple des euenemens c'est le modelle le plus asseuré de la conduite des hommes.

CHAPITRE IX.

Vous, mon Lecteur, qui cherchez à vous instruire, & qui dans ce Liure trouuerez l'adresse d'entrer en toutes sortes de professions & de commerce, par les veritables moyens qui peuuent y conduire en asseurance; faites des reflexions sur ces raisonnemens : voyez ce qui peut seruir à vos desseins, & regardez ce qui vous y peut nuire. Faites en conference auec vos inclinations. Si elles s'échapent, tâchez de les ranger : si leurs commencemens sont beaux, faites vos efforts de les acheuer : & si les doutes qu'ils proposent dans l'entreprise des desseins, & des moyens pour y paruenir, ne sont pas assez éclaircis, donnez leur des lumieres par les exemples des choses arriuées de vostre temps sur de semblables sujets. Comme ces doutes sont sur vne infinité d'accidens, & que l'inconstance des choses humaines donne à de pareils desseins des euenemens differens ; en transcriuant icy des exemples, ie composerois des volumes : & au lieu de former des preceptes, i'escrirois des histoires. Aussi bien quand i'irois ouurir des tombeaux les plus anciens, & remuer des cendres les plus vieilles, pour les interroger sur la conduite des accidens de nostre vie; quand ie m'adresserois à ceux qui viuoient il n'y a qu'vn siecle, leur doctrine ne pourroit s'appliquer à nostre façon de viure, qui est toute changée, & toute differente : & nul exemple ne sçauroit si bien vous instruire, & vous toucher, que celuy dont vous estes le spectateur, ou dans vostre personne, ou dans celle de vos amis, ou dans ceux qui vous sont indifferens.

C'est assez pour satisfaire à mon dessein, d'escrire en ce lieu pour exemples quelques preceptes à rendre la vieillesse des hommes facile, & plaisante à supporter ; & la retirer de l'atteinte de ces mespris iniurieux dont on la traitte si souuent auec injustice. Comme c'est vn estat de vie où l'on n'arriue point impunement, & sans quelque perte notable de cette force, qui signaloit dans la ieunesse; & que les hommes necessairement y paruiennent en viuant longuement: chacun d'eux y pourra trouuer quelque soulagement; & dans le discours de ce qui rend vn vieillard heureux ou mal-heureux, voir comme en vn miroir, ce qu'il doit acquerir dans le temps de sa force, pour se preparer asseurement du repos, & des tranquilitez dans celuy de sa foiblesse.

Que les preceptes à rendre la vieillesse heureuse, enseignent à choisir les emplois de la ieunesse.

Chapitre X.

LA vieillesse est vn poids que les hommes n'euitent point en iouïssant long-temps de la vie: les Rois & les Princes souffrent sa pesanteur, aussi bien que le moindre de leurs sujets. Ainsi si ces Rois, & ces Princes, dans l'acheuement de leurs iours ont des enfans, ou d'autres heritiers; si de droit ils n'en ont point pour leurs Couronnes, comme ceux à qui l'élection, & non pas la naissance distribuë les sceptres; il leur est necessaire pour l'establissement de leur bon-heur, de ne considerer point auec des yeux de ialousie & de dépit, ceux qu'ils voyent former desia des desseins sur la succession qui leur doit eschoir, ou sur les puissances que la brigue seule leur peut donner: & dés leur viuant, ils en doiuent faire vn partage en sorte qu'ils puissent esloigner d'eux les suiets de souffrir impatiemment ce qui reste de leurs iours. Ils doiuent se contenter du téps que la nature leur a laissé pour la iouïssance de leurs grandeurs; & n'enuier pas les prosperitez, qui ne leur eschapent des mains, que pour entrer en celles que cette mesme nature a formées de leur propre substance, pour les faire incessamment couler sur leur mesme sang. Si leurs esprits trouuent des diminutions de force dans leurs membres assoupis, & dans leurs organes vsez; qu'ils partagent leur authorité, & se deschargent des soins, que donnent les inquietudes Royales, sur ceux qui les doiuent auoir apres eux. Ce faix qu'ils veulent retenir les accable; ce peu de force qu'ils ont en leur vieillesse leur faisant commettre des fautes, ternit le lustre des beautés de la vie qu'ils ont desia passée: & au lieu de l'admiration qu'ils donnoient dans les esprits par les effects de leur sage conduite, ils ne se preparent, & ne s'acquierent que des mespris.

Si donques cette vieillesse qui ne veut point finir, & qui croit pouuoir executer ce dont vne ieunesse dans sa force est capable, blesse la reputation des Grands; que ceux d'vne condition mediocre regardent sans déplaisirs, qu'il est temps en cét aage d'abandonner leurs negoces, & leurs cômerces; & ne penser plus qu'à leur conscience, à leur repos, & à leur fin. Leurs fautes n'ont point d'excuses, & leurs actions sont considerées sans aucun respect. Aussi tout semble finir en cét aage: il n'est plus capable d'aucunes esperances. Si les enfans luy manquent; si la pauureté l'enuironne; si la maladie l'accueille; si quelque passion violente l'occupe; & si son sens s'éloigne de la sagesse & de la raison; ces accidens n'ont leur remede que dans la mort: c'est la seule medecine à ces maux. Ce n'est pas qu'auec vne vieillesse indigente le bon-heur ne puisse compatir. Vn vieillard qui iouyt d'vne santé parfaite, & qui void ses enfans dans les vertus, & dans l'esperance des fortunes que leurs merites briguent pour eùx, peut auoir du bon-heur: mais son estat est si suiet à receuoir des iniures, n'ayant pas la force de les venger, que sa felicité consiste plus souuent dans vne imagination de Philosophe, qui cherit les idées, que dans vne solide verité. Il est trop certain qu'en supportant patiamment vne iniure, la condition des hommes est telle, que cette patience semble en prouoquer vne seconde, vne seconde vne troisiesme: ce qui rend à la fin nos iours dans la melancolie, & plus dans vne sensible langueur, que dans vne vie veritable. L'incommodité qu'apportent ces iniures & ces mespris, est que ceux qui doiuent des seruices à vn vieillard, ou par naissance, ou par droict de suietion, perdent beaucoup de leur de leur respect, & de l'inclination qui leur est necessaire pour les bien seruir; que ceux qui sont de leur condition, les blasment, & les accusent de lascheté; & que leurs inferieurs s'en moquent, & les mesprisans leur desnient des assistances.

Le remede à ce mal est à prendre dans la prudence de l'éuiter, qu'vn long aage donne ordinairement; dans la patience qu'vn temperamment moins dans la chaleur du sang leur fournit; & dans la façon de viure des lieux, où leur fortune, & leur famille les obligent de demeurer. Si leur patrie est dans vne Republique, & dans vne Monarchie, où la police soit en vigueur; ces accidens ne les choqueront point, & leur aage aura des deuoirs & des respects. Autrefois chez les Lacedemoniens & les Romains, il falloit estre vieillard pour estre honoré: & chez les Atheniens, quoy qu'ils se piquassent de Philosophie, cét estat de vie estoit ce qui donnoit le mespris. Les prosperitez de ces deux peuples de Lacedemone & de Rome, marquent la recompense, & la necessité d'honorer les vieillards; & font admirer tout ensemble l'heureux gouuernement de ces personnes, à qui l'aage par vne longue experience donne de l'adresse, & de la conduite en toutes choses. En effect où le sang est encor bouillant, & dans sa plus grande chaleur; où la ieunesse seule a les fleurs de la vie, & la puissance des Magistratures, on ne peut raisonnablement esperer de la moderation,

O

quand elle feroit mefme dans l'eftime d'vne iufti-ce feuere: elle peut fe corrompre facilement, la chaleur de l'aage la peut emporter; & ceux qui auroient la puiffance de les punir, ayant les mef-mes inclinations, rendroient leurs corruptions impunies.

Ainfi, ô vieillard, fi vne ieuneffe infolente vous attaque, parés ces coups de voftre patience, quand vous ne pouuez les repouffer: & lors iugez-les pluftoft dignes de voftre pitié, que de voftre van-geance. Le temps vous fera paroiftre que le Ciel prend en main voftre defenfe, & que cét infolent aura receu le chaftiment de fon audace. Penfez que le bon-heur confifte feulement dans la mode-ration des paffions, que c'eft ce qui forme la fa-geffe: & que la fin de la vie eft la plus belle de fes parties, puis qu'elle ouure les chemins d'vne meilleure. Croyez que vous ne deuez plus auoir de commerce, ny de focieté, qu'auec les Sages & les Philofophes; & non pas auec des perfonnes, que des vaines fubtilitez d'efprit, ou de main, ren-dent aimables au vulgaire. Ne penfez pas que ce que difoit Cæcilius foit veritable, que le mal-heur de la vieilleffe eftoit de voir qu'en cét aage on eftoit vn poids inutile fur la terre, & vn objet de haine & d'ennuy au refte des hommes. N'ef-coutez point auffi le difcours de ce Grammairien, qui voulant faire le Philofophe, definiffoit l'hom-me en l'appellant vn bouillon qui s'éleue, & s'abaisse en vn moment sur vne eau qu'on agite; & disoit que cette deffinition luy conuenoit d'autant plus qu'il estoit dans la vieillesse, & qu'vn aage de quatre vingts ans luy crioit à haute voix qu'il estoit temps de plier bagage. Donnez plustost vostre creance à Seneque, qui dit que l'esprit est en sa force, à ses fleurs & ses beautez dans la vieillesse : & que comme le miel dans son extremité a sa douceur plus parfaite, la vie a dans sa fin, qui allentit les passions, plus de delices & de satisfactions d'esprit. Si vous voulez d'autres tesmoignages des Philosophes anciens, presque le premier d'entr'eux vous dira que si vn homme d'vn temperament modeste y paruient, elle ne produira qu'vne continuation de douceurs; & que si sa ieunesse a tousiours esté agitée par les troubles des passions, que ces troubles y seront appaisez, & trouueront du calme. Au neufiesme liure de ses loix ne dit.il pas qu'vn vieillard doit auoir grande prerogatiue, & vne sceáce plus esleuée que la ieunesse : & qu'on ne les doit pas beaucoup esloigner de celles des Dieux, & de ces hommes qui doiuent par leurs vertus viure comme eux dans le bon-heur : ainsi que l'insolence d'vne ieunesse contre vn vieillard est vne action de honte pour les hommes, & de punition pour les Dieux. Il aiouste que les vieillards doiuent receuoir des respects, & des deuoirs des ieunes, tant par les actions que par les paroles : & que celuy qui les surpasse en aage seulement de

O ij

cinq ans, doit auoir d'eux les foufmiffions qu'ils font tenus de rendre à leurs peres. Son difciple parle encore en voftre faueur. Les vieillards, dit il, preualent par l'efprit. Ainfi comme l'efprit eft ce qui donne le prix & la valeur à l'homme; il eft d'vne conclufion neceffaire de dire qu'en cét aage l'ayant plus acheué, il doit auoir les honneurs & les refpects que fa perfection merite.

Donques le bon-heur de cét aage a fa dependance dans vous mefme; quand vous aurez acquis vne habitation qui refponde à ce qui forme le repos du dernier terme de voftre vie; quand vous aurez des amis qui vous foient femblables en aage & en fortune; vn fejour conforme à voftre puiffance; des richeffes conuenables à voftre condition; vn amour feulement aux chofes qui exercent l'efprit, & non pas le corps: & quand vous n'aurez conference qu'auec des Philofophes, ou Theologiens auffi vieux que vous. Leur difcours conferuera vos bons fentimens; & vous n'aurez point de crainte qu'vn vieillard comme vous, vous mefprife, & fe moque de la foibleffe de voftre aage. Pour rendre ce bon-heur parfait, ne fortez iamais qu'accompagné de vos domeftiques; parce que leurs affections, foit qu'elles foient pures, foit qu'elles foient intereffées, les rendront prompts à voftre fecours, & à voftre defenfe. Abftenez vous des vices de la ieuneffe, de leur conuerfation, & de leurs feftins. Prenez vos plaisirs dans vous mesme. Iouïssez solitairement de la beauté des campagnes : leur face vous sera tousiours riante, & n'aura point pour vous des mespris. La pesche, la chasse de l'oiseau, les ieux qui ne sont point violens adouciront les chagrins de vostre vie, & feront vos diuertissemens. Apres tout, si vostre fortune, si vn interest notable de vostre famille ne peut entierement vous oster du commerce des hommes, & de celuy des ieunes gens; prenez garde à ne parler point trop, & repeter souuent les mesmes choses : vice ordinaire aux vieillards, qui les rend mesprisables, ou trop familiers. Paroissez plus opiniastre parmy vos Concitoyens, qu'inconstant & leger; & taschez de meriter plustost la grace, ou la faueur des Princes & des Magistrats que de la rechercher. Reprenez aigrement, mais auec adresse, les fautes des ieunes, afin que vous respandiez sur le monde quelques vtilitez de l'experience que vous y auez faite. Prenez des exercices qui vous rendent necessaire: l'agriculture, les plantes, les fleurs, les pierreries, les peintures, les antiques sont les plaisirs qui vous sont propres:& les soins plus particuliers que vous deuez auoir, sont l'education de vos enfans dans les sciences, & dans l'honneur; & les instructions de vostre famille, pour vous y rendre tousiours necessaire, tousiours bien voulu & tousiours chery. Enfin, prenez garde que ceux que vous commettez à vos affaires ne vous trompent: traittez pluſtoſt auec eux d'empire & de commandement abſolu, que de conſeil: faites ſuiure la recompenſe aux ſeruices & aux deuoirs que vous auez receus; & faites naiſtre vos liberalitez, pluſtoſt pendant voſtre vie, qu'apres voſtre mort.

Fin du Liure premier.

LA SCIENCE DV MONDE.
OV
LA SAGESSE CIVILE DE CARDAN.

LIVRE SECOND.

LES considerations qui ont composé le Liure precedent, décourent certainement, que celuy qui veut viure dans les maximes de l'honneur, & dans les douceurs de la vie, doit auoir pour son obiect principal vne entiere connoissance de la fin de ses volontez, & les entretenir dans la constance ; pour ne se

P

soufmettre point aux confusions qu'apportent les changemens, & ne confommer pas inutilement le fruict de ses pourfuites. Quand il connoistra cette fin dans toutes ses actions, il les rendra dans la perfection. Tant il est vray que si à chaque occasion où les affaires naissent, vn homme auoit l'esprit si acheué, qu'il prit des deliberations certaines sur le champ dans les principes de cette connoissance; il auroit à iuste sujet le tiltre de Maistre en la science du môde, & ne feroit point d'entreprises, que leur succez ne consommast ses esperances. I'ay desia formé quelque discours de l'acquisition necessaire pour ne se tromper pas en la connoissance de cette fin; il ne s'est estendu que sur la superficie: & comme ce n'est que par vne peinture legere, i'y dois mettre à present la derniere main; & l'esprit des Lecteurs ayant receu quelques premieres impressions; il faut faire la derniere touche, luy donner le coloris, & l'acheuement.

La necessité de se proposer vne fin dans toutes ses entreprises, & d'en considerer la nature.

CHAPITRE PREMIER.

IL y a deux fins principales que l'homme d'esprit doit se proposer, comme le mouuement de toutes les actions de sa vie, & le poinct sur lequel il est d'vne necessité pour son repos que ses desseins aboutissent. La premiere, est de viure dãs la seule pratique des vertus pour les satisfactions qu'elles donnent: Et la seconde est de se rendre necessaire en la vie ciuile; & de partager les bonheurs, les fortunes, & les beaux emplois qui s'y rencontrent. Cette premiere fin qui n'est occupée qu'à considerer les beautez de la vertu, qui ne luy rend des deuoirs que pour l'éclat qu'elle y trouue, est la plus noble, la plus genereuse, & la plus facile à posseder: elle consiste en nostre puissance, nos seules affections nous procurent ses faueurs; & nos seruices seuls nous donnant sa possession, nous rendent heureux. En effect, la vie est si peu de chose sans la vertu; & les prosperitez du monde sont si fragiles sans sa reputation, qu'on ne peut comparer mieux les contentemens qu'elle donne, qu'à ces eaux qu'on fait boüillir, qui plus elles enflent, & leuent leurs boüillons, & plus consomment leur nature, se seichent, & s'amoindrissent. C'est le seul estat de vie qui soit pleinement heureux que celui de viure pour soy-mesme, dans le repos de sa conscience, & dans les plaisirs qui se trouuent dans la sagesse, dans la prudence, & la iustice des actions. Cette façon de viure, à proprement parler, s'appelle Angelique, & n'a pas le nom d'humaine. C'est n'estre dépendant que de soy mesme: & c'est auoir abondamment, & tousiours l'esprit & les yeux sur ce qui forme les objects des veritables affections, & des solides plaisirs.

P ij

Mais nous ne sommes pas nez pour nous mesmes, & pour nos seules satisfactions: si nous voulons demeurer dans la vie ciuile, nostre naissance est engagée à d'autres occupations, & d'autres seruices. La seconde fin qu'on doit se proposer apres la recherche de la vertu, qui nous charme en particulier, est celle qui est vtile aux commerces des hommes; dans l'employ de leurs iours au culte de Dieu, à la generation des enfans, à l'establissement & l'éleuation de leur famille, à la composition de quelque ouurage des belles lettres; & à laisser apres eux quelque personne à qui ils ayent enseigné les secrets de l'art où ils excellent, ou fait apprendre quelque science rare parmy leurs Concitoyens. Ceux qui n'auront point occupé leur vie à ces emplois, auront passé leurs iours brutalement, & dans des nuicts: & de ceux que d'autres vertus auront rendu celebres, on pourra dire, qu'ils sont semblables à ces fleurs qui n'ont point de fruicts, que le matin voit naistre, & que le soir voit mourir. Ainsi celuy qui s'adonne particulierement aux exercices de la deuotion, doit en laisser des marques, & des exemples pour exciter la religion de ceux qui viendront apres, ou qui feront sa posterité. Ainsi chacun des hommes, dans ses exercices & ses professions particulieres, doit s'efforcer de rendre sa vie memorable, par les vtilitez qu'il a pû rendre à son païs. Cette seconde fin partage en quelque façon la nature de la premiere, quoy qu'elle ne consiste pas dans des sentimens si austeres, & si amoureux de la vertu : mais parce qu'elle doit tousiours faire vanité du seruice qu'elle luy rend ; & regarder d'vn mesme œil les interests particuliers, & les commoditez publiques.

La veritable fin de toutes les actions de la vie ciuile, les degrez qui éleuent à ses felicitez, & aux grandeurs les plus faciles à acquerir.

CHAPITRE II.

ON y paruient par la faueur, & le pouuoir d'vne quantité d'amis puissans, interessez dans nostre fortune, par les liens du sang, du profit, & d'vne amitié tres parfaite. Que si ces liens sont d'vne si riche nature, qu'à leur faueur vous possediés vn credit, vne estime, vne veneration qui vienne iusques au poinct que ces amis, ces associez, & ces parens, imaginent ne pouuoir arrester l'inconstance de la fortune qui les caresse, que par vostre bien-vueillance, vostre appuy, & vostre secours; lors vous gousterez les felicitez dans la pureté de leur source, & vous monterez aux lieux les plus eminens des prosperitez humaines. Ces bonheurs ont leur accroissement, & leur valeur par la conionction du sang, les alliances des nobles, &

des personnes de credit. Comme c'est vn estat d'vne fortune tres grande d'auoir droit de se seoir sur les trosnes; c'est vne felicité plus accomplie, de donner des loix à ceux qui leur sont sousmis: & c'est le comble des prosperitez de regner sur ceux qui portent les Couronnes, de faire que leurs bouches en imposant des loix prononcent nos sentimens; & que les effects de leur authorité soient les actions de nostre esprit. On n'arriue à ce faiste des grandeurs que par les liens du sang qui attachent aux personnes couronnées; & c'est l'vnique moyen d'attirer des respects sur vne naissance qui est moins illustre. Si vous ne faites paroistre que l'amitié dont ils vous honorent est dans sa perfection, & n'est en verité qu'vne reconnoissance des seruices importans que vous leur auez rendus, & que vous pouuez leur rendre; ne pensez pas que par la crainte de ce que produiroit vne puissance, qui semble n'auoir point de bornes, vous puissiez retenir infailliblement vne authorité, & gagner des respects sur les peuples. Comme ils sont nez sous des Rois, ils ne peuuent souffrir que le ioug qu'vne ordinaire Royauté leur impose; & ils ne veulent rendre des obeyssances de suiets qu'à vn Roy seul. Ainsi pour maintenir cette fortune, mõtrez qu'elle a ses fondemens sur l'affection des Rois, sur les alliances à celle de leur sang, ou qui l'approche: & faites voir que cette amitié, qui vous donne du credit, n'est pas vn simple effect de leurs faueurs, mais vne recompense necessaire aux seruices que vous rendez, dans la connoissance & le maniement que vous auez de leurs affaires. Lors voſtre authorité n'aura rien que d'agreable, elle ne bleſſera les yeux, ny les ſens de ceux qui la voudront regarder auec enuie: & ſa neceſſité la faiſant paroiſtre iuſte, luy donnera des accroiſſemens & des reſpects. Sans ces appuis, elle aura l'apparence d'vne vſurpation; elle ſera choquée par mille enuieux : & l'authorité Royale eſtant partagée, donnera ce iuſte & veritable ſentiment aux peuples, que lors qu'elle ne reſide pas dans les mains d'vn ſeul, ſon partage fait naiſtre des tyrans.

Il y a quatre degrez pour monter à cette felicité ſouueraine: les richeſſes, les vertus eminentes, les puiſſantes alliances, dont nous auons deſia parlé; & l'adreſſe de faire de ces choſes vn vſage parfait. L'explication de la nature des trois premiers eſt renfermée dans le diſcours qui compoſe l'art du dernier. Pour l'acquerir il faut ſçauoir d'abord, que les hommes ont empire ſur leurs ſemblables; premierement par les naiſſances illuſtres dans les droicts hereditaires, comme les Rois & les Princes ſouuerains, qui par les loix diuines & humaines ont droict d'exiger des obeïſſances de leurs ſuiets. Secondement par les maximes de la religion, & de la guerre. Et en troiſieſme lieu, par les fonctions des eſprits, & les miniſteres, qui ne ſont pas communs à tous les hommes. Pour regner par les droicts hereditaires, il n'eſt pas beſoin de donner des preceptes: ce n'est pas vn effect qui soit en nostre puissance. Comme les cœurs des Rois sont dans les mains de Dieu, leurs naissances sont des suiets de sa prouidence particuliere. Ie n'en dois establir icy que pour l'empire que donnent la religion, la guerre, & les sciences.

La guerre est le moyen le plus facile à regner en cette façon; elle départ plus de fortune que les autres professions de la vie ciuile; elle fait monter d'vn estat peu releué iusques sur les trosnes; & d'vn homme de condition mediocre souuent elle en fait vn Roy. Quelques nations ont artistement fait vn mélange de la guerre, & de la religion; & principalement les peuples de l'Afrique: pour auoir droict de porter les armes chez eux il falloit auoir quelque rang dans les Temples, & quelque ordre dans la Prestrise. Aussi l'art de la guerre estant dans son exercice & son execution, ce qui donne les commandemens absolus, & quelquefois les tiltres de souuerains, fait voir facilement que la Iurisprudence, la Medecine, & le reste des sciences & des arts, sont de moindre consideratiō; & qu'elles n'ont pas seulement le credit & l'authorité que prennent ceux qui se meslent de la Religion. Ils ne sont point capables de sousleuer des peuples; de les ranger dans vn party; & de leur apporter des richesses & des commoditez qui soient communes à tous les hommes, par les biens que reçoit leur pays, ou par les pertes qu'ils esloignent, ou qu'ils font cesser par la deffaite & les des-

pouïlles

pouilles de leurs ennemis. Il est vray que ceux qui manient la religion, en font souuent des abus, & qu'ils en forment des semences à seditions, de qui les fruicts déplaisent à Dieu, & attirent de la punition sur leurs autheurs: mais l'abus est l'argument de la bonté d'vne chose, & n'est pas vn tesmoignage contraire à la proposition que i'auance. Dans l'exercice de la guerre qui est genereux, & consequamment dans la vertu, & dont les suites ordinairement sont parées de belles couleurs, on y trouue aussi des defauts: la trop grande ambition, le trop grand éclat de gloire éblouït; & d'vn legitime pouuoir qu'il a pour sa recompense, il en naist quelquefois vne tyrannie. Mais ces defauts sont reparez par leurs autres beautez; & ne sont que des ombres legeres qui rendent leur lumiere plus agreable.

Ce n'est pas pour auoir dit que les autres professions sont inferieures à celle-cy, ie vueille nier qu'en la guerre la fortune n'ait quelque part; & que depuis qu'on a mis ses plus grands effects dans ces machines, qui vomissent le feu, & qui répandent le sang, la valeur n'ait perdu des auantages qu'elle auoit sur elle. Ie soûtiens seulement qu'elle est la plus facile; que pour s'y rendre recommandable & fameux, il ne faut que du courage; que les actions qui sont formées par cette vertu ne dépendent que de nous: ainsi que la facilité de s'éleuer y est plus grande; & qu'il n'y a que le succez de ce qu'elle entreprend qui suit sa dépendance. C'est ce

Q

qui doit arrester vos ambitions, ô vous, qui toûjours couuert de lauriers, voudriez possible dépiter la foudre. Vous deuez penser que quoy que vostre profession vous constituë dans le plus haut poinct de la felicité des iustes passions, & que ce soit vostre courage seul qui vous y establisse, & non pas tousiours la naissance, ou la faueur des puissans; elle n'est point absoluë, & doit estre aidée non seulement de la vertu, mais de la fortune pour vous y maintenir, qui ne suiura pas tousiours les ordres que vous luy prescrirez.

Donques si les sciences & les arts où l'on excelle, font en quelque façon regner sur ceux qui en ont besoin, quand ils sont necessaires en la vie ciuile; vous voyez la necessité de les embrasser. Pour le prouuer, il ne faut point estendre ce discours sur leurs excellences & leur vsage, sans qui la societé ciuile ne subsisteroit point. I'adjouste seulement à ces moyens d'auoir empire, qui produisent effectiuement vn bien souuerain, ceux de former de nouuelles inuentions pour la facilité des commerces vtiles, d'en conseruer les secrets; & de donner des preceptes pour paruenir à leur pratique. Les inuentions sont les fruicts, & les tesmoins d'vne speculation sçauante & iudicieuse : les secrets sont les matieres qui reçoiuent la forme & l'operation, qui ne doiuent point estre diuulguées, pour en conseruer l'honneur & le profit à leurs autheurs: & les preceptes sont pour iustifier l'excellence des esprits, & la bonté du trauail. Tout ce que peut faire la vie des hommes est ainsi partagée en speculation, operation, & executiō, qu'ils exercent par vicissitudes les vnes apres les autres. Or comme toutes choses partent de leur esprit pour le bien de leur corps, & l'auancement de leur fortune; il est d'vne consequence necessaire que leur bon-heur a sa perfection dans ces trois fondemens de leurs actions, quand elles sont occupées sur des sujets releuez, qui mettent en estime; & qui soulagent les necessitez qu'ils ont dans le monde. Où il est vray de dire, comme l'estiment plusieurs, qu'aucun des hommes ne peut gouster des felicitez parfaites icy bas: parce qu'elles sont troublées par leurs propres passions, par celles de ceux auec lesquels ils ont commerce, par la breueté de leur vie, par la nature de ses biens qui n'est qu'imaginaire; & par l'inconstance des sentimens de leurs esprits.

Les Maistres de cette science publient encore vne autre adresse pour acquerir du pouuoir; mais elle n'a pas des moyens si legitimes. Elle est fondée sur l'amitié des Grands, des personnes dans les hauts emplois, que l'on trouue fauorables, en se rendans compagnons, & quelquefois ministres de leurs débauches, de leur luxe, & de leurs diuertissemens. Elle est encore appuyée sur la faueur des peuples, que l'on gagne par vne affabilité, & les moyens qu'on fournit à leur resioüissance, & à leur libertinage. Mais comme ces moyens releuent du vice, ils sont indignes d'vn homme d'honneur,

Q ij

& n'ont pas la fermeté, ny le repos d'esprit que donne son contraire. Neantmoins comme on apprend le mal, pour voir par ses effects que c'est justement qu'il est cõdamné des sages, & pour nous retirer des pieges qui sont tendus par les artifices vicieux; ie puis dire icy sans me départir du discours que i'ay tenu d'abord, que le dessein de cét ouurage n'estoit point pour donner des instructions aux vices, que les moyens de paruenir à cette puissance, sont de ne se ioindre par telle sorte de liens, & par ces interests, qu'auec ceux qui sont dans la Magistrature, & qui sont dans les emplois à pouuoir seruir auantageusement. Ceux qui ont du pouuoir entre les mains, le dispensent plus facilement que les autres : & le premier pas qu'ils font en faueur de nostre auancement, en attire vn second, qui nous establit dans les fortunes.

Les Magistrats qui desirent gagner les affections du peuple, doiuent luy montrer que tous leurs soins sont occupez à luy faire auoir abondance de viures à bon cõpte, & à luy procurer la liberté des diuertissemens publics. Et pour se rendre complaisans aux Princes, & prendre creance sur leurs esprits, ils doiuent approuuer toutes leurs actions, ne les contredire qu'auec respect : ou dans la conferance qu'ils ont auec eux, essayer par la douceur de quelques paroles à retenir leurs passions qui s'échapent contre le deuoir & les bonnes mœurs. Cette maudite complaisance, qui ne sert en effect qu'à preparer des triomphes au vice, met les hommes au credit, & leur donne vogue. On s'en sert pour paruenir aux plus grandes charges: & (ô malheur qui regne presque dans toutes les Cours!) les adulteres qu'on commet auec vne femme procurent les faueurs du Maistre de son lict; ou par ce vice elle releue la condition, & les disgraces de son mary. Ces iniures qui deuroient donner iustement des soupçons, des haines, & des supplices, produisent des remercimens, des deuoirs & des ciuilitez. La cause de ce mal est que les femmes lasciues ont des attraits, & des charmes inuincibles pour les esprits des hommes adonnez à ce vice: & que leur empire est tousiours absolu, quand elles l'exercent sur ceux qui partagent iniustement les delices de leur lict. Ainsi dans les moyens de faire fortune, on compte ceux de se rendre complaisans aux Dames, d'estre bien dans leurs affections, & de meriter leurs faueurs. Mais c'est trop dire sur vn sujet vicieux, reprenons les adresses que souffre la vertu.

Le principal estude d'vn Homme d'honneur est d'enrichir son Esprit des vertus qui sont les soustiens de la vie ciuile.

CHAPITRE III.

VN des premiers soins d'vn homme d'honneur, est d'enrichir son esprit de plusieurs vertus; & entr'autres de celles qui sont les bases, & les soustiens de la vie ciuile. On les nomme patiences prudétes, & iustes meditations de desseins honorables qui viennent iusques à l'action. Ceux-là sont les plus malheureux d'entre les hommes, qui se laissent emporter à l'impatience en toutes leurs entreprises; & qui en toutes sortes d'affaires trouuent des épines, & se forgent des obstacles. S'ils veulent les poursuiure dans cette pensée, ils se trouueront surpris dans les filets que leur imagination seule aura tendus. La crainte leur fera prédre des voyes toutes contraires au sujet qu'ils se proposent; & le trop de precipitation leur ostera le iugement. C'est pourquoy l'on donne tant d'Eloges à la moderation, qui est vne espece de la patience, qui prend son genre & sa source dans le iugement. Que si l'experience fait voir (tant est grande la diuersité des euenemens) qu'entre ces personnes impatientes, il en est qui ne laissent pas de reüssir, & qui trouuent plus d'auantages dans des artifices precipitez ; c'est que leur ieunesse a du feu, & qu'elle est assez hardie pour passer dessus les perils qui sont presens à leurs yeux, & pour esperer en la fortune. Lors qu'vn sang plus froid les animera, qu'ils n'auront plus cette ardeur qui leur donne tant de soupplesses, ils se trouueront bien éloignez de leur compte : & si leur artifice a manqué, le contraire de ce qu'ils projettoient ne manquera pas de les suiure. A dire vray, cette sorte de gens ne sont pas entierement sans patience. S'ils vsent de promptitude vers les vns, ils se seruent de moderation vers les autres. Ce qu'ils arrachent à cét homme, ils l'accordent à l'autre par les reigles de leur industrie. Ils ont ordinairement des esprits de tyran : & souuentefois ils demandent auec larmes & prieres la mesme chose qu'ils ont extorquée par le sang & la violence. Cela vous montre que ces personnes sont d'vne conuersation à fuir.

A ces vertus ioignez celles de l'humanité, & de la courtoisie. L'vne met deuant les yeux l'inconstance des conditions humaines, & represente à l'esprit le bien qu'on en peut esperer : & l'autre fait viure auec esclat, & dans vne bien-vueillance vniuerselle. Quoy que vous reconnoissiez beaucoup de personnes indignes de ces deuoirs, ne laissez pas de leur en donner l'honneur : puis qu'ils sont des actions de vertu, il les faut prendre en habitude, & les produire pour son amour seul. Pensez encore qu'il est necessaire de dôner à vostre esprit la vertu de courage. La timidité est d'vne nature sterile, qui ne donne point de fruicts: & la hardiesse qui s'occupe sur des sujets capables de valeur, trouue tousiours quelque profit. Si quelque accident s'oppose à vos desseins, allez à sa rencontre; taschez à le destourner, ou le vaincre. Si vous trouuez vos efforts superflus, n'y laissez pas vostre cœur. Donnez luy affermissement sur ces deux raisonnemens, que tout ce qui vous arriue, estant selon la volonté de Dieu, ne vous peut estre qu'auantageux; & que les desseins que vous bastissez, & que vous allez éleuant, n'auront point d'establissement qui ne soit soufmis à l'inconstance du monde.

Que le reste de vos actions ait pour le moins les images de la vertu : que la liberalité les rende illustres; & que la magnificence leur donne de l'éclat. Si vous estes dans l'impuissance de les exercer en effect, que ce soit en apparence : & qu'au pis aller vous taschiez à n'estre pas surpris dans les vices qui rendent la conuersation des hommes fascheuse, & difficile à supporter. Pour estre de mœurs bien accomplis, & qui soient dans la politesse, ce n'est pas assez d'auoir le sens commun, de côtracter de belles habitudes, & de sçauoir l'entrejan des bonnes compagnies : on y desire encore la lecture des bons liures, pour auoir vne connoissance de tout ce qui forme son entretien; qu'il ne faut point composer d'allegations fabuleuses, comme de la vie d'Apollonius;

lonius; de discours à peruertir la chose publique, comme des maximes fausses de Machiauel; & de contes & de railleries des-honnestes. Ces propos descouurent les sentimens & les occupations d'vn esprit: & ce qui paroist de nos imperfections en public, ne peut estre qu'extrémement desauantageux, & nous causer vne haine particuliere.

La science du mesnage du Temps & de son employ, est vn tresor.

CHAPITRE. IV.

Comme la vie est le principe de toutes les actions, & qu'elle a sa subsistance dans le temps; le temps peut donner vn secours qui n'est point à negliger pour venir à l'execution des grādes affaires. Il est doncques à propos de considerer les parties qui le composent, & la longueur de nos iours; afin que dés le moment de cette consideration, nous soyons plus auares de ce qui nous reste; & que nous soyons aduertis par sa breueté, qu'il ne le faut employer qu'aux commerces qui sont illustres, vtiles, & necessaires. D'entrer auant dans le discours de la longueur de la vie, ce seroit trop s'éloigner, & n'escrire pas des preceptes de la sagesse ciuile: c'est assez de dire que sa longueur est vn present de la Diuinité, qui n'a point sa dépendance entierement dans nos soins; & que son employ est en quelque façon dans nostre disposition.

Il a trois principales parties. La premiere, est de ne passer aucuns momens qui ne soient occupez à l'exercice des belles lettres; ou à quelques pensées, & quelques actions pour l'auantage des professions qu'on a dans le monde. La seconde, de se rendre capables d'executer tout ce que les autres peuuent faire en faueur des necessitez de la vie ciuile. Et la troisiesme, d'acheuer le plus promptement qu'il est possible ce que nous auons entrepris, ou par nostre industrie, ou celle de nostre prochain; ou par les conseils, & les assistances que nous pouuons rendre. De sorte que ce peu de temps qu'on dure au monde oblige de mediter incessamment quelque chose de genereux, qui soit vtile en tous les momens de la vie; soit en prenant le repas, en satisfaisant aux necessitez naturelles; soit en prenant le repos, ou quittant le sommeil; soit aux bains, dans la promenade & le jeu. Ce qui fait que ce ne seroit pas vn doute sans raison, que celuy de sçauoir si lors qu'on fait voyage à la campagne, ou qu'on chemine par les ruës deuilles, on doit quitter ces occupatiõs d'esprit; si les dangers des surprises en ces lieux, n'estoient plus nuisibles, que ne seroient profitables les auancemens qu'on pourroit se procurer par les meditations, & les preuoyances continuelles. Ainsi dans le dessein de trouuer l'vtilité dans toutes les rencontres; si vne personne de credit & de naissance vous employe, ou veut auoir voſtre auis dans l'art où vous excellez; ſi vn pauure en a beſoin; ſi vn amy le reclame; vous le deuez donner liberalement, & le vendre à tous les autres. En vn mot, vous deuez regarder à chaque action, ſi l'eſperáce & la faueur vous ſont plus vtiles que les recompenſes preſentes: & vous deuez ſçauoir, que ce que ſert le profit qu'on fait du temps pour l'execution des grandes choſes, & l'acquiſition des grandes vertus, rend le meſme ſeruice pour poſſeder les richeſſes, les ornemens d'vne maiſon; & pour auoir des enfans qui nous appuyent, & des amis puiſſans qui nous aſſiſtent.

Les circonſtances du choix d'vne habitation.

CHAPITRE V.

APres auoir preparé l'inſtruction des vertus qui peuuent ſignaler, & donner de l'eſtime à l'eſprit; prenez celle qui donne de l'aiſe aux corps dans la commodité des logemens. Vous deuez choiſir vne habitation où la vie ſoit en aſſeurance, & ſoit éloignée des dangers qui peuuent l'attaquer. Si vous eſtabliſſez voſtre demeure en vn quartier, en vn païs qui vous donne quelques ſujets d'apprehenſions, quoy qu'elles ſoient legeres, & peut-eſtre ſans fondement, elles impriment

R ij

des timiditez dans les esprits, glacent le cœur dans les entreprises qui pourroient reüssir; & donnant des confusions aux ordres que vous auriez prescrits en vos affaires, en vostre famille, vous meneriez vne vie tousiours dans l'inquietude, sans aucunes actions de courage & d'esperance. Le choix de cette demeure n'est pas d'vne importance legere. Il a ses circonstances, & ses raisons mesurées aux principales actions qu'on donne à l'estat de vie qu'on tient au monde. Et comme entre les desirs qui sont iustes, il en est quatre qui sont conceus par vne Sainte ardeur; la generation des enfans, qui soient possedez de l'enuie de s'accroistre dans la posterité; l'acquisition des richesses; la conseruation de la force, de la bonne disposition, de la beauté du corps; & vne belle institution de sa famille; il faut les reigler sur la cōmodité des domiciles qui preparent des facilitez à posseder l'effect de ces desirs.

La marque de l'excellence & de la seureté d'vne habitation, est quand elle est le sejour des Rois, des Princes, des personnes de condition, de science, & de vertus eminentes. Les Princes qui font naistre plus de vertus par leur exemple que par leurs loix, ayant de belles inclinations, les font imiter, & suiure facilement aux peuples. Ils ont vne amour particuliere pour les vertus, pour les sciences, pour les arts: & honorent ordinairement de leurs recompenses ceux qui s'y rendent recommandables: parce que les hommes excellens dans les sciences, & dans les arts, sont les trompettes de leur renommée, & sont des riches matieres qui releuent le prix, & la beauté de leurs Estats. Ces peuples pour imiter leurs Princes, & leur complaire, se portent auec plaisir à leur vouloir du bien : & le choix d'vne telle habitation est à toute sorte de conditions, ou d'vn profit merueilleux pour l'interest, ou d'vn accroissement d'inclinations pour les vertus.

Dans ces lieux, ces pernicieuses coustumes qu'vn homme de bon sens ne peut abolir, n'ont point de credit. Pour vaincre vne mauuaise habitude dans vn estat populaire, il ne faut pas de moindre combat que celuy d'attaquer chaque homme qui le compose. Si vous estes estranger, il la faut suiure & l'approuuer, ou se mettre en peril : & si vous estes dans vn âge auancé, on vous donne le nom de vieil reformateur quelquefois aux despens de vostre vie. Toutes les façons de faire qui n'ont point de sources Royales, & qui ne sont point l'imitation des inclinations, & des volontez des Princes, sont ordinairement de basse extraction, & sentent la terre. Ce sont des ignorans, & des esprits capables de meschancetez qui leur donnent naissance; & qui par des artifices assidus, où l'esclat de leurs richesses donnent des suppositions aux esprits bas & fragiles qui les escoutent; & tirent tout vn peuple ignorant dans leur admiration, qui conçoit d'eux de bons sentimens sans les considerer, & qui forme vn desir de les imiter, qui s'accroift par les factions puiſſantes, que font pour ſe maintenir ceux qui les abuſent. Ce mal-heur n'eſt pas ſi frequent chez les Rois & les Princes fouuerains, chez qui ceux qui cachent les veritez, & qui corrompent les eſprits, toſt ou tard ont des punitions.

Le plus grand ſecret à reüſſir dans vn deſ-ſein, eſt de ſe tenir touſiours ferme aux accidens de la fortune.

Chapitre VI.

Cette premiere diſpoſition à rendre la vie dans l'aiſe, & la ſatisfaction qu'elle peut receuoir dans l'inconſtance des choſes humaines eſtant eſtablie ; propoſez-vous qu'en quelque lieu, & quelque façon que l'on viue, la condition des hommes eſt telle, qu'elle eſt expoſée à beaucoup de diſgraces, & de ſouffrance, qu'elle n'éuite qu'auec combat, & auec peine. Le manque d'auoir cette penſée cauſe en nous vne infinité d'infortunes, qui furuiennent par nos propres erreurs. La plus grande partie des hommes s'eſtonne dans leurs entrepriſes au premier coup qui les frape, en ſorte que leur eſtonnement ébranle leur courage ; & que par la crainte ou le deſeſpoir qui les ſaiſit, ils ſe precipitent eux-meſmes dans les mal-heurs qu'ils pourroient ſurmonter par vne patience courageuse, active & sçauante aux accidens humains. Ce qui fait que le chef-d'œuure de cette science consiste à ne se munir pas seulement des preceptes de la sagesse qui adoucit les disgraces; mais de se fortifier encore par son moyen dans la creance qu'il est d'vne necessité absoluë destablir la fin principale des desseins hors l'arbitrage de la fortune; & que si nos esprits se laissant aller à ses charmes, ne se deffient d'vne inconstante, ils y seront forcez par vne sensible & cruelle experience.

A ces maux il faut trouuer vn remede. Il sera d'autant plus excellent si on le tire des playes qui les causent. Taschons que les aduersitez nous conduisent dans les bon-heurs; & qu'en considerant les sujets de nos disgraces, nous prenions des instructions à corriger nos fautes, pour nous rendre sçauans de ce qu'il faut éuiter pour fuir aux infortunes, & de ce qu'il faut suiure pour arriuer aux felicitez. Que nos malheurs & nos ignoráces soient nos maistres. Ils nous apprendront à quitter ce qui nous fut contraire: ils feront embrasser les occasions que nous estimions inutiles, & prendre les chemins où nous pensiós nous égarer: & non seulement ces erreurs corrigées seruiront à conduire les affaires où nous auons failly, mais celles qui y auront du rapport, & de la ressemblance. Celuy qui donnera cette instruction à son esprit; qui croira fermement dans les mal-heurs dont il ne pourra se defendre, qu'ainsi le veut la condition humaine, qu'ainsi l'ordonne le dispensateur de toutes choses; & dans les disgraces qu'il aura receuës par ses propres fautes, qu'il les peut corriger en d'autres occasions, pourra se vanter auec raison qu'il a peu de part aux infortunes, & qu'il possede vn des beaux secrets de la science du monde.

Ce n'est pas assez d'auoir les vertus interieures pour la vie ciuile, il luy faut encore les exterieures, qui sont vne adresse industrieuse sur le champ, la science des mœurs, de la courtoisie; & la façon de faire paroistre la trempe d'vn esprit.

Chapitre VII.

Outre ces vertus interieures, qui sont des actions particulieres à l'esprit, parce que c'est son seul raisonnement qui les forme, & qui nous pousse à les pratiquer: Il faut pour venir à la perfection de cette science, posseder encore celles qui occupant le corps pour les exercer, prennent le nom d'exterieures. Ce n'est pas que toutes les vertus, à bien parler, ne soient en nous, mais c'est que leur operation n'y est pas. Les vnes y sont produites interieurement, comme la patience dans les aduersitez, où nous ne receuons du secours que par vne raison bien éclairée : &
les

les autres ont besoin d'vn suiet qui paroist dans vne forme exterieure pour leur application: comme la liberalité, la iustice, la compassion, & la reconnoissance des bien-faits. Ces vertus ne peuuent estre pratiquées que sur ce qui les reçoit hors de nous. C'est de ces dernieres dont ie veux icy parler, principalement de celles qui viennent le plus à mon suiet, que l'on nomme prudence, adresse industrieuse, & science aux arts qui sont pour la volupté, & pour s'insinuer dans les affections: Comme la sculpture, la peinture, la musique, & la complaisance, qui donnant quelques satisfactions legeres aux autres, reseruent les solides à leur Autheur. Les autres auront leurs descriptions dans la suite.

L'ornement qu'on reçoit de ces vertus exterieures dans la vie ciuile est vtile & grand: on doit en rechercher la pratique auec d'autant plus de soins. Entre elles, celle qui préd sa denomination dans ces termes d'adresse industrieuse en toutes occasions est la principale: elle deriue d'vn genre de prudence, & semble imiter cette vertu. Elle est le seul poinct autour duquel les affaires doiuent tourner dans ces momens si precipitez où la preuoyance n'a pû venir, qui font naistre leur succez. Elle n'est pas entierement comprise sous la prudence, parce que sa fin a quelque chose de vicieux, & qu'elle n'est autre chose qu'vne deliberation sans raisonnement prise sur le champ dans les rencontres qui s'offrent. Mais quoy que cette ver-

S

eu ait quelquefois besoin d'vne longue meditation, parce qu'on la peut appliquer sur des sujets importans; neantmoins celuy qui s'en sert la doit executer dans vne promptitude extresme. Tous les momens ne sont pas propres à la faire reüssir; & comme ce n'est point entierement la prudence qui la fait agir, on doit empescher par la promptitude de son execution, qu'on n'appelle cette prudence pour la receuoir, & la considerer. Combien de personnes prudentes ont trouué leur perte, où ceux qui n'ont point de prudence ont trouué du salut? pour n'auoir point cette adresse capable d'industrie en vn moment; pour ne s'en seruir pas aux occasions; pour n'en auoir pas l'habitude; ou pour croire que ce moyen estoit en effect vicieux? Leur difference est en ce poinct, que l'vne prend des chemins plus seurs, & se deuelope des accidens; & que l'autre ne fait suiure que ceux qui sont honestes. Celle-cy ne regarde que les moiens d'échaper: & celle-là considere la qualité de leur nature, & de leur fin.

Vn Marquis de Saluces auoit commis son secret dans le sein d'vn de ses Officiers de consideration, & dans celuy d'vn de ses plus intimes amis, dans quelques conferences qu'il eut auec eux. Ce Prince sceut quelque temps apres, que son secret auoit esté le sujet d'vn entretien de table chez le Viceroy de Milan. Il s'en plaignit à cét amy; & dans ses plaintes, il luy dit que son ressentiment augmentoit d'autant plus, qu'il auoit peine à deuiner comment il auoit esté trahy : parce que l'Officier qui estoit entré dans leur conference, estoit de telle reputation, que le soupçon ne pouuoit tomber sur luy. Il le pressoit instamment de luy descouurir l'autheur de cette trahison, adjoustant qu'il le pouuoit connoistre, parce qu'il n'y auoit qu'à cét Officier & à luy que ce secret estoit côfié. Cét amy poursuiuy viuement, n'esperant plus que d'entendre accuser sa fidelité, respondit aussi-tost, c'est vous, Seigneur. Ce Marquis saisi d'estonnement, luy demande en quelle façon ? Il reprit ainsi, vous seul auez diuulgué ce que vous deuiez tenir enseuely dás le silence : si vous n'en eussiez iamais parlé, personne n'en eust eu la connoissance. Comme vous nous en auez fait part, vous l'auez pû dire à d'autres : ces autres & nous, nous vous auons trahy, mais vous estes l'autheur de nostre trahison. Par cette adresse industrieuse sur le champ, il empescha le soupçon qu'on pouuoit auoir de luy, il n'accula point cét Officier, & fit seulement reproche à ce Prince de son imprudence. Toute la prudence se fust perduë en ce rencontre, s'il eut fait vne responsse par vn ie ne sçay pas : la question auroit tiré d'autres paroles de la bouche. S'il eust accusé cét Officier, son accusation n'eust pas esté l'innocence de sa personne, ny la preuue entiere de sa fidelité : la douleur y fait mentir le plus souuent ; & pour se conseruer en perdant vn autre, il se fust perdu luy mesme. En effect, cette adresse est merueilleuse. Mais comme on abuse des bon-

S ij

tez, il faut de la discretion à s'en seruir : son vsage n'est pas pour toutes les rencontres; son habitude trop familiere plongeroit insensiblemēt dans l'insolence, & les vices qui seroient vtiles: elle rendroit vn homme plus artificieux qu'auisé. Aussi son employ n'est permis moralement qu'aux extremes occasions, & dans les necessitez qui la peuuent excuser.

Pour venir à la description particuliere de toutes les vertus exterieures; & satisfaisant à l'ordre prescrit à cét ouurage, traitter de la qualité des mœurs; ie dis qu'on n'en peut faire de plus veritable peinture, qu'en asseurant qu'ils sont l'ame des vertus, & l'image des vices. Ils ont tant de rapport, & l'vn a si bien la ressemblance de l'autre, qu'à peine le pouuez vous distinguer. Les paroles de ciuilité, de courtoisie, & d'estime dont vous honorez vne personne, ont des apparences si vertueuses à la naïfueté de la prononciation que vous en faites, que si l'on n'est sçauant en l'art de deuiner, on ne descouure point facilement si c'est vostre inclination à cherir les vertus qui luy rend des deuoirs; si c'est la bonté de vostre naturel qui fait que vous donnez à tous de l'estime; ou si c'est par dessein de le surprendre, ou d'attirer sa bien-vueillance. La difference neantmoins en est remarquable par les qualitez du naturel. Comme dans les statuës trauaillées sur le bois, on a peine à cacher les nœuds qui s'y rencontrent naturellement; on discerne en fin par les actions ordinaires, que l'artifice ne peut pas conduire toufiours, fi tant de ciuilitez partent de la finceritè du cœur, & fi elles procedent d'vne pure affection. C'eſt pourquoy il ne faut point auoir de mœurs, qu'vn long vſage, & vne habitude confommée n'ayent fait naiſtre: puis que pour ne trahir pas ce que nous voulons receler au dedás, il faut qu'ils paroiſſent toufiours femblables. Ceux qui ſont d'vn temperamment moderé, qui ne ſont ny prompts ny languiſſans, ſont capables de receuoir de la difcipline pour leurs mœurs : mais ceux qui pechent dans l'vn ou l'autre de ces excez, la rendent inutile & fans fruict; & commettent toufiours des fautes malgré les inſtitutions qui leur ſont données. Ainſi pour vous rendre maiſtre en cette ſcience, prenez vn tel afcendant fur voſtre efprit, que vous puiſſiez dompter ſes fougues, & les manier felon l'opportunité du temps.

Les premieres faces de mœurs doiuent eſtre effectiuement, ou du moins en apparence dans vne pieté religieuſe, & dans vne affection de la verité. Le culte deuotieux difpenſe les faueurs de Dieu, & donne les venerations des hommes. En cét eſtat on s'éloigne de la crainte des loix, & du foupçon des crimes : & quoy qu'on en commette, & qu'on oublie ſon deuoir, les accufateurs ont de la peine à conuaincre. Les honneurs que l'on fçait que vous rendez à la verité, font que l'on vous croit toujours, que vous fçauez mentir auec plus de profit, & plus à propos ; & que l'on croit meſme à vos

S iij

menſonges. Ce qui n'arriue point à ceux qui ſont tenus dans la reputation de menteurs: ils ne ſont iamais creus quoy qu'ils parlent veritablement.

La geſte eſt encore vne des formes ſpecieuſes pour les mœurs; & où les fautes ſont d'autant plus facilement deſcouuertes, qu'elles ſont expoſées deuant les yeux. Il faut s'eſtudier à le tenir touſiours dans la politeſſe, & dans l'air, & la mode qui regne au païs où nous ſommes: autrement ceux qui l'habitent vous eſtimerõt pour vn ſauuage, ou pour vn Philoſophe. Eloignez-vous des extremitez; & dans la Cour des Grands ne meſpriſez pas ouuertement les ornemens qui ſont en vogue, & qui parent exterieurement. Tenez voſtre corps dans l'aſſiette la plus conuenable à ſa beauté: ne le tournez pas à tous momens, à la façon des batelleurs: donnez-luy touſiours vne poſture qui ſoit honeſte, & qui n'approche point du laſcif. D'auoir la teſte ſouuent deſcouuerte, de la tourner auec moderation dans l'agréement, c'eſt vne galanterie bien ſceante, pratiquée dans la Cour des Rois & des Grãds, & qui teſmoigne que l'on ſçait la ciuilité. Le reſte des actions, & des mouuemens du corps ne doiuent point eſtre auſſi ſans beauté, ſans gentilleſſe; & les paroles ne doiuent point eſtre auancées temerairement. On les doit prononcer auec deſſein; & les accommoder en ſorte aux rencontres des lieux, des perſonnes, & des temps, que l'on croye y auoir pluſtoſt obmis quelque choſe, que d'en auoir trop dit.

Il est difficile à ceux qui escriuent, de remplir entierement leurs traittez de tout ce qui peut en donner la connoissance. Les vns blasment l'ordre, les autres la matiere: ceux-cy trouuent à dire à la façon, ceux-là se plaignent du langage: on y reprend le iugement de l'Autheur; & quelquefois on l'accuse de ne faire qu'effleurer son sujet. Dans ce discours pour former les mœurs, qui sont diuerses infiniment, personne ne fera des plaintes auec raison. Si quelque chose s'y trouue superfluë, elle ne sera point pour ceux qui n'en ont pas besoin : & ce qui paroistra dans l'excez ne sera pas suffisant pour ceux qui en auront necessité. Cette raison est subtile; & ceux qui la peseront à son iuste poids, ayant consideré la diuersité des mœurs, verront qu'elle est veritable. I'ay creu neantmoins deuoir icy m'estendre iusques aux moindres actions. Le traitté des mœurs ne se peut faire sans parler de choses assez basses d'elles mesmes ; mais qui dans leur fin, & leur progrez sont releuées. Ainsi ie le continuë. Ie dis qu'il faut que les mœurs soient graues agreablement, soient dans vne douceur attrayante, dans vne benignité charitable, dans vne égalité en toute sorte de temps, & dans vne gentillesse bien sceante. Les anciens ont tant donné d'Eloges, & de force aux mœurs, qu'ils en ont fait le prouerbe, que les mœurs d'vn chacun sont les ministres de sa fortune. Aussi l'experience fait voir l'vtilité de l'institution qui mô-
tre la patience, les ciuilitez, la complaisance, les

agréemens de la conuersation, & qui donne vne sainte ardeur pour la verité, la religion, & le reste des vertus. Ces vertus composant de bonnes mœurs, forment des liaisons auec Dieu, & nous font cherir des hommes sur la terre. Elles donnent le repos aux troubles que nos passions, ou celles des autres pourroient exciter; & leur operation n'est que de produire des mouuemens raisonnables. Par elles nous trouuons de la ioye, où les autres rencontrent des pleurs: nous acquerons vne reputation qui nous fait rechercher, qui nous donne des amis, qui fait qu'on se repose sur nostre fidelité, qu'on nous rend des deuoirs, & des sousmissions, & que nous rendons traittables ceux que les autres n'osent approcher.

Cette bonté de mœurs enferme entre les principales vertus qui agissent hors de nous, celle de la courtoisie. On ne l'employe dans les commerces qu'auec vn notable fruict; & l'on en tire tousiours des auantages tres-puissans, quand elle ne va point dans l'excez, & que par trop de tesmoignages des seruices que l'on voue, on ne s'abaisse point au dessous de sa condition. Elle est vne certaine douceur dans l'agréement, qui presente tousiours vn visage plaisant, & qui ne cherche qu'à faire seruice selon les occasions, la puissance, & les qualitez des personnes, dans la rencontre des lieux, des temps, & des coustumes qui sont receuës. La puissance de l'executer est dans nous mesmes; & quand elle seroit la seule de nos vertus, elle possede assez
de

de force pour donner plusieurs amis, & beaucoup de personnes qui veulent du bien. Ses parties consistent à sçauoir faire vne action qui soit à propos pour reüssir; à refuser auec methode; & à receuoir auec adresse. Vous deuez rendre le salut à toute sorte de personnes, mais non pas auec égalité de respect: ceux d'vne condition mediocre ne meritent pas les reuerences de la Noblesse; & en presence des vns & des autres il faut s'estudier d'en faire paroistre la difference. Si vous estes en vne charge où vostre ministere soit respandu sur plusieurs; vous en receurez l'vn auec caresse, à l'autre vous direz qu'il prenne la peine de reuenir dans quelque temps; à ceux-cy vous leur donnerez vne heure; à ceux-là vous leur assignerez vn iour: & quand vous leur aurez manqué de parole, & qu'ils s'y sont attendus, ne vous excusez iamais; ou du moins mettez la cause de vos excuses sur la necessité, & les obligations de vostre charge. Dans les demandes qui vous sont faites, donnez promptement; ou montrez les difficultez de les pouuoir accorder. Ne refusez iamais d'abord ce qui peut estre executé moralement; si ce n'est à vos amis, ou à ceux qui ont assés de prudence pour estre les premiers Iuges de la iustice de leurs demandes: les autres vous croiroient sans affection en leur endroit par vn refus si prompt. Finalement dans la pratique de cette vertu, il faut donner en faisant valoir ce qui incite à la gratification; & refuser en faisant paroistre que c'est à regret. Adjoustez y l'affabilité du visage, la douceur de la parole, vn geste qui ne sente point le mespris, la table ouuerte aux honnestes gens. Si l'on est dans les hautes dignitez; l'adresse à faire des presens, des offres de seruices souuent reïterées aux Grands; & des saluts frequens à ceux de leur suite. Et en quelque condition que vo. : soyez, receuez chez vous ceux qui partagent vos fortunes & vos honneurs, comme s'ils estoient au dessus de vous; & rendez leur plus de deuoirs que leur condition ne demande.

Toutefois, auisez que par trop de courtoisie vous ne tombiez dans vne facilité qui diminuë vostre estime: il faut qu'elle ait des bornes; & que cette facilité ait vne apparence qui soit graue pour la posseder dans son veritable element. C'est ce qui faisoit dire d'Atticus, qui fut de son temps vn modele de la sagesse ciuile, qu'on auoit peine d'obseruer en luy, si les deuoirs qu'il rendoit à ses amis, estoient ou des respects, ou des effects d'affection. C'est ce qui est à pratiquer en cette vertu: il faut faire en sorte que les biens qu'elle donne paroissent les tesmoignages de l'affection qu'on a pour ceux qui les reçoiuent: c'est vn redoublemét de faueur à ceux qu'on veut obliger; & c'est vne excuse dont les couleurs seront specieuses à la facilité d'vn naturel qui ne peut refuser. Au reste, pour se contenir dans l'estime, la conuersation ne doit pas estre moins auec des personnes plus puissantes que nous qu'auec nos semblables: & si nous ne pouuons toujours marcher de leur air, il faut se rendre recommandables par quelques effects particuliers qui nous signalent : comme par les beaux cheuaux d'vne escurie, l'entretien de valets qui soient d'vne adresse non commune, la somptuosité des vestemens; & d'autres marques qui releuent les conditions. En sorte qu'on die de nous ce qu'on disoit encore d'Atticus, qu'il se cóportoit de cette façon, que parmy les personnes de condition mediocre il paroissoit commun; & que parmy les Grands il sembloit disputer auec eux de l'égalité. Ainsi que toutes les actions soient dans la generosité, & qu'elles respondent à la dignité de l'employ & à l'honneur de la profession: & comme ce sont les beautez exterieures qui composent l'estime ; faites que la noblesse de vostre maison, la grandeur de vostre courage, & le nombre de vos richesses éclattent par toutes les parties qui peuuent leur donner du iour.

Ce qui conserue encore dans la reputation, est de ne point s'échaper à escrire, ou discourir sur les sujets qui ne sont point de nostre connoissance : comme de parler de la musique, de la peinture, quand on n'en sçait pas l'art; & de la guerre quand on n'y fust iamais. Mais ce qui la ruine dauantage, est de proposer des recompenses, ou faire esperer des seruices & des honneurs qui n'arriuént iamais. La plus grande partie des Grands tombent dans ce defaut, & ne veulent pas le corriger : parce qu'ils estiment qu'il fait croistre leur credit, & l'affection de les seruir. En voulant tromper ils s'abusent. Ceux qu'ils entretiennent d'idées & d'esperances, les accusent de mauuaise foy, reconnoissent leur vanité; & cette accusation leur nuit plus que ne leur profite la reconnoissance des seruices qu'ils font effectiuement. Ne pensez pas que le tesmoignage d'vne affection attire d'autant plus les seruices qu'il est grand; vn mediocre, vne recompense raisonnable iointe à vne authorité prise sur ceux qui seruent, sont les veritables moyens pour acquerir les bons seruices. Le trop d'affection leur fait croire qu'on a peu d'adresse à ne pouuoir se passer d'eux, ou qu'on vse d'artifice pour leur tesmoigner en apparence ce qu'on n'a pas dans le cœur. Pour conseruer de l'estime sur les inferieurs, il ne faut que de l'authorité; & qu'elle soit suiuie d'vne opinion par eux côceuë, qu'on ne manque pas d'artifices pour connoistre les esprits qu'on employe; & que l'on possede assez de prudence, & de bonté pour leur donner des recompenses. Ainsi les dissimulations auront leurs eloges: on fait croire qu'on ne fait part de ses affaires que par les apparences que donne le raisonnement. Si l'on se trompe au choix, on conserue son estime: on achete vn grand peril par vne perte petite; & l'on se fait vne science de ceux qu'on y doit appeller, & de ceux qu'on en doit éloigner. Dans toute sorte d'affaires & de desseins soit de consideration, soit d'importance legere, c'est à nostre estime d'en prendre la conduite; & de suiure en ce poinct les sentimens de

Scipion & de Sertorius, que l'Histoire nous apprend n'auoir iamais rien entrepris, que pour vn fondement plus solide de leur gloire, & de leur reputation. Ces sentimens sont d'vne raison bien éclairée. Les fautes attirent tousiours du mespris à leur suite ; les mespris font souffrir des pertes qu'ō ne peut apres reparer : & quoy qu'on les venge sur ceux qui les ont causées, l'exemple des vengeances n'oste point entierement aux autres les libertez de nous attaquer du costé qu'ils connoissent nostre foiblesse; & les chastimés qu'ils ont receus ne sont pas les restitutions de ce que nous auons perdu.

―――――――――――

Les fautes les plus ordinaires de la vie ciuile, comment les corriger, & comment cacher ses disgraces, ses infirmitez; & les descouurir.

Chapitre VIII.

ON ne commet point de fautes qui ne soient tres-dommageables, & qui ne fassent naistre la ruine des vertus, dont ie viens de faire vne peinture assez naïfue. C'est icy le lieu d'escrire les sujets qui les forment, & de donner des instructions pour les corriger. Voicy les plus ordinaires ; & les plus importantes. Si à la faueur des maximes de cette science, vous estes paruenu en quelque estat de fortune, & de condition assez auanta-

T iij

geuse ; taschez d'éuiter qu'on ne vous mette en comparaison, ou conference auec ceux de vostre mesme profession, si vous n'estes certain de l'auantage que vous y auez, ou par ce qui vous est acquis par l'estude & l'experience, ou par ce que vous auez de preparation sur le sujet sur lequel on veut auoir vostre aduis. Si vous maniez les belles lettres ; ne mettez pas si tost en lumiere les productions, & les ouurages de vostre esprit : c'est donner à ceux du mesme art, qui croyent n'éleuer leur reputatiõ qu'en abaissant la vostre, vn sujet demédisance, & vne occasion de vous cõbattre. Si vous les retenez dans le cabinet, ils y receuront chaque iour de la perfection ; & du temps qui sera consumé pour leur acheuement, on conceura l'espoir & l'asseurance de leurs beautez.

Si le commerce qui vous employe, vous oblige d'escrire à plusieurs personnes ; faites que vostre stile sente en toutes rencontres la bonté de vostre esprit, & la pureté de vostre conscience. Sur tout, prenez garde à l'erreur qu'on commet si facilement dans les loüanges que les ciuilitez obligent de donner aux personnes presentes : ce peril est plus grand qu'on ne pense ; & la façon de l'éuiter n'est pas l'action d'vn mal-adroit. Les vns les prendront pour des flatteries ; les autres s'imagineront que vous les ioüez : & ceux qui vous presteront attention, croiront veritables les eloges que vous donnerez à ceux dont ils n'auront point de connoissance. Si vostre loüange est occupée sur vn sujet qui ne la merite pas, vous commettez vn crime. Celuy qui rend honneur aux vicieux, est plus criminel qu'ils ne sont. Celuy qui se noircit de vices peche tout seul, ou satisfait à l'ardeur de ses passions : mais vn Panegiriste qui loüe ce qui merite d'estre blasmé, commet offense, sans pouuoir en accuser ses passions pour excuse; & bastissant vn Temple d'honneur au vice, il attire à son exemple, & luy fait des sectateurs. De là vient assez ordinairement que si celuy que vous auez loüé vous offense, vous n'osez vous en plaindre, & ne pouuez pas en demander la raison. Ces loüanges que vous dispensez sans iugement, & qui n'ont point d'application sur vn veritable merite, font que vous passez pour flatteur ; que ceux à qui vous les donnez croyent que vous leur estes acquis : ils vsent plus librement de vous ; & s'ils sont d'vne ingrate inclination, ces eloges ne seruent qu'à deuenir l'ennemy de ceux que vous auez celebré par toutes les puissances de vostre esprit.

Renoncez à tous les commerces qu'on peut auoir auec ces personnes qui n'ont aucun merite, & qui ont l'ingratitude & la legereté pour actions ordinaires. D'autant plus que la fortune vous éleue, craignez la cheute : sa hauteur rendra le mal plus cuisant. Quand on vous offre quelque employ nouueau, si vous y auez quelque repugnance; considerez auec vne meditation serieuse les parties qui le composent auant de le refuser : & voyez s'il vous est plus expedient de le negliger. Taschez à couurir ces affections desordonnées pour les choses qui sont defenduës, où nos mouuemens nous solicitent si souuent : comme pour les mots piquants & de raillerie ; & pour ces vices qui rédent mal venus dans la côuersation, l'auarice, l'enuie, la médisance, & les façons impertinentes de parler. Ayez tousiours le visage également composé en toute sorte d'éuenemens de fortune, de crainte qu'il ne trahisse les pensées de vostre cœur. A chaque accident regardez tousiours la fin. Pensez que dans la compagnie les rencontres piquantes & de médisance nuisent plus qu'elles ne seruent; & qu'encores que les plaisantes forment quelquefois ses plus gracieux entretiens, il en faut vser sobrement. Il ne faut point s'échaper dans la chaleur des discours qu'on met en auant, si ce n'est pour repousser la calomnie, & la médisance : encore faut il de la moderation : & si la dispute auoit cessé par quelque interruption fortuite, c'est trop descouurir ses inclinations, & ses sentimens que de la réueiller, on doit la laisser assoupie. Les efforts d'esprit employez sur les personnes médisantes le plus souuent sont inutils. Imitez la prudence des Medecins, qui n'ordonnent point de remedes aux malades que la mort suiura certainement par les reigles de leur art : ils sçauent qu'elle preuiendra le secours de leurs medicamens. Aussi ces hommes de calomnie & de médisance, souffriront plutost des chastimens funestes,

que

que des corrections de douceur.

Prenez garde que la crainte que la preuoyance donne, en vous descouurant n'ouure à vos aduersaires des voyes plus faciles à vous perdre; & qu'ils ne tirent auantage de ce que vous faites auec trop de circonspection pour leur perte. En toute sorte d'occasions & d'entreprises, voyez si vous trouuerez du profit; si vous auez assez de puissance à les mettre dans la perfection; & si vous pouuez vous en conseruer l'vtilité, & prendre l'vsage sans trahir vostre salut. Sur tout, faites vos efforts pour plaire à tout le monde: c'est l'estude la plus difficile; elle est aussi la plus certaine, & produit des fruicts le plus abondamment. En vn mot, comme entre les actions qui conduisent à la fortune, il en est dont le profit est incontinent sensible, comme est le salaire des arts; & dont la récompense est lente à venir, comme sont les seruices des Grands: Il les faut rechercher par des meditations d'esprit, par des dispositions du rencontre & des puissances dans les magistratures, par les recompenses des belles lettres, & par les charges Ecclesiastiques. Leur ordre & leur matiere ayant des differences notables, prenez vne conduite qui ait de la diuersité. N'ayez point l'impatience des ouuriers mechaniques: attendez le fruict de vos soins, de vos assiduitez, & de vos veilles à la faueur des occasions. Ne laissez pas de les rechercher, mais que ce soit auec adresse; & faisant plus de monstre de la satisfaction que

V

vous receuez dans l'honneur de rendre des deuoirs, & des feruices, que de l'enuie de les voir reconnus par les recompenfes.

Enfin, c'eft vn pas tres-gliffant, & qui fait beaucoup de cheutes, que celuy d'auancer inconfiderement dans les grandeurs qui furpaffent nos forces, que reçoiuent quelquefois les affaires mediocres par les ambitions de l'efprit, & par la creance d'eftre affez intelligens pour fe preualoir des rencontres. Le fecret à ne fe laiffer pas charmer aux faux-brillans qui peuuent aueugler, eft de fe contenir, d'eftre fatis-fait du bon-heur qui flatte fenfiblement; & de fe tenir ferme lors qu'ils nous appellent, où nous ne pouuons monter auec apparence. Ie iure que cette fermeté, qui vient de la connoiffance qu'vn efprit bien éclairé doit auoir des enuies, des trahifons, & des inimitiez qu'on prepare à ceux qui s'éleuent par vne fortune qu'on nomme prodigieufe, pour n'eftre pas commune, eft vn des obftacles les plus affeurez qui foit contre les infortunez. Meditez fur ce poinct, mon Lecteur; & dans ces obferuations à corriger fes fautes, apprenez qu'il ne faut pas donner moins de mefure à fes paroles qu'à fes actions. La plus grande partie des ieunes gens manquent en ce poinct, qui pour plaire dans les compagnies, s'appliquent à des fuiets, où voulant faire les galands, ils fe font mefprifer. Les principaux entretiens de leur conuerfation confiftent à faire difcours de leurs habits; à faire parade de la beauté de leur voix dans vn air chanté auec trop de methode; à pincer vn luth dans vne delicateſſe trop eſtudiée; à mener vne dance par trop dans les figures. Ainſi par des diſcours, & des actions trop affectées, ils montrent la vanité de leurs occupations, leurs emplois inutils, les folles affections de leur eſprit ; & dans le deſſein de ſe rendre agreables, & plaiſans, ils bleſſent leur reputation, & la dignité des charges, & des emplois où leur naiſſance les conſtituë. Ceux qui les regardent en ces poſtures auec des yeux d'enuie, & de haine, ſçauent bien meſnager le profit qu'ils en peuuent tirer. Doncques que ces occupations ne ſoient point les principales d'vn honneſte homme : il les faut laiſſer aux Dames, à ce ſexe qui n'a droict d'exceller que dans l'agréement, & la mignardiſe. Le veritable diuertiſſement de la conuerſation eſt dans la beauté du raiſonnement ſur les diſcours qu'on y propoſe : & ſi l'on y veut meſler le ridicule, ce doit eſtre dans la narration de quelque hiſtoire, où la ſageſſe de celuy qui raconte ſoit remarquée dans le blaſme qu'il fait de l'action impertinente dont il fait le recit. Qui veut s'auancer dans la vie ciuile, ne doit rien obmettre de ce qui porte l'apparence d'vtile à ſon auancement, ſoit dans ſes diſcours, ſoit dans ſes actions.

Dans ce deſſein de conuertir toutes choſes à ſon profit, vn des premiers ſoins à le faire reüſſir, eſt de cacher ou couurir ſes defauts. On ne fait point de monſtre de ceux de ſon eſprit, ſans ſe declarer en meſme temps impudent contre les loix, iniurieux contre sa propre reputation : & l'on ne fait point paroistre ceux du corps, sans se faire abandonner des hommes, & attirer leur mespris; qui donnent plus d'iniures & d'offense qu'on ne peut esperer de compassion, & de secours dans la descouuerte de son mal. Les infirmitez pour petites qu'elles soient enflent le courage des aduersaires, & de ceux qui suiuent mesmes pretentions. Faire parade du vice, c'est offenser mesme les vicieux : plusieurs d'entr'eux en ayment le prix & les douceurs, mais ils haissent sa substance. Outre que l'exemple public en ressent les blessures, les particuliers qui le composent y sont interessez : ou il semble qu'on les mesprise, les croyans capables d'entendre vanter ce qui merite du blasme; ou qu'on les estime assez vicieux pour aimer cette vanité. Celuy qui peche publiquement fait vn double crime, son esprit y prend part aussi bien que son corps; & comme l'offense en est plus grande, le pardon en sera plus difficile. Il est plus à propos d'exposer en vn beau iour ces bonnes actions : le public en est orné ; le prochain en sent l'edification; & la conscience le desire : puisque l'Escriture, qui fait son iniustice, ou son équité, dit hautement, & faites des actions afin que vos œuures luisent deuant les hommes.

Donques dans ce deuoir, cachez ce que vous auez de defectueux, & montrez ce que vous auez de vertu. Estendez-le iusques à peindre la ioye dessus vos yeux, quand vous auez dans le cœur par vos aduersitez dequoy leur donner des larmes. Si vous auez besoin de la iustice de compassion pour paroistre deuant les Iuges ; si le secours de vos amis vous est necessaire; que vos actions publient le courage de vostre cœur, & la fermeté de vostre esprit: cette posture attirera plustost la compassion des vns, & l'assistance des autres, qu'vn visage abatu, & tout noyé de pleurs. Tenez pour certain que l'image de nos dignitez, & l'opinion de nostre vertu, peuuent secourir plus promptement, que la peinture qui sera faite par des larmes des accidens funestes qui nous menacent. Dans cette contenance de vertu, si les mal-heurs abaissent la reputation, la valeur la releue; & quand on donne tout à nostre ruine, nous conseruons la gloire de ne perdre l'espoir que dans l'extremité du mal-heur.

Le moment à propos à descouurir ses infortunes, est quand l'occasion asseurée de les faire cesser se presente dans les mains des personnes de puissance, de compassion, d'amitié, ou de nostre alliance. Autrefois on flechissoit les Iuges par les representations des douleurs, que portoient les amis de ceux qui tomboient sous la disposition des loix qui punissent. Les Grecs auoient cette pratique; & l'affliction de leurs amis leur laissoit croistre le poil sordidement, & sans ordre, leur faisoit porter des habits de deüil; leur donnoit des larmes aux yeux, des souspirs au cœur, & des plaintes à la bouche. A present il en faut vser selon la coustume des païs; & où il est permis de cacher sa disgrace, il le faut faire en effet. Le bien qu'on tire en la defcourant eſt tres-delicat; & le mal qui en prouient eſt extremement rigoureux. Aux lieux où l'on pratique l'vſage de la defcouurir, il eſt plus à propos d'en donner les ſoins à ſon amy; & s'épargner la honte de s'auoüer vaincu, de ſe croire mal-heureux, & de confeſſer ſa perte. Que ſi ce mal-heur eſt public, il n'y faut point employer d'autres mains que les ſiennes: c'eſt trauailler inutilement que de le cacher; & c'eſt donner la penſée qu'il eſt plus grand en effect, qu'il n'eſt en apparence. Si vous croyez le diminuer en l'exhalant par des ſouſpirs, dans ſon recit ſouuent repeté, vous vous trompez: vous n'aurez point d'autre compaſſion que celle qu'on eut pour vous au premier moment qu'on le ſceut de voſtre bouche; & cette compaſſion n'aura d'effect que dans ces paroles, ie vous plains. Mais ſi veritablement on vous y contraint; ne l'augmentez point par quelques fleurs d'vn difcours eloquent. Si l'on vous demande l'eſtat de voſtre maladie; dites pluſtoſt les legers accidens qui la cauſent que les accez de douleur qui vous tuent. Si l'on vous force charitablement d'eſcrire vos difgraces; détrempez-en l'amertume dans des termes de douceur. Proportionnez-les ſi iuſtement, qu'elles ne ſemblent point eſtre la ſuite de vos fautes; & que vous ne ſoyez condamné par celuy en qui vous cherchez de la grace, implorez du ſecours, & demandez du remede.

DV MONDE.

La substance, l'effect, & l'usage de la parole en la vie ciuile.

CHAPITRE IX.

C'Est à ce suiet que la nature de la parole, & la façon de faire discours, doiuent auoir icy les descriptions qui seruent à la science ciuile, & non pas à l'art des Rhetoriciens. Dans le discours de ces mal-heurs qu'on nous contraint, & que nous sommes obligez par necessité de descouurir, ou par paroles, ou par escrit; il faut d'abord preparer les esprits, émouuoir les affections, donner plusieurs sens à la façon de parler; & par l'agencement d'vn mot, la douceur ou l'aigreur de ce qu'il signifie, adoucir ou exagerer le faict, ou le discours que nous voulons accuser ou defendre. La breueté y est necessaire : le trop long discours expose à beaucoup de perils. On diuertit de ses affaires celuy qui les escoute, ou qui les lit : on le trouble dans ses pensées, & ses desseins; on s'échape à dire quelque chose qui le blesse, ou qui nous fait tort ; on paroist importun : on se rend ennuyeux. Si vous faites le docte, & que vous parliez à des personnes sçauantes : ils croiront que vous voudrez les enseigner. Si en de si longs discours vne parole ne vous succede en la bouche; ils en argumenteront à vostre desauantage la foiblesse de vostre defense; & s'ils ne vous escoutent pas volontiers, ils prendront de là suiet de vous quitter. C'est pourquoy la breueté du discours a tousiours composé la premiere excellence de son art. On a restraint le discours poëtique dans de certaines mesures; le langage Orateur en periodes, qui ont peu de parties; les demonstrations du raisonnement en trois propositions; & les suiets de l'oraison en trois genres.

Dans le reste des discours qui se forment dans la conuersation, abstenez-vous des iuremens qui prennent Dieu pour tesmoin. Ne nommez iamais ceux de qui vous tenez les suiets, & les intrigues dont vous faites entretien, si vous n'estes contraint de le faire pour vous defendre de l'inciuilité. N'argumentez point de la bonté des choses par la frequence des exemples heureusement vicieux. Ne faites point d'histoires des accidens qui vous sont suruenus. Ne descouurez à qui que ce soit vos secrets: Cét amy à qui vous les confiez auiourd'huy, peut deuenir demain vostre ennemy; & ce domestique de qui vous prisez tant la fidelité, peut sortir de chez vous, & chercher meilleure fortune. Le temps ameine des changemens, où la prudence se trouue épuisée. Auisez à ne parler pas dans les compagnies des vices de nature, & des mal-heurs de fortune qui peuuent arriuer à tous les hommes, & qui sont peut-estre les disgraces de ceux que vous entretenez. Dans la Cour de Philippe si quelqu'vn eust parlé de lé de l'histoire du Cyclope, qui perdit l'œil contre Vlyſſe, & de quelqu'autre vice des yeux, il excitoit la colere, & encouroit ſa diſgrace: quoy que la perte de ſon œil fut vne marque de la valeur qui l'auoit porté dans le combat: & dans celle d'Hermia, qui eſtoit Eunuche, celuy qui parloit de glaiue, ou de diſſection de membres, eſtoit puny.

Si quelqu'vn vous fait offre de ſeruice par vn langage ſouuent repeté, & trop officieux dans l'apparence; penſez que c'eſt l'action d'vn homme de tromperie, & de vanité. Si l'on vous preſente quelque condition, quelques emplois, & quelques charges; pour auantageuſes qu'elles ſoiét, demandez du temps pour y penſer; & dans l'eſpace de ce temps, dites en vous meſme, il y a peut eſtre pluſieurs années que cét homme ſe prepare à me faire cét offre, & ie luy reſpondrois en l'acceptant en vn moment? Non, non, il faut apporter plus de iugement dans la deliberation de ſes entrepriſes. Auſſi d'autát plus qu'il vous preſſera de l'accepter, demandez du temps pour vous y reſoudre, vous n'y ferez aucune perte. Si ſon affection pure & veritable vous a fait cét offre, il en accroiſtra l'eſtime qu'il auoit conceuë de vous par cét effet de voſtre prudence, il vous attendra patiemment; & ſi c'eſt vn deſſein de vous tromper, ce retardement vous prepare le moyen de le reconnoiſtre, & de vous defendre.

Si vous auez le langage aſſez beau, & la facilité de parler; ne faites point dans l'entretien des hiftoires, laissez cette façon de discourir aux vieilles, & à ceux qui nauigent. Ne dites rien qui ne soit bien receu, & qui ne soit escouté volontiers Ne respondez iamais en colere à ceux qui vous abordent, quand leur abord seroit hors de saison ; & donnez vos audiences auec le moins d'impatience qui vous sera possible. Taschez de rendre vostre discours ordinaire & familier le plus coulant, & le plus fleury que vous pourrez. Faites en sorte qu'aux particuliers interessez dans vostre negoce vous vsiez naturellement de paroles à double sens. Quand vous parlez en public, ne dites rien qui ne sente l'estude, & la preparation : & quand vous traitterez auec vos amis, auec vos Iuges, parlez ingenuëment, auec clarté, auec intelligence. A vos domestiques, à ceux sur qui vous auez empire, vsez plûtost d'vne infinité de paroles dans les commandemens & les commissions que vous leur donnez, que d'oublier celles qui peuuent seruir à leur entiere instruction. Il est ainsi de ceux qu'on enuoye en des lieux, où les lettres ne sont pas renduës seurement : vn long discours qui leur est fait auant leur depart ne peut leur estre nuisible : il n'est fait que pour les instruire plus amplement du sujet qui les employe.

Apres tout, souuenez-vous que vous n'auez qu'vne langue, & que la nature l'a renfermée comme entre deux barrieres, pour vous enseigner que l'on doit parler peu; & que vous auez deux oreilles pour vous apprendre d'écouter tout en tous lieux,

& d'en faire vostre profit. Faites que la diligence que vous apportez aux affaires, soit par vos soins, soit par vos discours, soit mesurée à leur importance; & que les petites n'ayent pas les soins que vous employez pour les grandes. Et ne vous laissez pas emporter dans la gayeté des festins, & la chaleur du vin, en des paroles trop libres, & sans meditation, qui puissent descouurir vos sentimens, vostre cœur, vos desseins; & blasmer les personnes publiques: comme les Ministres de l'Estat, les Magistrats, les Escriuains, les Professeurs des sciences, les Predicateurs; & les autres qui par leur ministere, & leurs occupations apprestent toussiours matiere à discourir à ceux qui parlent auec impertinence. Ceux qui se contiennét difficilement dans les mouuemens de leurs plaisirs & de leur ioye, feront prudemment de ne s'y trouuer pas auec des inconnus, leurs enuieux & leurs ennemis; ou mesprisant les discours qui les y portent insensiblement, de n'y faire point de responses.

Finalement dans les entretiens de passe-temps, ne parlez iamais de vous, ny de vos affaires: ne vous donnez point de loüange; & taschez de parler plûtost par responses que par interrogations. Si le diuertissement de la compagnie vous incite à quelque recit, & à faire quelque raisonnement sur les sujets qui sont proposez; mesurez vos discours, & vos raisons à la capacité de ceux qui vous escoutent. S'ils sont personnes qui n'ont point de lettres; rendez vos paroles moins dans la science, que dans l'intelligence & le plaisir: & si vous estes forcé de parler sur vn sujet qui ne soit point dans l'honnesteté; imitez la sagesse des Peintres, qui sont obligez de figurer quelques nuditez dans leurs tableaux: Ils estendent, mettent au milieu, & dans vn iour qui est facile tout ce qui n'offense point les yeux; & ils approchent de la bordure ce qui n'est point dans la pureté, l'enfoncent dans quelque païsage, ou le couurent de quelque ombre. De ces discours peu serieux, & pleinement lascifs, il en faut parler sobrement, s'en dispenser le plus qu'on peut; & ne leur donner pas ces termes, qui sont plus impurs, & qui choquent plus l'oreille, que ce qu'ils signifient n'offensent les yeux, & la vertu.

L'vtilité qu'on peut tirer des Sermens qui nous confirment dans nos desseins.

CHAPITRE. X.

Mais puisque les paroles composent les sermens, & que dans les façons de se seruir du discours, ils peuuent y prendre part; disons en ce lieu qu'ils n'ont pas vne importance legere dans les actions de la vie. On les profere à deux fins; ou pour ce qui nous concerne en particulier, ou pour ce qui nous regarde en commun auec quelques particuliers, ou auec tout vn peuple. Ceux qui ioignent noſtre intereſt, ou noſtre paſſion auec autruy, ne ſont prononcez legitimement que dans le deſſein de quelques affaires de conſequence: ce ſont les liens des conſpirations, & de ceux qui iurent d'entreprendre quelques actions extraordinaires. C'eſt pourquoy auant de les rendre ſolemnels on doit conſiderer leur ſujet, & le conſeil qui porte à les proferer: ſouuentefois on n'y pouſſe qu'à deſſein de faire tomber dans le piege, de nous tromper, & de groſſir de noſtre perſonne vn nombre de coniurez. Ainſi pour ne s'y pas engager temerairement, il faut voir la iuſtice du deſſein qui les conçoit; & ſi l'autheur de la coniuration eſt de naiſſance à la faire, a des forces pour l'executer, & des moyens pour donner des aſſeurances. Leurs ſolemnitez ſuiuent la couſtume des païs. On iure dans les Temples, on fait ſerment ſur les Autels; on proteſte par l'ame du Prince; on prend ſon Dieu à teſmoin, & l'on fait quelques actions extraordinaires: comme fit autrefois Catilina, qui cimentoit ſa coniuration par vn amas du ſang de tous ſes coniurez, dont il faiſoit boire ceux qui ſuiuoient ſon party.

Ceux qui ne regardent que noſtre particulier, ont ordinairement des cauſes moins illuſtres, & moins dans l'honneur. Ainſi les ſoldats Romains s'obligeoient par ſerment, lors que leur diſcipline eſtoit en reuolte, de tuer tous les hommes qui s'expoſeroient à leur furie; de piller toutes les villes qui leur feroient reſiſtance; & de bruſler tous les villages qui se rencontreroient dans leur marche. Ainsi nous lisons que Salomon iura qu'il tueroit Adonias son frere aisné, quoy qu'il n'en eust point de suiet, qu'il eust rapporté l'Arche du Seigneur ; & qu'il eust partagé tous les perils & les trauaux de leur pere commun : il rougit ses mains de ce sang, & creut que ce meurtre estoit de son deuoir, parce qu'il s'y estoit obligé par serment. Mais pour en parler en saine conscience, & dans vne police raisonnable, on ne l'admet, on ne le souffre inuiolable que pour les choses vtiles & honnestes, & non pas pour celles qui n'ont que de la honte, & du vice. Le meurtre commis par Adonias est sans excuse. On peut iurer qu'on ne donnera point d'argent en rente ; qu'on n'en prestera point ; qu'on ne veut rendre aucun seruice auant d'en receuoir la recompense. Encore ce doit estre à part soy, & dans sa confidence : afin de fortifier son esprit dans les resolutions que l'experience a fait prendre ; & qu'au temps où l'on est pressé de faire le contraire, on puisse dire à celuy qui presse & qui prie, qu'on est obligé par serment, de n'auoir point de condescendance à telles volontez, ny d'oreilles pour telles prieres. Et il ne faut pas vanter ce serment en public : on vous accuseroit de dureté, & de n'estre pas maistre absolu de vostre esprit. Ces sentimens, & cette vanité d'actions qui sont contre les mœurs qui sont receuës, & le commerce ordinaire, vous feroient estimer d'vne composition dangereuse.

A bien dire les auantages que l'on tire des sermens, quand ils font faits en confideration d'vn intereſt particulier, rendent peu de ſeruices; plongent ſouuent dans vne mer de difficultez; & enuelopent dans vne infinité d'accidens, dont on n'échape pas facilement. Comme la guerifon d'vn mal ſe forme par l'application du contraire qui le cauſe, le remede de celuy-cy eſt de ne s'en point ſeruir, & de n'vſer que du filence. En effet, c'eſt vn veritable moyen à fuir beaucoup de malheurs; principalement dans les affaires, où nous craignons n'auoir pas de fuccez, ou qu'on nous faſſe quelques demandes, où le refus nous peut nuire. Lors il ne faut pas ſeulement déguiſer, ou produire ſes volontez par les paroles de ſerment, mais en montrer ſon eſprit tout à fait éloigné. Si vous auez auancé que vous auez de l'argent, ou que vous ſçauez chez qui vous en pourrez trouuer, deuant celuy qui vous a mis ſur ce diſcours pour ſonder quelle eſt voſtre inclination à le ſeruir; s'il vous prie au meſme temps de luy en donner, ou faire en ſorte qu'il en trouue; vous vous trouuerez embaraſſé; & c'eſt où vos diſcours ſans meditation, & dans l'imprudence vous conduiſent. Il reſpondra à toutes vos excuſes; & ſa neceſſité, ou ſon impudence vous pourſuiurôt iuſques au vif. Si vous dites il eſt vray que i'en ay, mais ce que i'ay me ſert à viure: il vous repliquera, ie vous en rendray dans peu de temps plus que vous ne m'en aurez donné, ainſi ie feray voſtre condition meilleure. Si vous respondez, ie ne puis donner argent sans auoir mes asseurances, des hypotheques premieres, & dans les priuileges; il ne manquera pas de vous obiecter aussi tost, accusant vostre lascheté. vous pouuez viure sans ces asseurances: vous ne voulez pas obliger vn amy, vne personne de naissance qui peut vous obliger en d'autres rencontres, qui est dans la necessité, qui vous prie, & vous coniure affectueusement, & qui ne vous demande que ce qu'il vous rendra dans peu. Lors il faut renoncer à tous les mouuemens de l'honneur, ou rougir de sang ou de honte. Le silence sauue d'vn pas si glissant, & si dangereux; & vous exempte de la peine de respondre à toutes les raisons dont on appuye vne demande. La diuertir par vn ie n'en ay pas, ferme la bouche, & donne de la honte aux importuns.

Le profit du Silence.

Chapitre XI.

LE silence est merueilleux dans les actions de la vie ciuile. Ie n'entends pas icy parler d'vn silence muet absolument, mais d'vn silence des choses qui ne sõt point essentielles en l'affaire que nous traittons, & qui peuuent nuire aux commerces que nous auons dans le monde. Vn exemple de la bonté de cette obseruation, est quand
vous

vous contractez quelque negoce auec vn homme dont la foy vous est suspecte, de ne luy pas dire ce que plusieurs disent en de semblables rencontres : ie ne laisse pas de faire affaire auec vous, quoy qu'on m'ait auerty qu'il n'y fait pas seur, par cette confiance i'espere que vous me rendrez de meilleurs seruices. Si vous croyez, & s'il est vray que cét homme est innocent, & qu'à tort on luy donne la reputation de fourbe, que pouuez-vous luy dire de plus esloigné de la raison, & de plus iniurieux ? Il se sent faussement accusé, & void que celuy qui se dit son amy, ne defend pas son estime, quand elle est attaquée en sa presence, puis qu'il donne quelque sorte de creance à ceux qui la combattent. Et si vous l'estimiez capable de fraude, ne semble-il pas que vous l'exhortiez vous-mesme d'en commettre, puis que vous voulez vous exposer aux malices dont vous estes auerty? Il croira, & non pas sans raison, que vous luy permettez cette liberté, si vous ne donnez rien aux soupçons que tout le monde en conçoit. Il est plus à propos de passer sous silence ce que vous auez resolu de ne croire pas, & de luy dire, ie me confie entierement en vous : i'ay tousiours reconnu vostre fidelité tres pure, & tres-entiere; & ceux qui ont traicté auec vous me confirment en cette creance. Vous obligerez cét homme à conseruer l'estime qu'il croit qu'on a de luy ; & dans le dessein de cette conseruation vos interests y seront asseurez.

Y

Ce Philosophe auoit raison de dire que la science de se taire n'estoit pas moindre que celle de parler: nous en voyons l'experience presque en toutes les actions de nostre vie. Pour paruenir à sa pratique, faites souuent ce discours en vous-mesme: Si ie dis les choses que l'on sçait, c'est inutilement faire bruire vn son parmy l'air; & si ie parle de ce que les autres ne sçauent pas, ie perds ce que i'ay de particulier, & ie me trahis moy-mesme. En effect, le silence seul est ce qui retient chez nous en leur entier les choses arriuées qui nous regardent, & les sentimens que nous en conceuons. C'est pourquoy ceux qui s'enquierent de vous auec de si grands soings, qui veulent sçauoir vostre volonté, vostre auis, & vostre deliberation, sur des choses qui ne les concernent pas; estimez-les pour vos plus grands ennemis, qui d'autant plus qu'ils sçauent de vos affaires, & de vostre conduite, vous laissent moins de la disposition, & de la methode que vous y pouuez apporter. On ne fait pas seulement larcin de richesses & de meubles: & l'homme ne fait pas moins de perte, quand on luy vole le secret de la conduite de ses desseins, que quand on luy oste l'argent de ses coffres par finesse, ou par violence. Ces enquesteurs sont d'autant plus dangereux qu'ils sont dans la puissance, & les emplois qui peuuent choquer. Si leur importunité vous interroge; il faut esquiuer par cette repartie, qu'vn chacun est le seul empesché en ses affaires, & à ses conduites particulieres: & si leur audace imperieuse vous presse; il faut s'échaper en disant que vous n'auez iamais medité sur ce suiet ; & que dans vos affaires vous prenez ordinairement resolution selon les rencontres que la fortune vous presente.

Le Silence apprend à deliberer.

CHAPITRE. XII.

CE Silence, qui ne descouure point ny nos sentimens sur les affaires d'autruy, ny les desseins de nostre fortune, laisse libre dans les deliberations; & nous pouuons par luy selon la force de nostre esprit, leur donner vn panchant, qui n'estant pas preueu, pourra surprendre. La façon de bien deliberer deuant estre lente, & son execution deuant estre prompte, il est necessaire d'y balancer le poids des choses, la fin qu'on y trouue, les moyens d'y paruenir, quel profit apportent leurs euenemens; & quelle est la disgrace qui suruiendra dans leur mauuais succez. Ces reflexions ne se font point sans le Silence. Et si l'on appelle executer promptement, quand on a l'adresse de se mettre à couuert dans le port, auant que ceux qui suiuent nos traces, & qui veulent nous perdre, excitent les orages, & les tempestes qui conduiroient au naufrage; il n'y a que les personnes qui sçauent l'art de s'en seruir, qui peu-

Y ij

uent pretendre la gloire de donner de la promptitude à leurs desseins : puis qu'ils ont fait en sorte que leur succez a preuenu la connoissance de ceux qui ont dressé des parties pour l'empescher. Ce qui montre la necessité de mettre vn ordre en ses actions, & de ne descouurir pas tousiours ses sentimens ; de rediger le soir par escrit ce qu'on veut executer le lendemain, pour n'estre pas obligé d'emprunter la memoire d'autruy : & c'est ce qui nous auertit d'vser de paroles à double sens, & tres-esloignées du cœur dans les negoces où l'on a des competiteurs ; afin d'estre tousiours le seul maistre de ses desseins, & d'auoir vn empire absolu pour les executer.

Ainsi par le Silence, l'on vient pas à pas, & sans precipitation rendre ses deuoirs, & se ranger du party de ceux qui dans les affaires ciuiles, & le gouuernement public, ont la plus haute fortune, & la moins independante ; & qui dans la guerre ont plus souuent les triomphes. Si le Consul Orateur eut pensé que la fortune eust eu tant d'inconstance ; il ne se seroit pas acquis par ses Philippiques tant de renom qui luy cousta si cher ; & n'auroit pas preparé tant de ruïnes pour sa maison, en publiant par escrit les libertez de sa pensée. Ainsi dans ces extremitez, & ces partages d'esprit, où l'on a peine à deliberer ce qu'on doit suiure ; si ce sont partis puissans qui se choquent, il n'en faut blasmer aucun : il faut rendre doubles seruices, assister l'vn, en n'abandonnant pas l'autre ; & s'ils font mediocres en pouuoir, taire ses sentimens; suiure le party le plus honneste, le plus asseuré, & le plus vertueux : mais auec telle moderation, qu'il ne semble pas que vostre entrée en ait d'abord promis la victoire ; & que vostre assistance, par la chaleur que vous auez donnée dans les esprits, rende le triomphe plus asseuré.

La Deliberation n'est parfaite que dans la connoissance des mœurs de ceux auec qui l'on a commerce des inclinations & des sentimens des Princes, des Ministres d'Estat, sur les affaires qui se passent, & des brigues des billets où l'on veut agir.

Chapitre XIII.

POur deliberer parfaitement, n'executez pas sans le consentement du iour ce que vous aurez medité dans l'espace d'vne nuict : Il se peut faire que cette meditation n'est que l'image d'vn songe. La Deliberation demande vn esprit esueillé, & ramassé dans toute l'estenduë de ses forces ; qui regarde la fin, la consequence, les obstacles, la qualité de l'entreprise ; ce que peuuent dire les hommes de mesdisance & d'enuie : & si le succez sera profitable en donnant du repos, ou releuant la fortune dans l'inconstance des choses humaines, & dans cette succession d'honneur, qui est la premiere à laisser aux enfans, & qui ne doit pas estre la derniere de nos considerations. Ces deliberations ne sont point formées plus iudicieusement, qu'au moment qu'on possede la science de connoistre les mœurs de ceux auec qui l'on a commerce. La Preface en a donné quelques enseignemens: ce Liure second prendra l'imitation d'Homere, qui pour ne s'engager point dans les longues descriptions des mœurs, des institutions, des loix, des coustumes, & des façons de viure qu'il auoit apprises dans ses longs voyages, a fait de toutes ces choses vn tout : & d'vne diuersité de mœurs & d'habitudes, a composé la façon de viure de ceux dont il a parlé dans son Histoire. Ainsi les Medecins font vne composition de plusieurs remedes qui seruent à toutes sortes de maladies. Ainsi Dieu dans la diuersité des elemens, & la difference de leur nature, en les attachant ensemble, de leur combat perpetuel en a fait vn mélange qui s'accorde, & de leur guerre en a fait vne paix. De mesme sans distinction des Païs & des Royaumes, cette partie de cét ouurage donnera des preceptes generaux pour connoistre generalement les mœurs d'vn chacun.

La mode de l'habit, la façon du geste & du marcher, sont leurs veritables tesmoins, leurs tableaux les plus naïfs ; & l'on apprend d'eux facilement de quelle nature, de quelle trempe sont les esprits qui animent ces corps que nous voyons.

Mais sur tout, la parole en est le veritable interprete, & le miroüer le plus fidele. Aussi les plus adroits, & les plus industrieux ont cette pratique dans leur art, de changer presque tous les iours les sentimens de leur esprit; & de donner à leurs discours des suiets differens. Ceux qui parlent volontiers de la bonne chere, des plaisirs de Venus, de la beauté des habits, des querelles, des intrigues, des compagnies, sont ordinairement lasches, & faineans, & n'ont point de cœur. Ceux qui parlent du profit, & du gain, sont auares. Ceux qui racontent des finesses, & des subtilitez, ont l'esprit hargneux, & meschant. Ceux qui font gloire de l'honneur, qui triomphent en leurs paroles quand ils nomment les choses qui meritent loüange, ont l'ame bonne. Ceux qui parlent par excez des choses pieuses, sont dissimulez: & ceux qui honorent la vertu par leur discours, sont de ceux qu'on doit mettre au rang des hommes illustres, & qu'il faut imiter.

En vn mot, pour auoir toutes les parties d'vne deliberation iudicieuse, sçachez les inclinations des païs; les maximes qui regnent; les habitudes qui ont vogue; & le naturel des Princes, & de ceux qui gouuernent. Les tyrans aux moindres occasions, aux soupçons les plus legers feront verser du sang. Les Republiques bien ordonnées, & celles qui n'ont pas volontiers les armes à la main, ne voudront que la paix; feront terminer les differens par les sentimens de ceux qu'ils auront establis pour Iuges: & les bons Princes n'auront que de la douceur, du chaſtiment pour les crimes, & des recompenſes pour les vertus.

Il faudra pareillement connoiſtre le ſentiment des Grands, & de ceux qui gouuernent, ſur les affaires qui ſe rencontrent dans voſtre intereſt: par cette connoiſſance vous apprendrez les inclinations de leur eſprit, & comment vous les pouuez approcher. Ne penſez pas que ces perſonnes, qui n'ont d'autres diuinitez que leur fortune, ſoient beaucoup ſenſibles aux diſgraces des autres; & qu'ils faſſent beaucoup eſtat de la vie de leurs ſuiets, & de ceux qui croyent leur eſtre des obſtacles. L'iniuſtice, le meſpris des loix, & la puiſſance ſur la vie de ceux ſur qui ils veulent dominer, ſemblent eſtre ſeulement ce qui compoſe leur grandeur, & les actions legitimes de leur fortune. Toutesfois, ce ſiecle n'eſt pas ſi corrompu, qu'il n'en ſoit encore parmy eux qui vſent tres-legitimement de leur puiſſance, & qui reconnoiſſent vn Dieu qui les regarde. Quelques-vns ſont retenus dans ces crimes, ou par la crainte de perdre leur reputation; ou de ne faire pas vn exemple qui pourroit apres tomber ſur eux, ou ſur leurs proches. Ils apprehendent qu'en perdant l'eſtime de bonté qu'ils ont acquiſe, ou qui ſemble eſtre le deuoir du rang qu'ils tiennent, ils ne preparent des occaſions pour les ſeditieux; & que par les exemples qu'ils auroient introduits, ils n'accouſtumaſſent les yeux de ceux qui les regardent auec enuie,

enuie, à des spectacles qui leur deuiendroient funestes. Et puis ils sçauent qu'en se faisant craindre, on retient pour soy vne partie de la crainte; & qu'à la fin le sang iniustement respandu crie vengeance sans cesse, & cherche tousiours à rougir sur son autheur. Mais croyez, pour conceuoir de bons sentimens en faueur des Princes, que quand ils font des fautes, on les abuse; & que le mespris qu'ils font de la Religion, & des Loix, n'est pas tant leur crime, qu'il est la persuasion de leurs flatteurs, de ceux qui font les importans dans leur Estat; ausquels il leur est tousiours pernicieux de donner creance, & nullement dangereux de ne les escouter point.

Ainsi quand vous aurez cette science dans les Estats Monarchiques; quand vous aurez appris dans les Oligarchiques & populaires, que ceux qui composent vne compagnie des plus sages, n'ont pas vn empire souuerain; que deux ou trois s'emparent du gouuernement, qui n'ont d'autres soings qu'à se contenir dans cét estat de puissance; qui n'ont d'autres obiets que la satisfaction de leur auarice, & de leur haine; & qu'ils ne sont pas les pires, quand ils se laissent aller à peine aux prieres de leurs amis: vous prendrez iustement vos mesures dans vos desseins. Vous verrez par quelles voyes vous les deuez conduire; par quels amis, par quelles intrigues vous pourrez approcher des Grands: & par leurs inclinations telles qu'elles soient, qui sont tousiours si visibles, qu'il ne faut point donner d'art pour les connoistre; vous sçaurez leur foible; les moyens d'auoir leurs bonnes graces, de receuoir leurs faueurs, & la façon de les aborder.

Apres tout, pour rendre vne deliberation parfaitement acheuée, il est de la prudence d'y adiouster les moyens de connoistre tout ce qui se fait, & tout ce qui se dit dans la ville où l'on demeure; & dans le Royaume où l'on est suiet. On les doit porter iusques dans le secret des familles, dans la valeur & le prix des hommes, qui les composent dans leurs alliances, dans leurs possessions, dans leurs mœurs, dans leurs actions, dans leur façon de viure, dans leurs professions, dans leurs diuertissemens; & dans ce qui forme l'obiet de leur principale estude. Quand on gagera des hommes, pour rendre cette connoissance plus facile, le profit qu'on en peut tirer en payera la despense auec vsure. Bien en prist à l'Orateur des Romains d'auoir pris ce loisir parmy les grandes occupations qu'il auoit de la plaidoirie, & des Liures qu'il mettoit au iour: il s'instruisit des mœurs, & des affections de ceux qui composoient la Republique, où il estoit vn nouueau venu, sans habitudes & sans alliances. Il ne s'y rendit illustre & grand que par cette pratique; & ce fust vn des premiers degrez qui l'éleua dans les honneurs qui l'ont rendu celebre chez la posterité. Tant il est vray que la science du monde a de grandes espaces, qu'elle renferme mille considerations; & qu'el-

le doit rendre vn homme toufiours prest à prendre le moment des occasions, qu'on ne peut bien
discerner que par cette ample connoissance.

*Les moyens d'auoir la Santé & d'acquerir
les Richesses.*

CHAPITRE XIV.

CE ne seroit point vne satisfaction entiere
d'auoir les tresors d'vne science, si l'on n'en
possedoit la pratique. Ce seroit estre citoyen de
la Republique de Platon d'auoir seulement dans
l'esprit l'idée de ce qui doit estre fait au monde, si
l'on n'en vient à l'execution. Ce qui fait que l'obseruation des moyens pour acquerir les vertus
qui sont produites exterieurement par l'esprit,
doit estre suiuie de celle qui rend le corps capable d'y prester son ministere, sans la santé duquel,
& les richesses qui l'entretiennent, & qui luy donnent l'aise, ces vertus intellectuelles deuiendroient
chimeriques. La preparation pour ce suiet est
d'entretenir le corps dās la vigueur qu'il peut auoir
naturellement dans son aage; & d'en reparer la
foiblesse par l'assistance des richesses, par l'appuy
des enfans, des freres, & des amis, qui puissent
prester leurs actions à nos conseils. Ce secours des
enfans, & des freres, est vne faueur de nature; &
l'assistance des amis, & des richesses, est vn present
d'vne bonne conduite, & de la prudence. Com-

Z ij

me le premier n'est point sous nostre dependance, il faut s'attacher plus particulierement au second, que l'on s'attribuë par les actions qui rendent necessaire, & dans la reputation. Pour former ces actions, le corps y prend grande part: vous l'entretiendrez dans sa force, par l'abstinence des viandes qui vous sont contraires; & par le temps du sommeil, & la qualité de l'exercice, que prescrira l'ordonnance des Medecins.

Pour auoir les richesses qui luy fournissent de quoy l'entretenir dans son embonpoint, on compte pour moyens d'éuiter la profusion; de viure auec espargne bien-sceante; & de ne considerer pas seulement ce que l'on gagne en son employ, mais ce qu'on peut gagner de plus. Et l'on y adiouste pour les plus asseurez, & les plus courts, de meriter l'amitié, & la faueur des Princes; d'obtenir la bien-vueillance des Prelats, qui possedent des benefices de grand reuenu; d'espouser des vefues riches; de capter adroitement par des deuoirs assidus, & des seruices d'affection les successions opulentes de ceux qui n'ont point d'enfans: & quelques-vns y mettent l'adresse de vendre, & d'achepter à propos; l'art des nouuelles inuentions; les demandes que l'on peut faire aux Princes: Comme le don des Isles qui naissent dans les riuieres, des confiscations des sujets qui sont punis: & d'vne infinité d'autres droicts, dont les Princes & les Rois ornent leurs liberalitez, & font des recompenses.

L'ordonnance d'vne famille, ou les reigles Oeconomiques.

CHAPITRE XV.

Sur ces fondemens de fortune, & de richesses, on fait apres vn establissement bien ordonné de sa famille; sans l'ordre, & l'institution reglée de laquelle, à peine mettrez vous en pratique tous ces preceptes, & difficilement vous en cueillerez les fruicts. Que tous les ennemis d'vn homme ioignent leurs efforts pour le perdre; qu'il souffre à leur sujet mille persecutions; & qu'ils le traduisent deuant les Iuges auec la plus haute calomnie qui se puisse imaginer; ces accidens ne sont point capables de luy donner les incommoditez, qu'il receura indubitablement de sa maison, si elle est regie & gouuernée par le desordre. C'est vn mal dont l'accez est tousiours sensible, qui n'a point de bons interualles; & qui s'attachant à la vie, à l'honneur, & aux richesses qui nous font subsister, les corrompt en peu de temps; & nous fait souffrir auec vn desplaisir cuisant l'infortune de leur priuation. De sorte que pour remede en vn mal si violent, si vous n'auez vne femme qui partage les inquietudes, & les dispositions d'vn mesnage; des enfans qui soient dans l'espargne, & qui vueillent donner la force de leur aage à la prudence de vos conseils;

si vous n'auez quelques freres, & quelques sœurs, qui donnent leurs affections, & leurs soins à l'obseruation de ce qui fait naistre vostre profit; vous n'empescherez qu'auec peine la dissipation de vos reuenus, & que vostre despense ne consume l'acquisition de vostre trauail.

Mais les enfans, & les freres ne sont pas tousiours en mesme maison; leurs emplois ou leur desir de faire vne fortune particuliere les en éloigne; & cependant pour auoir vne maison disposée dans l'ordre, il y faut vn perpetuel obseruateur. On est reduit dans vne autre peine, quand on a des filles, vne femme, des sœurs qui sont ieunes; elles n'ont l'esprit porté qu'à leurs plaisirs, & ne songent qu'à donner ou receuoir des affections. Quand on tient à ses gages de ieunes valets, leurs habitudes, leur conuersation auec elles deuiennent suspectes; & toutefois la necessité du seruice rend ces personnes vtiles au poinct qu'on ne peut s'en passer. Vne famille est necessairement composée de maistres, d'enfans & de valets: ces parties composent son tout, l'absence de l'vne fait l'inutilité de l'autre. Ces difficultez font remarquer la necessité des soins particuliers qu'on y doit apporter. Il faut pour la rendre dans la perfection, que les degrez d'authorité, de commandement, de seruices, & de sousmissions, soient dans vne iuste proportion, & qu'ils ayent leurs mesures legitimes. Ce n'est point vn trauail si petit, qu'on ne le compare à celuy d'vn Roy qui gouuerne ses peuples. Celuy qui est le chef d'vne famille doit prendre le credit & l'authorité qui fait respecter celuy qui est la premiere teste du Royaume. C'est vn Magistrat domestique, de qui les loix doiuent estre executées, de qui les soins doiuent estre employez pour son entretien, & son accroissement: & ce qui met de la difference dans leurs emplois, n'est que la distinction des ordres, & la dignité du sujet. Ainsi puis que le premier soin des Roys consiste à former leurs sujets dans l'obeyssance, dans l'amour, & le respect, & encore dans la capacité des seruices qu'ils peuuent rendre; celuy d'vn bon pere de famille doit s'occuper à donner des domestiques à sa maison, qui soient capables de l'honorer, & qui soient suffisans à luy rendre des vtilitez.

Les domestiques les plus vtiles, & les meilleurs à choisir ne sont pas ceux qui sont auancez en aage: en cét estat ils ont desia beaucoup perdu de leur force; s'ils ont des vices on les corrige difficilement; & il est facile à iuger que si leur seruice estoit vtile, ils auroient esté retenus de ceux aux seruice desquels ils ont consumé la premiere partie de leur vie. Les ieunes sont aussi sans soin, & sans experience: ils sont foibles, & adonnez au ieu. Ceux qui passent l'enfance & la ieunesse, songent à faire fortune aux despens de leur Maistre; leur obeïssance n'est pas des plus humbles, les passions commencent à les dominer; & les reduisent au poinct, qu'ayant peine à se gouuerner, ils ne donnent pas grande esperance de disposer auec ordre ce qui sera commis à leur conduite. Ceux qui sont dans l'aage qui fait la perfection des hommes, quoy qu'ils ayent plus de force que les vieillards, ont les vices que ie viens de remarquer en eux : outre que s'ils n'ont iamais seruy, ils auront peine à s'y contraindre ; & leur aage les rendant capables de tout, ils chercheront souuent de nouueaux Maistres. Le changement des domestiques apporte tousiours des nouueautez, qui font receuoir des pertes. Cependant il en faut auoir dans la necessité du seruice.

De ces considerations il est facile à remarquer, que le premier soin du Chef d'vne maison, est dans vn choix de domestiques qui soit fait auec prudence : que le second consiste à leur donner des institutions, qui soient dans le mesnage & la vertu ; & le troisiesme, à sçauoir preuenir les rencontres, où ces personnes peuuent agir à son desauantage. On doit choisir auec preference ceux qui sont nez de parens qui ont vescu dans l'honneur ; & s'ils sont auancez dans l'aage, il faut prendre ceux qui ont reputation de probité, d'industrie, d'adresse & d'esprit ; afin qu'ils soient capables de nous mettre en repos par leur fidelité ; qu'ils soient suffisans à donner des satisfactions par les deuoirs d'affection & de respect, & par la bonté des seruices proportionnez à l'importance de leurs emplois. Les domestiques de cette trempe en signalant le iugement qui les a choisis, donnent de l'estime ; & font connoistre la qualité d'vn esprit, de sçauoir se

garentir

garentir des perils que preparent des domestiques vicieux, qui constituent leurs Maistres le plus souuent dans des dangers si pressans ; qu'entre les hommes plusieurs ont surmonté la violence de leurs ennemis ; ont repoussé les traits calomnieux qu'on descochoit sur eux ; ont reprimé la liberté & la licence que se donnoient des Magistrats qui abusoient de leur pourpre, & peu se sont defendus, & deuelopez des filets où leurs domestiques vouloient les surprendre.

Ce choix ne se peut faire plus iudicieusement, que de ceux qui ont demeuré long-temps chez vn Maistre, qui sçait l'art de se conduire dans la reputation d'homme auisé, qui soit difficile à seruir; & pour son couronnement, il le faut faire de ceux qui sont de belle taille, & bien proportionnez. Les beautez, & les difformitez des corps sont ordinairement l'argument de celle de l'esprit. Ceux qui ont de petites testes sont hargneux, ou peu sensez. Ceux qui sont trapus, sont malins : les bossus sont sales, & mal propres : & les boiteux sont inutiles à beaucoup de seruices. Considerez les apparences de leur santé : sçachez s'ils ont de la moderation dans leur boire & leur manger : s'ils ont des mœurs qui soient supportables ; & s'ils ne sont point ioüeurs, larrons, yurongnes, paresseux, faineans, & repliquans à leur Maistre. En vn mot, pour reconnoistre leur bon ou mauuais naturel, faites qu'vn de vos domestiques obserue quelques fautes de celuy que vous voulez esprouuer, &

qu'il vous en aduertisse en secret; faites-le venir deuant vous, & tancez-le selon la grandeur de la faute: s'il confesse, & qu'apres la confession il menace celuy qui peut l'auoir accusé; c'est vn meschant à chasser; quelques perfections qu'il ait, c'est vn furieux qui corrompra les autres. Que s'il se met en peine de descouurir celuy qui l'accuse, ou qu'il fasse ses efforts pour empescher que ses vices, ou ceux de ses compagnons ne soient descouuerts à son Maistre; c'est le pire que l'on puisse auoir: mais s'il demeure d'accord du fait, qu'il s'excuse, ou qu'il demande pardon, sans vouloir apprendre qui l'a descouuert; il est tres-bon à garder, on en peut esperer de bons seruices. S'il desnie, & demande celuy qui l'accuse; c'est vn meschant, & vn timide qu'il faut chasser d'abord: & s'il nie simplement, sans chercher ny demander l'autheur de son accusation, il est passable; & dans la difficulté d'en trouuer des parfaits, on peut le retenir.

Leur fidelité quelquefois est presumée par les inclinations de leur patrie. On fait estat de celle des Allemans, qui d'ordinaire n'abandonnent leurs Maistres qu'apres leur mort; & qui ont laissé des exemples si fameux de fidelité, qu'ils meritent reputation pour ce sujet. Des autres pays n'en admettez point dans la maison sans respondant, & sans asseurance de leur personne; & ne cómettez point tant de choses dans leurs mains, & leur disposition, qu'ils puissent couurir leur larcin de vostre oubliance. Leurs coffres en ville peuuent donner sur ce poinct de legitimes soupçons. La distribution des charges & des offices d'vne maison, est à faire par la consideration du merite, & de l'aage. Celle de l'œconomie ou du Maistre d'Hostel ne doit pas estre mise entre les mains d'vn ieune homme ; il doit auoir de la prudence pour ordonner, & quelque sorte de grauité pour se faire obeyr de ceux qui sont au dessous de luy. Parmy ces seruiteurs, il faut obseruer dans les maisons où ils sont en nombre, ce que pratiquent les Marchands ; qui dans leurs negoces ont plusieurs personnes subordonnées les vnes aux autres, qui ne manient leurs affaires que par degrez & par dispositions ; en sorte que l'vn ne peut tromper, & faire des parties fourées, que l'autre ne s'en apperçoiue ; & que le troisiesme ne les accuse, s'ils ne sont tous d'accord pour voler leur Maistre. Dans leur intelligence difficile à durer, & qui doit donner du soupçon, à moins que de vouloir souffrir leurs fourbes, on les descouure facilement ; & leur mine est tousiours preste à s'éuanter par la discorde, qui est tousiours proche d'vn grand nombre de personnes qui tendent à mesme fin. Ainsi donnez aux vns la charge de receuoir, aux autres la commission de liurer ; à ceux-cy le pouuoir d'y assister ; à ceux-là d'auoir le maniement, de tenir le registre & le controlle. Les plus grands gages ne font pas rendre des seruices meilleurs & plus assidus : leur plus grand gain ne doit consister que dans les liberalitez du Maistre,

Aa ij

pour quelques seruices signalez dans l'adresse, & la pratique de leur ministere. Les profits casuels leur semblent plus doux, & les excitent plus à bien faire que le prix de leurs gages, qu'ils tiennent comme chose acquise pour estre seulement du nombre des domestiques. Prenez garde que leur nombre ne consume toute la substance de vostre famille : il le faut mesurer à la necessité de leurs seruices, de vostre commerce, & de vostre profession ; & à vos facultez de les entretenir.

Les mesnagers obseruent d'auoir vn iournal, sur lequel ils escriuent ce qu'ils ont deliberé d'executer pour le bien de leur famille ; ce qu'ils ont acheté, ce qu'ils ont receu de leurs rentes, ou de leurs negoces ; & ce qu'ils ont donné, ou presté à interest. Ils tiennent que le seruice des ieunes gens pour les offices ordinaires & communs, qui ont des inclinations au bien, est le plus facile à receuoir : les menaces, & les coups dont on vse plus librement en leur endroit, les range plus facilement au deuoir : Ils donnent moins de soupçon à ceux auec qui nous traittons ; & leur agilité, & le peu d'occupation de leur esprit en leurs affaires particulieres leur donnent plus d'assiduité aupres de ceux qu'ils seruent. Les Romains s'en seruoient volontiers, ils les nommoient Anagnostes : & la bonté des seruices qu'ils en tiroient, ou l'affection & le bon desir qu'ils auoient pour eux, faisoit qu'à ces ieunes gens ils donnoient encore le nom d'Anciens par vn antiphrase. Ce n'est pas que pour les seruices importans, comme ceux de la defense du corps, & de l'administration des biens, ils soient les plus vtiles, les auancez en aage y sont les meilleurs: mais parce qu'entre les seruiteurs il s'en rencontre peu qui seruent moins par interest, que par affection: les ieunes sont capables de moins de meschancetez, & d'entreprises sur les fortunes de leurs Maistres. Leurs fautes sont plus excusables; & le pardon qu'on leur donne souuent dans l'asseurance de leur amendement acquiert leur amitié, dans la reconnoissance qu'ils ont de celle qu'on leur porte. De pardonner à ceux qui nous sont sousmis quand ils ont failly contre nous, n'est pas vne action de peu de consequéce; & l'vtilité en est souuent tres-grande: les accuser, leur reprocher leur faute, & les pardonner en mesme temps à la façon dont vsa Auguste vers Cinna, fera ressentir des profits merueilleux dans vne experience tres-vertueuse.

A quoy si vous ioignez ce qu'ordonne la prudence dans le choix d'vne femme, qui ne soit pas moins la compagne des soins d'vne famille, que de ses grandeurs, & de ses plaisirs; vous y verrez vn establissement si ferme, & si solide, que les aduersitez pour grandes qu'elles soient ne pourront l'ébranler. Les femmes ne sont pas seulement ce qui compose vn mesnage dans les reigles, par la prudente conduite, & les soins assidus qu'elles y peuuent apporter; mais ce qui forme les enfans dans vne bonne nourriture, dans vn beau naturel,

& dans des inclinations vertueuses. Cette proposi-
tiõ est si veritable, qu'elle fait vne maxime qui dit,
que de la qualité dont on veut auoir des enfans,
on en doit prendre vne femme ; & que pour ne
point se tromper dans son choix, il faut que celle
qui en est l'objet ait vn corps sans aucun defaut, &
dans vne santé parfaite, ait vne prudence qui mo-
dere les passions de son sexe ; soit assez feconde
pour donner de la posterité; ait vne pudicité qui
luy donne reputation; & qu'elle n'ait pas vne beauté qui attire les yeux & les affections de tout le
monde, ny vne difformité qui les esloigne.

Comme on diuise ce qui compose vn mesnage
en choses qui seruent pour l'ornement, & pour
vstencilles ordinaires dans la necessité du corps;
il en faut faire acquisition : & en iouyr apres auec
art & methode; & d'vne façon qui soit tellement
disposée, qu'elle sente la propreté du Maistre,
qu'elle ne montre point son auarice, & le peu d'industrie de ses domestiques. On disoit de la maison
d'Atticus, le modelle de gentillesse, que son ornement, son appareil, & sa façon de faire seruir sur table estoient dans l'élegance sans estre magnifiques;
& qu'ils auoient de la splendeur sans estre dans les
somptuositez, & la profusion. C'est ce qu'vn homme d'honneur doit imiter; & ne pas suiure ces excez de Lucullus, qui presta cinq mille habits à Pompée. Il aura des curiositez honestes, & qui soient
bornées pour les meubles precieux : comme les ta-
pisseries, les tables, les liures, les vaisselles d'or &

d'argent, & de matiere non commune, les pierreries, les peintures, les cheuaux, & autres choses à qui la seule curiosité donne vogue. Il ne manquera pas de tous les meubles ordinairement necessaires en vn mesnage, qui soient dans la propreté, & selon sa profession; & il donnera des ordres tres-soigneux pour les aprests, les façons & les moyens qui luy fournissent son entretien, sa nourriture, & celle de ses gens.

Ces meubles formant la richesse d'vne famille, leur conseruation est necessaire. Ce qui sert pour l'ornement, est conserué par les moyens qu'on apprend de ceux à qui la vente, ou la facture de ces ouurages precieux donne profession. Les vstencilles ordinaires ont leur durée par la propreté le soin, & l'adresse des domestiques qui s'en seruent. Ce qui donne la nourriture, estant le profit, & le reuenu des arts, & des negoces, ou des terres; ceux qui l'obtiennent par le trauail doiuent employer toute l'industrie qui les y peut rendre considerables, & leur donner du gain; & ceux qui l'acquierent par la possession des terres, feront en sorte dans l'achat qu'ils en font, que le prix qu'ils en donnent soit reiglé sur le pied du reuenu; & que dans leur acquisition, ou la iouyssance de leur patrimoine, les biens qu'elles peuuét produire soient bleds, chairs, poissons, vins & fruicts, qui soient gardez soigneusement par l'industrie & l'art qui les conserue, selon la nature des lieux, & des saisons, & la distribution qu'on en a fait pour l'vsage de la maison.

Enfin pour donner plus particulierement des preceptes œconomiques; sçachez que vous ne deuez point tenir chez vous des seruiteurs inutiles. Si vos dignitez & vos emplois vous obligent d'auoir train & grande suite; au moins faites en sorte que les vns seruent à vous entretenir de sciences, & de bons discours; que les autres soient occupez à conduire l'œconomie de la maison; à veiller sur l'vtile employ de vos reuenus ; & à seruir vos honnestes plaisirs: comme le jeu, la chasse, & la musique. Vous obligerez aux bons seruices par les bons appointemens ceux qui seront en aage d'hommes parfaits ; & les ieunes par l'espoir des recompenses. Vsez ordinairement de douceur, & d'affabilité en leur endroit ; & ne vous montrez seuere que selon la qualité de l'offense que vous receurez d'eux. Auisez à ne traiter pas auec rigueur ceux qui seruent à vos plaisirs secrets, ou qui les sçauent : de peur que la colere que vous exciterez dans leurs mouuemens, ne vous descouure & ne donne atteinte à vostre reputation. Si leur insolence vient au poinct qu'on ne la puisse souffrir, esloignez-les de la maison auant de les en auoir menacez.

La conscience oblige de prendre soing de l'institution des ieunes : Ils sont des matieres capables de receuoir toute sorte d'impressions. Si d'abord vous ne les rendez susceptibles des bonnes auec correction & remontrance; ils contractent facilement des habitudes auec les mauuaises. Comme me leur seruice est plus prompt, plus obeïssant, & plus assidu, il est d'autant plus necessaire, & cette necessité fait l'obligation de les conduire & corriger : non pas par vous-mesme ; les coups, les paroles de menaces & d'injures pourroient amoindrir leurs affections en vostre endroict ; mais par vn Escuyer, vn Maistre d'Hostel, ou quelque autre Officier selon la qualité des maisons. Faites en sorte que ceux qui approchent de vous le plus souuent s'imaginent en leur particulier d'en estre les plus aimez. Ainsi faisant feinte de leur ouurir vostre cœur, vous tirerez d'eux ce qu'ils ont dedans l'ame, & ce qui se passe de plus secret chez vous. Prenez cette habitude de ne parler qu'en termes de prieres, & de respect, à ceux qui ont sur vous l'authorité du sang, & qui sont plus releuez en dignité ; de n'vser que de persuasion vers les égaux, & que de commandement vers vn seruiteur. Au reste auant que de connoistre les inclinations, & la portée de son esprit, ne luy communiquez iamais le secret de vos affaires ; & ne vous reposez pas en tout sur ses ordres. Cette science le rend d'ordinaire insolent & presomptueux ; & la disposition qu'il met en vos affaires, est celle de les brouïller, en sorte qu'il soit le seul qui les puisse déueloper : ses soins ne tendront veritablement qu'à vous reduire en l'estat de ne pouuoir vous passer de luy. Ne souffrez pas qu'il s'éleue iusques à vous donner des conseils, si vous ne les luy demandez, & s'il ne vous les donne auec vne amou-

Bb

reuse soufmiffion: receuoir les confeils des valets est vn moyen à perdre l'empire qu'on a sur eux. Ne les efcoutez point quand ils veulent entrer dans des difcours trop familiers; & reduifez les à ce refpect, qu'ils ne vous parlent que pour rendre raifon de ce à quoy vous les employez, ou vous aduertir de ce qui se paffe certainement à voftre des aduantage. Si vous defirez corriger les ieunes, ne vous plaignez pas de leurs fautes à leurs peres, freres, & autres parens : c'eft tefmoigner trop de foins pour eux, & rabaiffer fon authorité. En vn mot, fi vous voulez ofter de chez vous toute forte de vices, chaffez les vicieux de voftre maifon. Imitez pour les reconnoiftre ce Roy de l'ancien Teftament, qui ayant fait tous fes efforts pour purger le peuple Iuif de l'idolatrie, voyant que les fupplices qu'il auoit employez pour la punir n'operoient qu'à la faire rentrer au plus profond de leur cœur, & la déguifer par les feintes; feignit qu'il reconnoiffoit la puiffance des Idoles, & leur fit quelques facrifices. Ces Idolatres dans le cœur creurent qu'ils pouuoient paroiftre en affeurance par les actions, puis que leur Prince rendoit des honneurs aux faux Dieux: ils fe defcouurirent tous, leuerent le mafque; & ce Prince par cette rufe religieufe noya dans le fang ce qui reftoit d'infidelité & d'idolatrie parmy fon peuple. Vous pouuez ainfi feindre, & vous attacher à quelques vices plus dans l'apparence que dans la verité, pour reconnoiftre ceux qui vous y suiuent auec indifference, ou auec inclination : & vous sçaurez par cette pratique ceux que vous deuez éloigner, & retenir.

Comment faire societé pour les diuertissements, & quelles sont les matieres de la conuersation, & du deuoir.

CHAPITRE XVI.

CEs obseruations qui sembleront legeres à qui les meditera legerement, & qui paroistront importantes par leur necessité, à qui les regardera d'vn œil iudicieux, ne sont pas l'acheuement des maximes de la science du monde. Il reste encore celles qui forment le iugemét dans le choix des personnes, à qui nous deuons faire part de nos diuertissemens, de nos desseins; & communiquer les actions de nostre vie. Ces personnes sont celles auec qui nous auons conuersation, ou societé; & consequemment qui peuuent rendre les momens de nos iours ou dans les satisfactions, ou dans les déplaisirs. Ce choix a son iugement dans la consideration de l'égalité de la condition, de la naissance, & de l'aage. Les societez, & les assemblages des choses differentes ne subsistent pas long temps; & toutes leurs actions ne taschant qu'à se destruire, forment entre elles vn combat, qui de leur discord fait naistre leur ruine. Ce n'est

Bb ij

pas qu'il ne soit tres difficile dans la conjoncture des affaires ciuiles de ne couerser qu'auec ses semblables. Si vn vieillard n'admet dans son ministere que des personnes caduques, & dans l'extremité de l'aage; autant que leur prudence, & leur conduite auroit de force, autant leurs actions, & leur trauail auroit de foiblesse; & toute leur actiuité ne produiroit qu'vne langueur. L'adresse à se tirer de cét inconuenient est dans l'accommodement, & la conciliation des contraires. Si ce vieillard est dans les richesses, & l'experience des affaires; il doit plûtost se seruir de ieunes gens, qui dans la necessité d'acquerir, la promptitude de leur aage, & leur peu de sçauoir, rendront plus d'obeïssance que ceux qui croiront auoir suffisamment des biens, & de l'entrée dans les negoces, par les acquisitions qu'ils ont desia faites, ou par leur trauail, ou par la proximité de leurs alliances. Aussi ces parties qui composent parmy les hommes l'égalité, ou l'assemblage parfait, estant l'aage, les mœurs, les inclinations, les richesses, & les professions; elles ont tant de rapport, & de conuenance, qu'estant des formes appliquées sur les mesmes matieres, elles peuuent estre facilement conciliées dans des sujets contraires. Cela se void tous les iours dans leurs societez: où souuent la ieunesse par le desir du profit suit les inclinations des vieillards; & où la vieillesse condescent aux passions des ieunes, pour partager les biens que produit leur diligence.

Pour l'instruction de ces societez, ie dis qu'elles ne sont pas tousiours vtiles, & sont souuent dangereuses, si la prudence n'est la maistresse de leur conduite. Entre ceux qui les forment, il en est qui mesprisent leurs compagnons, qui se rendent insupportables; & qui veulent que tout fléchisse à leurs sentimens. Ce qui fait qu'on n'y doit pas entrer d'abord, sans en considerer l'issuë, & les parties qui les composent. Souuent celuy qui reçoit les aduantages, & les secrets d'vne societé, ou d'vne conuersation d'amy, n'en est que l'espion, & le destructeur; & ne paye les faueurs, & les baisers qu'il reçoit que par des trahisons. Ce mal vient dans son extremité, quand ce traistre est aux gages de ceux qui peuuent faire naistre des calamitez, faire sentir leur haine; & qui veulent sçauoir ce qu'vn homme fait, mesme hors de sa patrie, dás son pays, dans tous les lieux où il arreste. Comme il n'y a point de societez qui n'ayent des effets tres-importans, les moyens de les tirer à nostre profit ne sont pas à negliger. Les principaux sont de ne pas seulement faire auec methode des bienfaits à ceux qui les partagent, mais aussi de les receuoir auec addresse. L'ordre de la Morale veut, que comme nous exigeons des recompenses aux seruices que nous auons rendus, & que nous auons des volontez pour l'accroissement des faueurs que l'on nous fait, & des obligations qu'elles nous donnent; nous ayons aussi des desirs de surpasser tousiours les esperances de ceux à qui nous permettrons d'attendre nostre assistance. Lors le bien-fait se rend auec mesure, s'il part d'vn esprit tout franc, hors d'interest, & de contrainte; & qui n'exerce pas en sorte le bien & la liberalité, qu'il en fasse apres vn sujet d'iniure, & d'ingratitude.

Ces hommes à faire societé & conuersation, ne doiuent pas autrement occuper nos soins à les rechercher. Ils s'offrent par ceux que la fortune, & la profession exposent; & dans leur nombre, il faut choisir ceux de qui nous auons vne connoissance particuliere des mœurs, par la rencontre des affaires où nous auons pû remarquer les qualitez de leur conduite. On doit éuiter principalement ceux qui ont l'impudence, & le naturel à demander tousiours; & à tirer profit de tout: leur charge est vn poids trop pesant. Il faut s'éloigner de ces personnes qui sont dans la puissance & le credit, quand autrefois nous auons eu quelque chose à démesler auec eux. Et apres tout, ceux qui n'ont pas de sens commun, qui sont d'vne auarice extréme sont à fuir: leur compagnie est dangereuse, ils sont coleres, trompeurs, & traistres; & l'on n'en peut esperer aucune vtilité. N'attendez pas de meilleurs fruits de ceux de qui les opinions, & les mœurs sont opposées directement aux vostres; ou qui font l'objet de leur mépris de ce qui vous rend dans l'estime. S'ils font seruir vos actions de sujets à leur médisance; ils sont pires que les ennemis, qui leuent tousiours le bras pour frapper : ce titre d'ennemy qu'ils ne portent pas apparamment, & la conuersation qu'ils ont auec vous leur donnent creance; & font passer leurs mensonges pour des veritez. Quand on renouë auec vn ennemy, on en fait mourir la haine, & ses effets; mais la médisance dure tousiours, elle profere des paroles qui sont couchées sur des suiets qu'on ne peut effacer : elle est lasche de sa nature, & son venin est tousiours present.

Vous pouuez esperer raisonnablement des satisfactions, & que vostre societé sera vtile, quand vous la contracterez auec ceux que la probité, la prudence, l'excellence en quelque science, ou en quelque art rendent recommandables. Toute societé est cóme vn corps qui est informe & pesant de sa nature; mais qui reçoit ses perfections, & ses beautez des sujets qui la composent. Composez celle que vous formez de ces belles parties : Les personnes de science, & d'esprit ont plus de moderation & de retenuë, ils ne tombent pas dans les vices, & les fautes si facilement : au moins leur adresse les déguise, ou les repare; & l'on n'en sent pas si souuent les incommoditez. Parmy eux rien n'est à craindre, que ces hommes ausquels il semble que dans les Communautez on obeït fatalement, tant ils ont de ciuilitez & de langage affeté; Ils se rendent en vn moment puissans dans les affections, & les affaires des Grands. S'ils font leurs efforts pour prendre des auantages sur vostre esprit, & qu'ils y paruiennent; il est certain qu'il vous est honteux de conduire les actions de vostre vie, plûtost au gré d'vn artificieux amy, que d'vn veritable, & parfait. Si vous leur resistez; ils ne trouueront pas cette force, ny cette resistance dans l'esprit d'vn de vos amis, dont l'amitié vous est necessaire, ou vous commande absolument: par luy ils disposeront de vous. Cette dépendance est vne espece de misere. Son remede vnique est de destruire par des paroles, & des promesses de ciuilité sans effet, cette puissance qu'ils croyent auoir acquis sur vous par les mesmes moyens. En vn mot, si vous desirez joindre l'amitié & le profit dans la societé; ne faites pas pour l'vne ce que font plusieurs imprudés, qui batissent sur le sable mouuant. Imitez la Chirurgie, & l'Architecture, qui auant que de trauailler à la superficie, vont cherchant la chair viue, & la terre solide. Quand par des soins officieux, & des seruices, autant de cœur que de ciuilité, vous aurez la connoissance d'vn homme, qui vous peut estre vtile par sa prudence; & qui par ses bonnes inclinations vous peut donner ce beau charme de la vie, son amitié: Découurez-luy vostre cœur, vos mœurs, vos inclinations, vos entreprises, & la fin que vous vous proposez: en sorte seulement, que si vous voyez qu'il puisse s'accorder auec vous, cét accord soit eternel; & s'il n'a point cette volonté, que cette découuerte ne puisse vous nuire, & vous oster les moyens de vous retirer insensiblement, & sans perte de sa confidence. Et pour l'autre, qui est l'vtilité; ne vous

vous engagez point aux compagnies, où le nombre est trop grand ; où l'insolence a du credit ; où les inimitiez s'exercent ; où l'enuie est en regne ; où la foiblesse preside ; où les Magistrats n'ont point de part : & où les humeurs sont capables d'exciter, & de produire les querelles, & les seditions.

A ces façons de conuerser, & de faire societé parmy les hommes, il est à propos d'ajouster quels sont les deuoirs qui doiuent regler nos actions. Les Philosophes anciens, entr'autres Seneque, & deuant luy le plus celebre Orateur des Romains en ont traitté si expressément, qu'on n'y peut ajouster que des repetitions. Mais comme le deuoir qu'ils ont estably est fondé sur leur Philosophie, & que la nostre, qui est nostre Religion, a des maximes differentes, & des excellences particulieres : Ce liure estant composé pour des Chrestiens, ie laisse les obseruations de Philosophes Payens ; & ie propose celles qui pouuant s'accorder auec les principes de la Nature, & de la Morale, ne s'éloignent pas des instructions qu'vn Dieu mesme a prononcées par sa bouche, & auctorisées par son exemple. Leur difference est telle dans le deuoir commun d'vn homme de bien, que parmy nous aux occasions où l'on peut rendre des assistances à son prochain, on ne doit pas luy refuser secours; dissimuler, ou cacher cette puissance de le secourir, ny mesme attendre qu'on en soit requis. Et que si ces personnes, sur qui l'on peut repandre

Cc

les faueurs & les bien-faits, sont impies, meschans, ingrats, & nos ennemis; on ne peut s'en dispenser, & repousser leur malice & leurs ingratitudes, que pour les necessitez ciuiles qui pressent: encores ce doit estre sans passion, & sans le desir de la vengeance. Certes ce deuoir forme des difficultez, qui ne sont pas petites: mais il esleue, & compose vne grandeur de saincteté qui est merueilleuse; où la raison naturelle n'est pas ce qui doit estre consulté dans ce rencontre, mais l'auctorité des pages sacrées, les preceptes, & les exemples de celuy qui commande à la Nature, & qui par ses graces nous esleue plus haut. Ces principales actions se renferment dans cette proposition, de ne faire pas du bien aux vns aux despens des autres: parce que donner à ceux-cy par l'iniuste disgrace de ceux-là, c'est commettre deux iniustices. Elles consistent dans ces maximes de prendre l'equité pour la mesure de toutes choses, & de tous les iugemens; d'auoir de la haine pour les crimes, pour l'insolence, les impietez; & non pour les ennemis: de se retirer des malheurs, & des violences que les vicieux preparent en espargnant leur sang si sa conseruation ne fait absolument la perte du nostre; de n'exposer point son corps dans les dangers iusques au poinct d'oublier son ame: & finalement d'auoir vne creance que nostre Dieu exige de nous pour les bien-faits que nous receuons de luy, que nous ayons vne telle foy de l'assistance qu'il nous donne, que nous prenions une sainte vanité de croire qu'auec sa grace nous pouuons tout vaincre, & tout executer. Ce sont les deuoirs que pratiquent les Saints, & qui les rendent des faiseurs de miracles. Ce sont les seules actions qui peuuent rendre vn homme accomply, puis qu'ils suiuent les maximes de son salut: & qui doiuent estre dans son estime, puis que ceux qui se vantent iustement de l'auantage d'vn iugement solide, doiuent grossir leurs tiltres d'honneurs, & croistre leurs dignitez par le nom de Chrestien.

Ajoustez y l'estude serieuse en la science de connoistre à qui l'on a des obligations; & vers qui on les doit acquitter, quand mesme on seroit dans l'impuissance d'y satisfaire. Il y a trois choses seules qui forment nos obligations: la volonté qui prend pour son objet le soin de nostre auancement; les trauaux, les incommoditez, & les despenses qui ont fait naistre nos auantages; & les bonnes fortunes qui nous sont arriuées par les actions d'autruy. Si l'aueu des obligations n'a ces fondemens; vous passerez pour flatteur, pour vn homme de peu de sens, ou qui medite quelque artifice frauduleux: & si vos remercimens n'ont ces veritables sujets; vous rendrez plûtost des injures que des ciuilitez, & des mespris que des complimens. Ce n'est pas que pour n'auoir point receu de bien-faits d'vn homme, on ne le puisse traitter d'offres de seruices, & de deuoirs; mais ce doit estre d'vne façon à reuerer son merite seul, & faire

Cc ij

estime de sa vertu. Elle ne doit point estre formée par vn langage qui parle de bien-faits, de faueurs receuës, & d'obligations dont on se dit redeuable.

La methode de conuerser, d'agir auec les amis, & de connoistre s'ils sont veritablement capables des effets de l'amitié.

Chapitre XVII.

IVsques icy ce discours a dépeint la conuersation, la societé, & les deuoirs qui s'excutent parmy ceux que les professions, ou la fortune exposent dans les affaires serieuses, & les compagnies de diuertissement. Il finit par la societé, & les actions dont on traite les amis : & comme l'amitié a des beautez particulieres, elle seruira d'vn bel epilogue à ce Liure. Quoy que leur conuersation semble deuoir estre beaucoup dans les libertez, l'experience fait connoistre qu'il y faut vser de methode; & que ces libertez n'ont point de nom, qui descouure mieux leur nature, que celuy de libres contraintes. Les loüanges qui sont les plus beaux effets, & les plus libres presens des affections, doiuent estre moderées en leur endroit; & faire en sorte qu'en loüant leur personne de certaines vertus, elles n'impriment dans l'esprit de ceux qui les escoutent, & de nos amis mesme, la creance que noſtre deſſein eſt de couurir par ces vertus trop eſtimées quelques-vns de leurs defauts ſignalez. Ce vice eſt dans cette façon de loüer, qui dit, vous deuez faire grand eſtat de cét homme, quoy qu'il ſoit dans le meſpris de ſes proches, & de ſes domeſtiques : Il eſt neantmoins tres-vertueux, tres-excellent dans les ſciences; & ſes beautez ne ſont pas veuës de tout le monde. Cette loüange fait naiſtre du ſoupçon pour la vertu, & de la certitude pour le vice : elle aſſeure vn defaut dans cét homme, puis que c'eſt vn amy qui l'auoüe ; & par cette meſme qualité, il rend ſuſpecte cette vertu qu'il éleue en ſa loüange. Auſſi la difference eſt grande, de dire cét homme ſçait bien faire, mais il ne ſçait pas bien parler; & de dire cét homme ſçait tres bien faire, & parle encore mieux. Cette derniere propoſition forme vne loüange dans ſa plenitude, elle oblige à la reconnoiſſance ; & donne le tiltre de parfait amy.

Ainſi pour reconnoiſtre de quel eſprit, & par quel ſentiment vous eſtes conſideré de ceux qui font auec vous profeſſion d'amitié; vous examinerez la ſubſtance de leurs diſcours. Les lettres que vous leur enuoierez, qui contiendront l'hiſtoire de vos actions en feront des moyens tres-ſeurs : vous le iugerez par leurs reſponſes, & par l'accueil qu'ils feront à ce qui part de vous. Que ſi vous leur deſdiez vos ouurages, ou que vous compoſiez leurs loüanges; vous ferez en ſorte que les diſcours dont vous les honorez ne les éleue trop haut, ou n'en die pas assez; & ne s'occupe sur quelque su:et, dont ils ne veulent pas que leur gloire,& leur fortune soient basties. Sçachez aussi que de loüer d'vne façon qui permettroit de blasmer apres, est vn crime aussi grand en la loüange que celuy de Bias en l'amitié, qui ne vouloit pas luy donner d'autres actions que celles qui pouuoient faire place à la haine. Et finalement, prenez garde à n'vser point de vanitez, ny de facilité dans les promesses d'assister vos amis;& de n'employer pas pour leur seruice ce dont vous n'auez point la disposition. Vos efforts peuuent deuenir inutils: & si l'affaire manque en son succez; il ne vous restera que l'estime & la reputation de flateur, ou d'impuissant. L'vne vous rendra mesprisable, & l'autre odieux: & quand mesme vos soins auroient reüssi, ceux que vous aurez employez vous porteront enuie, de leur rauir l'obligation du bienfait dont ils sont les autheurs.

Apres cette science de conuerser & de parler auec vn ami, formez vous à celle qui monstre quelles sont les persones capables, & propres à ce bonheur si precieux en la vie. Comme l'ame agit par les organes du corps, il semble que ceux d'vne naissance illustre, noble, & libre, y ont plus de preparations, & qu'ils tiennent le premier rang dans l'amitié. Toutefois l'Histoire estale parmy ses beautez des affections de valets si pures, qu'elle met l'esprit en baláce sur ce poinct. Elle parle d'vn esclaue d'Antius Rectio, qui pour auoir esté traité de son Maistre dans tous les supplices, & toutes les rigueurs de l'ancien esclauage, ne laissa pas de conseruer au peril de son propre sang celuy de son Maistre, que la tyrannie abandonnoit à la proscription. Elle en montre encore des prodiges dans le sexe le plus foible, dans la personne d'Antonia, qui conserua ses larmes autant que durerent ses iours, apres la perte qu'elle auoit faite de son mary. Elle nous vante aussi cette estroite amitié de Metrodore & d'Epicure, quoy que de sectes aussi differentes que le iour & la nuict. Ce qui fait que pour donner vn iugement certain sur ce chois, il en faut dire quelques maximes generales, à qui l'experience pourra donner vne application particuliere. Choisissez ceux qui paroissent d'vne nature constante & melancolique, & qui ne perdent pas facilement les affections qu'ils ont conceuës. De ces personnes on en voit beaucoup qui ont commencé des amitiez dans le bas aage, qui ont fait chois d'vn ou deux amis, qui se sont contentez de ce nombre, & qui les ont conseruez aussi long-temps que leur vie. Attachez vous aux personnes officieuses en vostre endroit, qui souffrent facilement de vos humeurs; & qui font briller deuant vos yeux quelques estincelles des inclinations qu'ils ont pour vous, par le rapport, & la condescendance de leurs mœurs & des vostres; & des affections pour les mesmes emplois, & les mesmes vertus dont vous faites estat. Croyez que les mouuemens d'affection sont plus tendres, &

plus faciles dans les esprits de douceur ; parmy les Dames, les ieunes hommes, & ceux dont les mœurs sont addoucies par les ciuilitez. En fin, tenez pour certain qu'vne longue habitude : & vne frequentation officieuse les font naistre, & qu'vne amitié parfaite ne fut iamais contractée auec les auares ; qui loing d'estre sensibles pour les autres à cette belle passion, ne le sont pas pour eux mesmes ; se desrobent le bien qu'ils peuuent auoir de leurs commoditez ; & s'enterrent viuans aux lieux qui couurent leur or, & leur argent. L'vtilité quelquefois oblige d'entrer dans leurs societez : mais il y faut de grandes adresses : le dommage y est plus certain que le profit.

Fin du Liure Second.

LA SCIENCE DV MONDE.
OV
LA SAGESSE CIVILE DE CARDAN.

LIVRE TROISIESME.

La santé du corps rendant les esprits plus capables de leurs fonctions, il la faut conseruer.

CHAPITRE PREMIER.

Es parties precedentes de cét ouurage, ont donné des preceptes communs pour la Sagesse ciuile : Celles qui suiuent traitent de leur application particuliere, & de l'art de s'en

Dd

seruir. Ces dernieres ne sont pas les moins vtiles; & l'auantage qu'on en peut recueillir n'est exprimé qu'en disant, qu'il est celuy d'vne pratique, & non pas d'vne speculation. Ce Liure commence par les moyens de disposer de la puissance de son esprit, par l'entretien de la santé de son corps: & soustient que ce qui peut le maintenir dans vn estat vigoureux, & rarement interrompu des maladies, est ce qui rend la vie dans son veritable vsage. Cét vsage consiste principalement dás la ioüissance entiere, & pleine des sens, tant exterieurs qu'interieurs. Ainsi l'on doit auoir vn soin particulier, de ne prendre que les nourritures, & de ne former que les actions qui seruent à la conseruation des yeux, de l'oüye, & du cerueau: & l'on ne doit pas apporter moins de diligence à fuir ce qui leur apporte de l'incómodité, & ce qui les alterent en leurs fonctions. Que les viandes qui causent des cruditez dans l'estomach, & qui font des obstacles aux soulagemens de la nature, donnent des apprehensions de la mort, puis qu'en effet elles l'approchent. Tenez pour certain que les plus veritables moyens de l'esloigner, sont dans vn sommeil gracieux, qui soit excité par la lassitude de nos trauaux ordinaires; qui soit pris dás l'espace de sept ou huit heures dans vn lit, qui n'ait qu'vne chaleur à garantir du froid. Et croyez qu'ils sont encore dans vne facile euacuation des excremens, dans l'exercice du corps, dans vn regime de viure, & dans la pureté d'vn bon air. Si vostre profession, & vos habitudes vous obligent à quelque résidence, où l'air ne soit pas sain; il faut corriger son influence mauvaise par le feu, la temperer par des odeurs, qui par leur force & leur suauité l'adoucissent; & exposer les ouuertures de cette habitation au souffle des vents qui ont plus de froideur. Si vous desirez sçauoir quel est le regime de viure? apprenez que c'est vn manger, dont la quantité se mesure à la force, ou à la grandeur de l'estomach, ou du foye ; qui est composé de viandes simples, saines, ou bien cuites, qui trouuent vne seconde cuisson sous les dents; & qui soient pour leur digestion aidées d'vn exercice du corps, qui fasse renaistre vn appetit pour en prendre d'autres. La Medecine & l'experience font connoistre dans la durée de quelques corps, que la diete, & la vertu des sobres, font veritablement vn or potable: mais cette façon de viure est tres difficile, & se trouue soûmise à beaucoup d'obseruations, & d'austeritez. Ceux qui s'y soûmettent, doiuent s'abstenir du vin, ou n'en boire que peu, & prendre de l'eau abondamment. C'est vn remede à peu de frais, elle est tres-vtile à la teste, aux estomachs pleins de chaleur : elle arrouse le foye auec fecondité; & pour les libertez du ventre, elle est meilleure que le vin.

Le discernement des amis, des ennemis, & des flateurs; & la façon de des-couurir leurs esprits.

Chapitre II.

C'Est cette pratique qui rend le corps capable des fonctions de l'esprit; disons apres ce qui fait la veritable science. Son occupation plus necessaire est de faire, auec adresse vn discernement iudicieux des personnes qui sont amis, ennemis, ou flateurs; & de les reduire en l'estat que leurs paroles découurent leur ame toute nuë, comme dans le miroüer fidele, qui peut seul l'exposer aux yeux. Comme c'est vn des premiers effets de l'amour, de donner des soins à tout ce qui concerne l'objet aimé; vous peindrez quelquefois à celuy que vous reputez pour vostre amy l'image des perils qui sont prests à vous perdre, pour éprouuer l'affection qu'il a pour vous, par la qualité des apprehensions qu'il en conçoit, & des mouuemés, & des façons dont il s'offre, & se prepare à prester son assistance. Que si le danger qui vous menace est apparent; & si celuy qui passe pour vostre amy en a la connoissance, & ne vous en aduertit point; ou qu'à vostre recit il die seulement qu'il le sçauoit, & qu'il l'auoit bien préueu; conceuez de la défiance de cét esprit, il n'executera iamais aucune action en votre faueur. Par cette response ne voyez-vous pas, que le discours de vos déplaisirs l'importune; qu'il ne préd point de part aux choses qui vous touchent; & qu'il croit que votre infortune est la recompense, & la suite legitime de votre faute? S'il accuse votre temerité, s'il feint de ne vous croire pas, & si votre discours le tient pensif, resueur, & n'est suiuy d'effets, ou de paroles, qui marquent veritablement son dessein de vous assister; ne vous y arrestez plus: rompez vne amitié qui donne des esperances qui trompent; & tenez pour asseuré, que cette espreuue est la veritable touche, par qui l'on connoist certainement vn amy.

Le mouuement des passions en est vne seconde, qui n'est pas moins asseurée pour connoistre les sentimens lasches ou genereux d'vn amy. Dans le temps que nous recitons l'histoire de nos malheurs, il faut obseruer son visage, lire dans ce miroüer des passions quelle est l'affection que son ame conserue pour nous; & iusqu'à quel poinct montent les effets de la compassion, que nos disgraces excitent sur luy. On sçait que compatir aux infortunes d'vn amy est vne action des plus naturelles de l'amitié; & que ceux à qui la nature fait ce bien d'en estre susceptibles, se laissent aller à la compassion auec plaisir, & donnent en sa faueur des pleurs auec ioye. Si ce recit est accompagné de larmes, & d'vn visage triste; ces larmes exciteront celles d'vn parfait amy: & ce visage abatu rendra le sien melancolique. Les paroles changent de sujet, & ne sont pas tousiours la peinture de l'esprit qui les anime: mais le visage n'a point de changemens qui ne descouurent le motif qui le fait changer. Si c'est vn manque d'argent qui fait entendre vos plaintes; vn veritable amy vous interrompt d'abord, & sans hesiter il offre, ou dit qu'il en trouuera pour vous. Celuy qui prend à faux ce titre destourne les yeux : & celuy qui n'en a que les feintes, s'il a crainte, ou conjecture que vostre discours vient abouttir à ce poinct; il tasche de l'interrompre, de vous mettre dans vn autre entretien, de vous faire recit des affaires où il n'a point reüssi, des pertes qu'il a souffertes depuis peu, de ses gages qu'on luy retient, de ses rentes dont il ne reçoit point le payement: & pour mieux se déguiser, il vous entretiendra des inclinations qu'il a pour les liberalitez, des passions qui le portent aux effets de l'amitié, & de l'impuissance qu'il a d'y satisfaire.

Ces faux amis vantent ordinairement les bontez de leur naturel, quand ils exercent des actions sordides, quand ils entrent dans l'ingratitude, & renoncent à cette belle vertu qui forme les bienfaits. Qu'ils ont de lascheté de conseruer des pensées de fraude à la veuë des mal-heurs qu'ils peuuét finir; & de composer auec finesse maligne leur geste, leur visage, & leurs actions, puis que leur propre discours les descouure, & les trahit. En vn mot, si le malheur dont on les entretient est grád,

DV MONDE.

& qu'au depart on ne remarque aucune trace d'affliction sur leur visage; on entende de leurs paroles que ces mauuais complimens, qui commencent par vn si ie pouuois, quand ie pourray; n'esperez plus d'amitié, où la feinte & la fraude vous marquent des injures, & vous aduertissent qu'on vous trompe. Vn veritable amy non seulement dans vos malheurs, dans leur apparence, & les rencontres qui donnét leurs apprehensions, mais dans son impuissance n'aura point le visage insensible, & sans changemét; & vos douleurs au moins auront son peu de pouuoir, & sa compassion. Ce n'est pas que ceux qui sont doüez d'vn esprit ferme, & qui ne s'ébranlent point aux secousses des infortunes, ne soient capables d'affection, & ne reçoiuent vos plaintes auec vn visage constant, qui loing de vous respondre par des larmes, se moque de celles que vous versez. A Dieu ne plaise que ie bannisse l'amitié, & l'apparence qui la fait connoistre des effets de la sagesse : elle ne peut estre dans son element que lors qu'elle est auec elle : mais c'est que tous les hommes ne possedent pas cette haute sagesse, qui forme ces genereuses resolutions contre les malheurs; & que ceux à qui elles sont naturelles, sont d'vne amitié si parfaite, qu'on n'a pas besoin d'adresses à sonder leur cœur. Ils preuiennent les necessitez & les plaintes de leurs amis: Ils se mettent d'abord en deuoir de les combattre, de les vaincre, & de les faire cesser. Aussi ie n'entends parler que de ce qui s'execute par la prudence ; & ie ne donne des regles que pour les defauts. C'est pourquoy i'adiouste qu'il est quelquefois dangereux, & quelquefois profitable, selon la qualité des esprits, de descouurir aux amis ses infortunes. Il y a du peril à ces amis, chez qui la passion de la colere, ou de l'ambition preside: Ils veulent que leurs bien-faits ne partent que de leurs volontez preuenantes, & que les demandes ne fassent pas la diminution de leur prix. Ainsi dans les disgraces conseruez du iugement pour connoistre les moyens de les finir auec profit. Considerez les sujets qui sont capables de les faire naistre: & comme vous estes en vn estat de necessité, qui excuse tout, n'ayez des yeux que pour ce qui vous est vtile.

On connoist encore ces amis par leur façon de s'employer à ce qui peut rendre seruice. Si vostre fortune dépend d'vn choix, & qu'il n'ait droit d'estre accomply que par le suffrage d'vn nombre certain; celuy qui peut donner sa voix, & qui ne s'y trouue point, ne fait pas moins par son absence que dire qu'il y resiste, qu'il vous abandonne ; & s'il est homme de credit, que son exemple y doit inciter les autres. Il n'en est pas de mesme des affaires où l'on pese plus les voix qu'on n'en conte le nombre. On s'absente souuent des lieux où l'on ne peut dire ses sentimens qu'en attirant sur soy la haine des personnes qui y president: comme le Consul Orateur s'absentoit du Senat, où la presence & le pouuoir de Cesar ne luy permettoient

mettoient pas de parler en faueur de Pompée, ny de ceux qui suiuant son party trauailloient pour le bien de la Republique.

Mais le veritable secret à les descouurir, est dans quelques propositions de choses qui ne peuuent estre vray semblablement: elles excitent incontinent vn homme, ou dans l'estonnement, ou dans le mespris; en sorte que son esprit prenant essor decele ce qu'il a de plus caché, & met au iour par les paroles les tenebres du cœur. L'exemple est, si quelqu'vn disoit à celuy dont le frere est mort, qui estoit en charge puissante, ie veux ressusciter vostre frere: si ce frere se sentoit surpris de ce discours, & que sa surprise finit en disant, s'il ressuscitoit nous ne pourrions pas recouurer ses charges, ny ses hōneurs: ces paroles impreueuës, & sans meditation, mōtreroient certainemēt l'affection, & les mœurs de ce frere; elles feroient voir qu'il a plus de regret de la perte de ses illustres & puissans emplois, que de sa personne; & qu'il est d'vne amitié moins dans la charité du sang que dans l'interest. Cét exemple fournit d'instruction pour des choses semblables; & fait vne peinture qui parle pour de pareils incidens. Quelquesfois vn entretien de choses friuoles exprime les plus naturelles inclinations: & dans le ieu souuent on descouure ce qu'on tenoit caché dans le serieux. Cela montre qu'il ne faut rien negliger; & qu'en toutes rencontres on peut trouuer des lumieres, où l'on ne conceuoit que des obscuritez. Ainsi prenez habitude auec cét homme dont vous voulez sçauoir les mœurs, les inclinations, & les desseins, par les visites de ciuilité, lors qu'il se destache de son trauail ordinaire. Obseruez la façon en laquelle il vous reçoit. Taschez à le faire entrer dans de grands discours sur tous les sujets qui s'offrent: sa prudence est extreme, & son adresse est merueilleuse, s'il ne se produit tel qu'il est; & si ses discours n'éuantent les desseins ou les sentimens de son esprit; & s'il ne tombe dans le piege. Si ce moyen n'est pas infaillible; seruez vous d'vn amy commun à sonder son cœur, & le descouurir quand il est moins sur ses gardes, quand il se donne des relasches dans les diuertissemens du ieu, du cajeol, & des festins. Faires en sorte de l'apprendre de ses enfans, de ses freres, de ses parens, de sa femme, de ses plus intimes, de ses domestiques; & des personnes qui sont ministres, ou compagnons de ses plaisirs. Efforcez-vous de l'entretenir, de le faire parler beaucoup lors qu'il est en colere: ayez quelquefois l'adresse de le mettre dans cette passion. Apres tout, faites vne comparaison bien obseruée de ses paroles, de son geste, de son visage, dans les rencontres des actions qui l'estonnent, qui le pressent, qui l'affligent, qui luy donnent satisfaction: vous connoistrez ce qui fait l'objet de son amour, ou de sa haine; s'il s'y porte volontiers; s'il vse d'artifice dans son ministere; s'il est médisant; s'il mesprise facilement; s'il est d'humeur austere & fascheuse; & si les deuoirs, les visites que vous luy rendez luy tiennent lieu d'honneur, ou d'importunité ; s'il se contraint auec vous; si vous luy estes suspect : & au contraire s'il vous reçoit à bras ouuerts; s'il vous aime ; s'il fait estat de vous ; s'il tesmoigne des volontez à vous rendre seruice ; & s'il en cherche les occasions. Dans cette connoissance vous ne sçaurez pas moins ses inclinations, ses habitudes, & ses volontez que luy mesme : & vous publierez par tout l'excellence du precepte, qui dit, qu'en la vie ciuile il ne faut rien negliger.

Les maistres en cette science disent, que les lettres sont puissantes à connoistre les mouuemens, & les inclinations des hommes. Leur pouuoir est plus grand que celuy des paroles de bouche, qui ne naissent souuent que par l'occasion, & la disposition d'vn homme, & qui sont en vn moment dissipées par l'air qui les reçoit. Elles demeurent plus long temps deuant les yeux, l'esprit y fait plus de reflexions : & l'artifice qui les compose est en sorte consideré, que plus il a d'industrie, moins il eschappe à la solidité des iugemens qui le considerent. Ils adjoustent l'obseruation des actiós, & des maximes, dont chacun se sert en son negoce particulier. Comme ceux qui ne payent iamais qu'apres vne infinité de remises; qui promettent ce qu'ils ne peuuent refuser, mais qui n'assignent point de iour prefix: ils voyent que ces personnes taschent à faire leur profit aux despens d'autruy; que par des paroles de ciuilité, ils

Ee ij

ioüent ceux qui ont commerce auec eux ; & qu'ils ne sont point de veritables amis : non plus que ceux qui executent lentement, & auec paresse les deuoirs que leur naissance, & leurs conditions sont obligées de rendre auec affection, & complaisance. Les faux amis, & les flateurs ont du rapport, & sont semblables en leurs effets: prenez y garde. Les occasions, & la necessité que vous auez de leur seruice enfin les declarent. Ils promettent beaucoup, & ne tiennent rien ; ils engagent insensiblemēt en la croyance de leur amitié: & ne laissent que la honte d'auoir esté pipez, & du repentir d'auoir consommé du temps à cultiuer des affections, qui sont infructueuses, qui perdent, & qui des-honorent.

Aussi l'adresse de sçauoir ce qui semble estre necessaire à faire reüssir vn dessein, & que celuy que vous croyez estre vostre amy vous cachera, ou parce que vostre amitié n'est pas au point qui rend les secrets communs, ou qu'il n'y croit pas vostre esprit capable, & disposé, ou bien qu'il y a du danger à les deceler, d'autant qu'il est vne personne publique, & dont les sentimens sont importans; est de l'interroger auec industrie insensiblement, & comme à propos de la façon de conduire vne telle affaire, ou comment on y trouue vne cause veritable, ou vn pretexte specieux? Comme si vous luy disiez, l'accusation que les Siciliens ont intentée, est-elle iuste & nouuelle en sa forme? ou bien est-elle la premiere dont ils ont chargé Verres! A cét entretien impreueu, cét amy ne se tiendra pas sur ses gardes : où il y sera peu ferme, à moins que d'estre perpetuellement dans l'obseruation de ses actions, & de ses discours. Sans doute il vous respondra, si l'accusation de Verres n'est pas veritable ; ie n'ay point entendu parler de cette accusation formée contre Verres par les Siciliens : & si elle est vraye, & qu'il ne veuille pas vous en parler, ou qu'il porte les interests des Siciliens, ou de Verres ; il prononcera quelques paroles, qui par leur chaleur, leur retenuë, ou leur affectation, découuriront sa pensée, & quel des deux partis ses sentimens fauorisent.

Celle de tirer la verité de ceux qui sont soûmis à nostre puissance, à nos gages, est de les contraindre eux mesmes à la découurir par des interrogations frequentes, & qui ne sentent point le dessein de sçauoir d'eux le sujet pour lequel on les interroge. Sur tout, il faut insister à tirer la confession des actions que vous sçauez : s'ils y resistent, s'ils mentent, s'ils la déguisent ; vous connoistrez que leur confession a de la fraude, que leur esprit en est capable, & que dans l'artifice, & l'inclination qu'ils ont de nier leurs actiós, en desauoüant ce que vous leur demandez, qui est desia de vostre connoissance, ils enseignent à ne croire pas ce qu'ils auoüent. Elle consiste encore en ce poinct d'auoir habitude auec ceux qui partagent leurs plaisirs ; de les exciter en quelque colere contr'eux, par la jalousie, par le vin, & finalement par l'espoir de plus grandes vtilitez, ou de plus grands appointemens qu'ils ne reçoiuent. Ainsi le plus eloquent des Romains prit empire sur l'esprit de Fuluia, & sceut d'elle des secrets, qui luy donant les moyens de perdre Catilina, luy preparerent ceux de rendre son Consulat celebre dans la memoire des hommes.

La methode à pratiquer la vertu du bien-faict.

CHAPITRE III.

CEs connoissances qui instruisent à prendre des auantages des fautes d'autruy, & qui en méme temps enseignent à ne faire point d'actions qu'auec mesure & moderation, monstrent la necessité des soins qu'on doit auoir, pour s'acquerir des deuoirs, pour respandre vtilement ses bienfaits, ses familiaritez, & ses affections; & pour rendre ses assiduitez, & ses respects à qui les meritent. Les hommes rendent leurs deuoirs par la force, par la crainte, par l'amour, par nature, par habitude, & par compassion. Les deuoirs qu'ils rendent par la force seront expliquez dans la fin de cette partie: ceux que la crainte fait naistre regardent l'instruction des enfans, qui deuient parfaite difficilement, si l'on ne fait vn meslange de la crainte du chastiment auec l'amour des recompenses des vertus, pour leur en imprimer les sentimens, selon la tendresse de leurs inclinations: & les autres qui ont leur origine naturelle, c'est à la Nature seule de les enseigner. L'experience apprend qu'on y peut ajouster l'esperance, comme vn sujet qui arreste les mouuemens d'vne volonté tousiours flottante; quoy que ceux qui seruent sous sa faueur ne laissent pas de rendre des deuoirs inconstans, & dont on n'ose se promettre la durée. Ceux-là sont les plus asseurez, qui sont rendus par reconnoissance, par le souuenir des bien-faits dont on est honoré, dont on sent le profit; & par l'obligation des promesses qu'on a données aux prieres, & aux supplications qu'on a receuës. Il est vray que celuy qui les rend par respect & par obeyssance, surpasse de beaucoup les autres: ce respect est l'effet d'vne veneration, dont les causes sont l'amour & la crainte: & cette obeïssance forme les actions, dont les enfans honorent leurs peres, dont les sujets rendent souuerains leurs Princes, & dont la Diuinité & les Ministres qui seruent à ses Autels reçoiuent des sousmissions. Mais tous les hommes ne s'y sousmettent pas si volontiers. Ce qui les attire plus generalement, est l'action par laquelle celuy qui les exige donne des accroissemens aux sujets qui causent les affections qui poussent à les rendre; & comble de bien-faits, & de faueurs frequentes, selon l'opportunité du temps, & la qualité des personnes, ceux qui le regardent, comme le seul instrument de leur fortune.

Les Anciens qui ont traité de la Morale, se sont longuement estendus sur la methode de les dispenser vtilement. C'est assez d'ajouster icy que ceux qui sont dans la puissance de faire de grands biens, doiuent en partager plusieurs; & que qui n'a pas ce pouuoir doit en donner autant d'esperance, que les autres en rendent en effet. Cette esperance est vne monnoye qui n'est point d'vn mauuais cours pour ces imprudés qui demandent à tous momens; & qui viennent en fin iusques à l'impudence de donner des médisances, & des injures aux refus qu'ils reçoiuent. Euitez auec soin leur rencontre: & si vostre diligence vous en deffend mal; punissez leur iniure auec vn tel exemple, qu'il esloigne de vous leurs semblables. En fin, puis qu'vne iudicieuse application des bien-faits, est vn des grands secours aux necessitez humaines; efforcez-vous de reconnoistre la qualité du solage sur lequel vous semez; & de n'auoir point de commerce auec ceux sur qui l'on ne moissonne que des sterilitez, & des ingratitudes. Les moyens de cette connoissance ne sont pas des plus faciles: souuent nous ignorons le naturel des personnes à qui la fortune, ou les occasions nous obligent de bien faire: & nous nous abusons dans l'estime que nous auons receuë de ceux dont nos seruices suiuent le credit: le Metrodore d'Artaxerces, & le Clytus d'Alexandre en sont de bons tesmoins. Ce qui fait que ie ne puis donner icy d'autres marques à connoistre l'ingratitude dans les hommes, que celles qui les montrent dans vne ambition prodigieuse; qui regarde les seruices qui leur sont rendus,

dus, comme de necessaires devoirs; que celles qui les font voir dans vne raison peu forte, qui tient de la foiblesse des enfans, des femmes, & des personnes rustiques; & dans vne auarice qui les rend perfides, legers, & stupides, iusques au poinct de ne considerer qu'eux mesmes.

Comment on prend empire sur les esprits d'vn chacun.

CHAPITRE IV.

C'Est par cette raison qu'on tient pour vn principe en cette science, de mediter attentiuement sur ce qui donne prise sur les esprits d'vn chacun. Cette estude se fait par des considerations, & des consequences tirées du sexe, de l'âge, des inclinations, des Citez, des Lois qui regnent, & des mœurs qui forment les actions. Les Dames donnent leurs inclinations à ceux qui les flattent, qui les entretiennent de galanteries, qui les traitent de complaisance, qui leur procurent les diuertissemens du jeu, & des promenades: & n'entendent, & ne voyent pas auec plaisir ceux qui leur parlent de sciences, de choses serieuses, & contraires à leur humeur. Les enfans ont de pareilles inclinations; & n'ont de la difference qu'en l'affection des jeux d'exercice. Ceux qui sont dans l'adolescence sont conuoiteux de gloire, sont ambitieux d'honneur;

Ff

& cherchent les belles actions, & les moyens d'assouuir la passion de l'amour qui les domine. Les vieillards n'ont point d'autres pensées qu'à remplir leurs tresors, ny de discours plus communs actions de leur ieunesse: ils s'imaginent estre dans le mépris des ieunes, ils veulent tyranniquement leurs deuoirs, & leurs respects; & amusent ordinairement leurs esprits à découurir les secrets des curiositez inutiles. Ceux qui sont dans les charges, dans le credit, & les puissances, se repaissent de loüanges; reçoiuent auec complaisance les ciuilitez dont on les honore; aiment ce qui fait naistre leurs delices, ce qui croist leurs richesses, ce qui trauaille à venger leurs déplaisirs; & ce qui s'occupe à perdre ceux qui font obstacle à leurs grandeurs. Les riches, & les nobles veulent entendre vanter leurs richesses, qu'on parle de leurs ancestres, de l'antiquité de leur maison, de leurs seruices signalez, & des actions qu'ils croyent capables de composer leur immortalité. Les pauures, & les roturiers font vn Dieu, ou plûtost vn Idole de ce qui les tire des necessitez, & de ce qui les constituë dans les richesses. Les soldats ne demandent que le pillage: comme les marchands ne desirent que le gain; & tous deux n'ont qu'vn mesme vœu de mal faire: ceux-cy de tromper les plus simples, & les moins entendus dans leur commerce; & ceux là d'auoir des rencontres où leur insolence peut triompher impunément. En fin, pour décrire les mœurs des conditions les moins considerables; les nautonniers, & les hostelliers sont sans ciuilité, sans respect, sont violens, & rigoureux: parce que la necessité de leur profession soûmet en leur puissance, & qu'ils ne reconnoissent d'autre Iustice que celle qu'ils se donnent.

Ainsi en executant ce qui est l'objet du diuertissement, des inclinatiõs, des pensées, & des soins d'vn homme, vous entrerez sans difficulté dans ses affections: & quand vous ferez paroistre que vous n'auez point d'autres inclinations, ny mouuemẽs que ceux qui l'animent, vous vous transformerez comme en luy mesme, & vous vous rendrez vn sujet necessaire de son amitié. Ainsi ce ieune homme adroit, fait qu'vn vieillard ne peut luy refuser ses affections, quád il luy procure quelque moyen pour augmenter ses reuenus; quand il luy suscite les passe-temps qui luy donnent vn sommeil gracieux, & vne santé plus vigoureuse: & ce vieillard ne manquera point d'auoir les deuoirs, & les assiduitez de ce ieune homme, quand il ouurira sa bourse pour ses despenses, quand loin de censurer sa vie libertine il en fauorisera le cours, quand il flattera ses passions; & qu'il tiendra pour maxime en sa faueur que la continence n'est pas la vertu d'vn ieune homme. Qu'vn ieune homme dans les richesses, faisant des liberalitez, chasse les necessitez & l'indigence, ou releue la fortune de ceux qui les reçoiuent; il aura leur approbation, leur seruice, & tout ce qui dépendra d'eux. Que ces personnes necessiteuses se rendent promptes à prester obeïssance aux riches, & leurs preparent auec amour ce qui fait naistre leurs plaisirs; ils auront sans doute leurs bonnes volontez, ils en attireront sur eux le profit, & beniront l'Auteur de ces preceptes. Cette promptitude d'obeïr, & de complaire est non seulement la façon d'entrer dans leur bien-veillance, mais la methode de s'insinuer vtilement partout: comme celle d'estre mal receu est de se montrer rebelle aux desirs, aux passions d'vn chacun, d'y condescendre à regret, & d'y former des obstacles.

Presentez de l'or à l'auare, il fait en reuanche vn present de son cœur. Enseignez quelque nouuelle façon d'assaisonnement de viandes à ce friand, il vous reçoit à bras ouuerts. Ne blasmez point, loüez plûtost de gentillesse celuy qui met ses plaisirs dans la compagnie des Dames, il vous adore. Donnez de nouuelles subtilitez à celuy qui n'agit que par finesse; il vous tient pour son protecteur. Entretenez vn studieux de la beauté des lettres; il cherche vostre compagnie. Donnez loüange, ou matiere de belles actions aux genereux, aux connoiteux d'honneur; ils vous mettent au rang de ce qu'ils ont de plus cher. Menez en vn païs de chasse vn Chasseur, parlez luy de meute de chiens, de gibier, faites luy present de ces choses; vos visites luy seront plaisantes. Parlez de bonne chere, de bons vins, de bordels, de cabarets aux débauchez, tenez leur quelquefois compagnie; ils vous croyent leurs amis: & menez vn ioüeur dans l'Academie, donnez luy par tout le diuertissement du ieu; vous possederez son esprit entierement; & de luy comme des autres, vous tirerez le secours qui vous fait flatter leurs passiõs. Ce n'est pas que cette complaisance qui a quelque chose de lasche, soit la plus belle des actions ciuiles, & qu'il faille tousiours approuuer en toute sorte de personnes ce qui n'est point aux termes de l'honneur: mais comme nous auons dit au commencement de cét ouurage, les necessitez humaines obligent de venir à cette extremité. Ce n'est pas tousiours auec le discours de la vertu qu'on approche les personnes puissantes à releuer les conditions : elle aborde rarement le trosne des grandeurs, elle y est peu connuë: & il y auroit trop de honte pour les gens de bien & d'esprit, de demeurer gisans sur les fumiers auec leur innocence; de se voir traittez par le crime auec tyrannie; & dans cét estat regarder les vices reposer sur l'or & la soye. La complaisance en ce rencontre seulement est vne adresse : elle aueugle vn homme de ses propres defauts. C'est vn combat de vertu contre le vice, où toute sorte d'armes est purgée par la victoire qui destruit les vicieux, ou qui les meine dans l'esclauage.

Donques il faut distinguer la nature des personnes par la qualité de leurs commerces, & de leurs inclinations, pour les bien connoistre : leurs principales actions les descouuriront facilement. Il suffira de les considerer dans ce dessein: & quand vous aurez reconnu leurs vices, & leur foiblesse, tirez en vos auantages. Si l'auarice ou la volupté les commande; efforcez-vous de les assouuir en effet, ou par promesses. Si l'ambition les presse; creuez les d'honneur, de courtoisie, de respects, & de ciuilitez. Et s'ils ont peu de sens; il ne vous est pas seulement pardonnable de les tromper, mais necessaire en faueur de l'vtilité publique.

Il faut tenter ceux qui promettent leur faueur & leur assistance par de legeres rencontres d'obliger, auant d'estre reduit en la necessité d'implorer leur secours.

CHAPITRE V.

POur sçauoir le profit que vous aurez fait dans cette pratique, & qu'aux occasions où vous voudrez en recueillir les fruicts, vous ne cōmenciez pas à remarquer vos efforts inutils: vous deuez tenter les esprits de ceux sur qui vous aurez tendu ces pieges innocens, par des rencontres legeres de vous obliger; & les presser à vous rendre les effets des protestations d'amitié qu'ils vous ont iurées, auant que d'en auoir les necessitez. La façon dans laquelle ils s'emploiront pour vous, vous en donnera des preuues sensibles: vous y verrez la mesure de leurs affections, & si raisonnablement vous deuez faire estat de leurs promesses. S'ils se portent laschement à vous seruir ; retirez-vous de leur commerce auec promptitude, auāt que d'entrer plus auant dans leurs intrigues : portez vos pratiques ailleurs. Et si vous estes en vn estat de ne les pouuoir abandonner visiblement ; n'y mettez pas vos esperances, & ne fondez plus vostre establissement sur leur pouuoir. Toutesfois, considerez auant que de rompre, si ce peu d'affection à vous seruir n'est point vn dessein à faire espreuue de vos sentimens, vn moyen à descouurir de quelle trempe est vostre esprit, de quelle patience à supporter l'iniure, le refus, la perte, & le deshonneur; & si celuy auec qui vous viuez auec adresse, ne s'en sert point pareillement en vostre endroit.

Le moyen de faire vne demande auec succez.

CHAPITRE. VI.

AVssi toutes choses ne doiuent pas estre indifferamment les sujets des demandes, & des poursuittes. Il faut prealablement considerer en la chose demādée & poursuiuie la qualité, la quantité, le prix, le temps, & l'aage; & si vous auez assez de capacité pour pouuoir y reüssir. Vous apprendrez à faire cette cōsideration iustement, & à vous munir de cette suffisance par les preceptes qui suiuent: vous les deuez tous couronner dans vostre memoire: Si vous demandez ce qui n'est point proportionné aux seruices que vous auez rendus, à l'amitié dont on vous honore, & à vostre capacité; n'en prenez pas le refus pour vne injure, c'est vne iustice. Vous ressemblez à ces soldats du prouerbe, qui ne demandent d'abord qu'à mettre leurs armes à couuert des injures du temps dans vne maison; & qui apres s'en rendent tellement les maistres, qu'ils en chassent les proprietaires. Vous ne deuez demander au commencement que ce qui peut signaler vostre modestie, & ce qu'on ne peut vous refuser. De ce pas vous irez bien loin; & presque insensiblement vous ferez en sorte que de vous consentir, & vous accorder tout, passera pour habitude. Cette façon est ingenieuse, & necessaire à cimenter les amitiez: par elle on prend empire sur vn esprit sans qu'il s'en apperçoiue: & l'on s'entretient dans cette authorité, quand les desirs ne sont point suiuis d'impatience; quand on attend l'opportunité des temps; quand on essuye adroitement vne mauuaise humeur; & quand on rend des tesmoignages d'affection, des soins tres-assidus, & des fidelitez tres-sinceres. Il est tousiours expedient de negliger les demandes de peu d'importance. Vn homme n'a pas tousiours iusques aux moindres choses en son pouuoir: on paroist moins importun; & l'on fait voir que son esprit ne forme point de desirs pour des bassesses. Ainsi à ne les pas obtenir, on trauaille pour son estime; on n'attire point l'enuie de ceux qui sont au dessous de soy;

foy, & l'on n'est point à charge à celuy dont on suit la fortune par les seruices.

Il faut connoistre les humeurs de ceux auec qui l'on veut s'engager de commerce, de profession, & d'amitié, & mesurer ses forces à la qualité des entreprises.

Chapitre VII.

SI vous poursuiuez quelque fortune, quelques emplois, soit dans le ministere du gouuernement, soit dans la dispensation de la Iustice, ou de l'Espargne; vous deuez auant cognoistre ceux auec qui vous entrez en commerce, en conuersation, ou en amitié: s'ils sont d'experience, ou de sçauoir; s'ils sont puissans, ou magnifiques; agissans, heureux, & dans l'intrigue: ou s'ils sont auares, ou malheureux, inconstans, ou stupides; coleres, ou temperez, ou dans la promptitude. Ceux qui ont en partage les vertus, rendent leur conuersation, les negoces que l'on tient auec eux, & leur amitié tousiours vtiles. Ils excusent facilement les fautes qu'on y peut commettre; & leurs bontez les effacent: comme la bonté d'Atticus remettoit facilement celles qu'il receuoit de Ciceron. Ceux qui se laissent conduire par le vice, feront tost ou tard sentir ses effets. Ainsi apprenez que si la rencontre des affaires ne vous met point au chois des

Gg

personnes; que si vous venez en concurrence auec ceux de vostre temperamment, & de vos forces; vous deuez combattre genereusement, puis qu'on ne vous oppose que des armes pareilles: & que si vous traittez auec ceux qui vous sont differents, ou par les passions, ou par les sciences; en cette conjoncture il est de vostre deuoir, & de vostre fortune d'vser de vos auantages; & de vous seruir de la vertu qui destruit le vice de vostre aduersaire. Au reste éuitez ceux que vous connoissez médisans dans l'entretien, ou qui peuuent vous mépriser auec sujet. Ne vous engagez point auec ardeur dans la suite, & les affections de ces puissances superbes, & de ces personnes à qui tout tourne auec mal-heur. Ne vous reconciliez pas si facilement dans l'apparence auec ceux qui vous ont fait injure signalée, de peur d'en attirer d'autres. Et ne donnez pas, & ne receuez point ce qui doit apres exiger de vous des seruices honteux, ou des contraintes à perdre vostre fortune, & vostre reputation.

Tenez pour certain qu'on ne peut reüssir, si deuant l'entreprise des actions, le iugement ne fait la mesure de nos forces aux accidens malheureux qui peuuent suruenir, & surprendre en ce qu'on a projetté. Ces forces sont dans la viuacité, la constance & la resolution des esprits, dans vne saine complexion du corps; & dans la puissance des richesses, des amis, de l'aage, & des professions. Plusieurs s'engagent inconsiderement sans faire ces reflexions, à commencer des projets dont il n'est point en leur possible de voir la fin. Les vieillards dans leur caducité, qui n'est plus qu'vne vie mourante, chágent de regime de viure, & d'inclinations. Caton, que la Philosophie auoit rendu recommandable dans le premier cours de sa vie, dans sa fin fait le Grammairien; & donne son estude aux Lettres Grecques. Et cét autre qui auoit passé le feu de son aage dans les charmes, & les libertez du celibat, se soufmet aux liens; & vient baiser les chaisnes du mariage, lors qu'il luy reste à peine assez de chaleur pour le faire croire viuant. Ces actions qui preiudicient si sensiblement, sont des manques de consideration qu'on ne chasse point de ses desseins, quoy qu'ils en soient certainement les destructeurs: il faut iudicieusement y comparer ses forces, & mediter auec attention sur l'estenduë de celles qu'on possede par la trempe de l'esprit, par la bonté de la memoire, par ce dont on preuaut, par l'experience, l'intrigue, & les exercices qu'on a dans le monde.

Que ces vieillards sont ridicules, & qu'ils meritent à bon droit d'estre ioüez, qui s'auisent de faire les Courtisans; qui cherchent le trauail, & les soins, où la douceur & le repos est leur partage naturel, & legitime; & qui creuent encore d'ambition, & courent aueuglement apres les honneurs, pour illustrer vne vie qui n'a plus de momens que pour former leur mort. Faites donques meditation sur l'exercice, & les actions qui sont necessaires aux sujets de vostre enuie. Voyez si la force de vostre corps, & vostre santé vous en permettent l'entreprise; si vos richesses, vostre profession vous y donneront entrée; & si vos amis ont assez de credit pour vous y maintenir. Ne vous y trompez pas, le monde ne subsiste que par vn combat perpetuel, & ne trouue la paix que par vne guerre eternelle. Vous ne pourrez seoir dessus vn trosne sans le rendre sanglant, ou que vous ne renuersiez sur ses degrez celuy qui l'occupoit: & vous ne possederez vne charge qu'en l'arrachant des mains, de l'esperance, & de la volonté d'vn autre. Ne negligez point les moindres circonstances. Sçachez qu'il est de vostre bon-heur de vous éloigner de ce vice, que l'erreur publique, ou plutost l'ambition est preste de couronner, qui fait considerer les auantages qui peuuent reüssir des desseins, & qui ferme les yeux pour les disgraces, les infortunes, les inimitiez, les enuies, & les maladies qui les suiuent, comme si ces accidens n'auoient point de part en leurs substances. C'est pourquoy ne regardez pas seulement ce qui semble vous procurer du bien, & vous y maintenir; cette apparence n'est point infaillible: attachez vous plutost au solide; & ne considerez que ce qui le doit conseruer absolument.

Combien a-t'on veu d'esprits bien acheuez, qui ont trouué leurs auantages de briser les sceptres qui les faisoient adorer; d'enseuelir dedans les eaux les richesses qui rendoient leur puissance sans limites ; & de preferer la bassesse, & l'humilité des mediocres aux plus superbes pompes des Empires ? Ces esprits d'humilité, que tous les siecles ont reverez, donnent des leçons, dont l'obseruation est glorieuse. Ils ont crû que le plus haut poinct de la Sagesse estoit dans la connoissance de soy-mesme, & dans les plaisirs qui sont proportionnez aux iustes inclinations de nostre nature. Qu'il falloit faire comparaison de la puissance à l'action, de l'action à l'execution; des biens que nous auons naturellement auec ceux que produit vne penible industrie; des maladies & des disgraces pesantes, aux legeres faueurs, aux bon-heurs inconstans; finalement de la iustice d'vn bon employ à l'iniustice d'vn mauuais ; & d'vn combat (où pouuant succomber, nous enflons le courage & les forces de nos aduersaires) à la victoire qu'vn reuers de fortune rendra funeste en vn moment, & peut estre sanglante au iour de son triomphe. Leur croyance n'estoit pas plus dans vn raisonnement solide, qu'elle est dans vne verité publique ; & à moins de renoncer au sens commun, & de douter de ses principes, ces sentimens doiuent estre suiuis. Il est vray que la fortune semble quelquefois prendre ses plaisirs à destruire les obseruations du iugement , & qu'elle prodigue ses faueurs auec tant d'aueuglement, que les vns trouuent des precipices & de l'infamie, où les autres rencontrent des terres fermes, & de la gloire. Mais ce n'est pas vne moindre verité, que de dire dans l'incertitude de

Gg iij

sçauoir si elle nous regarde d'vn bon, ou mauuais aspect, que ses inimitiez abaissent autant que ses faueurs esleuent; que sa haine est aussi rigoureuse que sa grace est fauorable: qu'aux lieux où ceux cy foulent aux pieds des fleurs, ceux-là marchent sur des épines; & que comme ses faueurs, & ses disgraces viennent d'vne inconstante, on en doit esperer, & craindre le changement auec raison. Qu'ainsi sa puissance n'estant pas si absoluë qu'elle ne releue d'vn autre, les choses humaines ayans leurs vicissitudes, le mal heur faisant place au bonheur, la faueur faisant iour à la disgrace; la solidité du iugement, le raisonnement de l'esprit donneront vn succez plus prompt aux reuolutions du bien, & plus lent à celles du mal.

La vie ciuile a besoin de la feinte, de la dissimulation, de la persuasion, & de la menace.

CHAPITRE VIII.

CE iugement qu'on doit apporter dans l'estude des circonstances des projets, apprend en suite ce bel art de feindre, de dissimuler, & de persuader, qui donne tant d'auantages, & qui est si necessaire à la vie ciuile; & l'on discerne par luy la façõ, & les sujets sur lesquels on l'occupe innocemment. On remarque que ce n'est point auec les simples, & les perſonnes franches de cœur que ſon vſage eſt permis : mais qu'il eſt neceſſaire auec ceux qui font tous les efforts, pour reüſſir en cette addreſſe ; & qui croyent qu'elle eſt la ſcience ſouueraine du monde. La feinte, ou la ſimulation a deux parties : les actions, & les paroles. Par les actions nous feignons d'auoir des ſentimens d'amour & de reſpect pour les objets de noſtre haine, & de noſtre mépris ; & nous faiſons les aſſeurez, où nous conceuons en effect de la crainte, & du deſeſpoir. Par les paroles nous diſons auoir de certaines ſciences, & de certains ſecrets reuelez, où nous n'auons aucune entrée, ny connoiſſance ; & nous publions vne ignorance de ce que nous ſçauons auec certitude. Ces feintes ſont iuſtifiées par l'innocence, & la iuſtice du deſſein qui les met en pratique ; & leur neceſſité les fauoriſe, & les ſouffre dans la Cour des Rois, des Princes, & de leurs Miniſtres ; chez qui, comme la force du corps ſemble eſtre le partage des animaux, & la ſageſſe celuy de Dieu ; la feinte & la diſſimulation ſont les auantages des hommes d'eſprit.

A bien dire, il en eſt d'vne ſorte qui ne forme point tant leurs loüanges, qu'elle leur donne des mépris, & rauale leur eſtime. Celle qui fait ſocieté, & qui ſe pare du menſonge eſt indigne d'vn homme de bien, & d'honneur : mais celle qui ne l'appelle pas à ſon ſecours, qui ne fait que déguiſer la verité par quelques geſtes, quelques actions, & quelques paroles, qui reçoiuent pluſieurs ſens ;

qui ne démantent point vne croyance publique, & qui n'ont pour leur objet qu'vne vtilité que les Loix souffrent, est industrieuse : on la reçoit auec honneur, on la nomme vertu. Ceux qui connoissent moins Dieu que leur propre interest, tiennent pour maxime, qu'il est permis d'vser de feinte auec toute sorte de personnes, les amis à peine reseruez; & du mensonge vers ceux qui nous ont offensez iniustement. Mais ceux qui ont des pensées meilleures pour la Diuinité, peuuent bien feindre auec l'Autheur de la violence qu'ils ont soufferte auec iniustice ; & ne sçauroient mentir impunément auec les perfides. Iusques là mesme, que c'est vn doute qui n'est pas facile à resoudre, si celuy qui vit sous les ordres, & les gages d'vn maistre, doit absolument se seruir du mensonge pour accomplir son commandement ? Ce n'est pas que plusieurs choses ne soient permises dans les actiós ciuiles, qui ne sont pas seulement indignes de loüages, mais qui sont vicieuses, que l'intention & la necessité rendent supportables. Mais c'est ce qui m'oblige de vous aduertir qu'auant d'employer la feinte, on doit considerer auec estude, qui ne soit pas moins dans le iugement que dans la pieté, les personnes sur qui on l'applique légitimement ; & quels sont les moyens d'y proceder, & d'y reüssir auec asseurance.

Ses moyens sont compris dans l'estime qu'il faut donner de sa personne; dans la possibilité du faict dont on fait le recit; dans la creance qu'on

donne

donne à vos paroles; dans les conjectures qu'on en peut prendre par les discours qui se sont formez sur le sujet de la feinte; & dans la qualité de l'esprit, & des mœurs de ceux sur qui l'on veut l'exercer. L'estime d'vne personne se compose de la reputation de veritable qu'on se donne, de la creance d'vne probité qu'on obtient par la prudence, & la grauité de ses actions; & en persuadant qu'on n'a point d'interest dans la rencontre du sujet de sa feinte. Par exemple, si cét homme sur qui, & pour qui vous l'employez est vostre amy; si vous feignez pour l'empescher de nuire à son ennemy que vous tenez en quelque consideration; faites en sorte qu'il n'ait point la creance que vous soyez amy de celuy en faueur duquel vous parlez, & qu'il n'estime pas que vostre discours ait vostre profit particulier pour son objet. Et pour trauailler auec vtilité dans cette adresse, éuitez encore auec vn soin tres-particulier la reputation de menteur, & de fourbe: dans cette mauuaise estime, quand mesme vous parleriez auec verité, on ne vous croiroit pas. Au contraire, si l'on a d'autres sentimens de vous, si vous passez pour prudent; & si vostre feinte s'occupe à quelque beau sujet; on vous croira capable des belles choses, on vous en attribuëra l'action, la gloire, & la volonté. La possibilité du faict, ou de la chose, est declarée par les actions ordinaires & naturelles: Comme si vous dites qu'vn tel que la necessité contraint, & que le malheur accable, vend ses heritages, ou les veut vendre; que cét homme qui paroist dans les richesses les veut acheter; que ce Partisan qui faisoit construire des Palais, medite vne banqueroute, & que cette personne qui est dans la reputation d'vn homme d'honneur & de sainteté, veut oublier vne injure qu'il a receuë, & la pardonner. Les conjectures que l'on tire des paroles se forment plus difficilement: il en faut obseruer tous les momens, la façon de les prononcer, & iusques aux moindres syllabes. Vne vanité hors de saison, vn discours qui n'a pas la mesme substance, vne feinte qui n'a pas les mesmes representations vous descouure; & les personnes qui escoutent, peuuent vous trahir. Ce qui fait que dans le temps qu'on la medite, on doit estre tousiours sur ses gardes; considerer la trempe des esprits qui la reçoiuent; & n'ignorer pas iusques à quel poinct peut aller leur credulité Cette science vient de la connoissance de leurs mœurs: ayez la toute entiere auant que de les aborder dans cette pratique; & que vos paroles ayent vne telle estude pour cét effet, que vos domestiques, vos amis mesmes y soient les premiers surpris. Encore vn coup, cette marche est difficile à tenir. A peine vostre dessein aura son acheuement, que si vous en parlez à ces amis, à ces domestiques sans vn artifice bien executé; les affections qu'ils auront ailleurs, la legereté de leur esprit, l'occasion, leur parole, ou leur geste en expliqueront le secret. Toute la facilité qu'on y peut preparer, est de n'entreprendre aucunes feintes qui ne s'acheuent par vous seul:

& que si la necessité vous contraint au besoin du secours d'vn autre, le geste, ou l'action le declare sans l'assistance des paroles; ou que si ces paroles forment son essence, qu'elles ne soient adressées qu'aux personnes de fidelité esprouuée.

Apres tout, pour reüssir en cét art, imaginez-vous que sa principale adresse est de faire croire que vous ignorez ce que vous sçauez parfaitement, & que vous auez vne connoissance entiere de ce qui est de vostre ignorance. Vostre visage doit à tout propos peindre sur luy ces apparences: tantost par sa serenité, tantost par sa melancolie; & par le ton de voix, la parole, & le geste contrefait, vous pourrez imprimer des doutes sur ceux qui vous regardent, & que vous employez à porter de certaines paroles, de certaines asseurances à celuy qui vous veut du mal, qui est vostre competireur, pour descouurir ses sentimens par ses responses. Ne la mettez en vsage qu'aux affaires de consequence, & qui vous menacent de peril: son effet n'a point cette franchise de cœur si recommandable dans les rencontres ordinaires, son profit est modique; & son exercice frequent rendroit vos artifices familiers, tres faciles à repousser, & vous osteroit les moyens de son vtilité. Si l'on vous interroge par des paroles ambiguës, ou qu'on exige de vous des sermens; vous deuez en éluder l'effet par des discours qui soient aussi doubles, & douteux, & par l'excuse d'vne pieté religieuse. Ceux qui vous abordent auec ces complimens, peuuent estre receus auec indifference, & fans beaucoup de fcrupule: ils ne font pas de veritables amis; & leur amitié ne doit pas eftre dans vne recommandation finguliere. Certes ces obferuations font difficiles, n'ayāt dans l'apparence que des fujets qui reffemblent à des idées: mais à bien confiderer ce qu'elles font capables d'executer, on n'y verra rien moins que la conferuation de fa vie, de fon eftime, d'vne habitude familiere & profitable auec les Grands & les amis, & l'accroiffement de la probité, du repos, & de toute la reputation qui rend vn homme fignalé dans les ciuilitez du monde. Ces chofes font affez importantes pour y appeller vos foins; ne les negligez pas. Et ne mefprifez point ces autres façons de feindre de bonnes volontez dans les offres que vous fçauez qu'on n'acceptera pas; de iurer apramment amitié auec l'ennemy de voftre amy, pour exhorter l'vn à quitter fa haine, & l'autre à faire ceffer fa vengeance; & finalement d'agir dans les deffeins importans auec difcretion, fans aucun éclat; & fans vfer de paroles de vanité, qui puiffent en les defcouurant trauerfer leur fuccez.

La diffimulation a des vtilitez toutes pareilles à la feinte, quoy qu'elle foit differente en nature. Elle eft occupée fur les chofes qui font, & qui fubfiftent: & la feinte s'employe fur ce qui n'exifte pas. Elle a plus de la fraude, & plus de reffemblance au menfonge: & la diffimulation entre plus auant dans les ciuilitez, & le deuoir. Leur fin a de l'égalité, leur objet eft la tromperie: & comme leur vfaga est pareillement d'vne necessité dans la vie ciuile, il n'a rien de contraire. On la pratique sur les domestiques, sur ceux qui nous tendent des pieges; & elle est en credit chez les Princes, & leurs Ministres. Toutefois auec les Grands la feinte est plus perilleuse. Si elle reste sans succez heureux; ils la nomment la source de leur infortune: & vangent leurs déplaisirs sur celuy qui l'a fait naistre. La dissimulation est moins sujette aux dangers; & comme on l'excuse par la ciuilité, elle a plus de facilitez, & d'agréemens. L'experience montre à tous les hommes dans leurs professions comme elle s'introduit, & s'ingere : & il semble à la voir qu'elle soit l'entretien necessaire de beaucoup de societez, & vn passage asseuré dans l'amitié de plusieurs personnes. Elle l'est en effet de ceux qui sont d'vn naturel à vouloir paroistre les plus parfaits, & les plus ingenieux sur tout ce qui se propose. Ainsi ie ne dois point m'arrester à découurir sa necessité : c'est assez pour donner ses preceptes, & ses instructions, que declarer les principaux moyés de la bien pratiquer. Les façons de dissimuler vtilement, sont de n'accuser point les deffauts où les remonstrances sont inutiles, & sans ciuilité, & de ne nous montrer pas sçauans, où nous le sommes en effet, quand de plus puissans que nous dans les charges, la fortune, & l'esprit, y voulant emporter le prix, nous voudroient mal d'auoir rendu combat contr'eux. Ils se piquent ambitieusement d'auoir les premiers la gloire du recit, ou de la decision des actions qu'ils vantent, & de la connoissance des nouuelles qu'ils debitent. En vn mot, la dissimulation se fait auec profit, quand nous souffrons auec modestie, & vne grauité iudicieuse les actions qui nous choquent, ou par fortune, ou par dessein, quand nous ne pouuons les empescher; & quand faisant tteve auec nos ressentimens, comme si nous auions oublié les plaintes qu'vn homme nous a faites mal à propos des mauuais seruices que nous luy auons rendus, nous luy monstrons que les rapports qu'il a receus faux, sont de veritables calomnies; & qu'il s'est laissé persuader trop facilement dans leur croyance. Et finalement, elle est ciuile, quand vous estes prests d'executer quelque action en faueur d'autruy, ou pour vostre interest, de la promettre à cét amy qui vous en prie; en luy disant que c'est par la consideration de ses prieres, & de l'estat que vous faites d'estre capable de luy rendre seruice. Quelques-vns y ajoustent l'entremise des lettres, quand on consulte de ses propres affaires sous le nom d'vn amy.

La persuasion est de cette trempe, c'est vn troisiéme moyen à tromper innocemment. Il n'est point à propos de grossir cét ouurage des preceptes que luy donnent ces grands genies de l'antiquité, ces Princes de la Philosophie, de l'Eloquence, & de la Declamation : C'est assez d'écrire ceux qui seruent à nostre dessein, pour enseigner à persuader ciuilement. Cette persuasion ciuile emprunte bien quelques artifices, & quelques couleurs des

Rhetoriciens; mais elle ne les employe pas toutes: elle s'attache seulement à ceux que l'on tire de la qualité des personnes, & de leur façon de raisonner. Ceux qui ont le plus d'amis, de prudence, de probité, de credit, & de fortune, ont cette adresse plus en main, & plus facile que les autres: les raisons dont ils se seruent ont plus de poids; elles ont leur source dans les sujets honnestes, plaisans, vtiles, & puissans: & l'on croit que ceux qui n'ont pas ces auantages, baissant la teste sous la necessité qui les fait gemir, n'ont que des discours interessez ou flatteurs, qui suiuent vne rouë, qui entraisne tout en son mouuement. Ce qu'vn homme propose dans sa puissance est escouté plus volontiers. S'il parle autant par sa vertu que par son discours; sa proposition est receuë fauorablement: & ce qu'il dit dans son impuissance, & la contrarieté de ses mœurs, fait naistre infailliblement du soupçon, & de l'indifference. Ceux qui promettent, & donnent le profit & les plaisirs, attirent à leur suite la plus grande partie du genre humain: les enfans, les femmes, & les hommes dans la ieunesse les suiuent aueuglement: & ces personnes ajoustant l'honneur, & la facilité (l'honnesteté estant le charme des hommes de bien, & les choses naturellement faciles, entraisnant insensiblement les affections de plusieurs, & inéuitablement des paresseux, & des timides) ils contraignent le reste dans vne douce violence à se ranger de leur party. D'ailleurs la la persuasion dont l'objet est sans crime, & qui veut faire sentir sa force sur ceux qui font profession de sagesse, & de courage, est moins frustrée dans ses intentions; & quand vn espace de temps luy donne vne meditation bien raisonnée, qui ne parle que de l'honneur, elle bannit tout soupçon, elle peut agir lentement, & retient toute croyance. Elle se sent au dessus de toutes les forces, quand celuy qui l'anime est dans vne vertu qui reçoit des applaudissemens vniuersels : Mais quand vne vangeance, vn dessein vicieux en fait le motif; quoy que celuy qui doit la receuoir soit assez foible pour en souffrir les impressions, il faut l'executer au moment qu'elle naist dans la pensée, & la poursuiure incessamment, auec ardeur iusques à son execution.

Les amis sentent son pouuoir par la complaisance, & la flatterie dont on traite leurs actions; par des saluts, & des deuoirs rendus frequemment; par des offres de seruices tousiours reïterées ; des assistances tousiours promptes ; & des loüanges tousjours prestes. La consideration des inclinations de la personne sur laquelle on l'exerce, est vn des moyens les plus seurs à la faire reüssir. Vn vieillard qu'on veut persuader, se laissera plûtost vaincre par les raisonnemens qui luy découuriront des facilitez, des certitudes, & du profit, que par ceux qui luy feront vne peinture agreable de l'honneur, de la gloire, & des plaisirs. Le sentiment des voluptez languit, & deuient émoussé dans cét âge, il n'est pas tant dans la recherche de ce qui forme ses

delices

delices, que de ce qui l'esloigne de la peine, & du trauail; & il a moins d'affections pour les objets d'honneur & de gloire, que pour les sujets de son repos.

Les exemples, les sentences, & les prouerbes font effort sur les esprits peu sçauans, & beaucoup timides: auec eux il faut les auoir tousiours en bouche; & auec les autres tousiours vn esprit de discernement, pour voir de quelle force on combattra celle qu'on attaque; de crainte qu'vn raisonnement trop releué soit inutile sur des ames dans la bassesse; & qu'vn discours trop familier vous fasse méprifer d'vn esprit transcendant, & sublime. La persuasion se change en dissuasion, quand elle rend odieux celuy qui veut persuader: quand il s'esleue auec trop de force, elle fait naistre des soupçons; & souuent ce que le iugement n'a pû faire pour découurir les artifices, la defiance l'opere. Elle doit estre composée selon la qualité de son sujet: il ne faut pas qu'elle s'efforce, où elle n'a point de resistance; & où elle trouue des obstacles, il la faut faire seruir au temps.

Les sources dans lesquelles on doit puiser les moyens legitimes à la former, sont au nombre de quatre. La Iustice, & l'Equité forment la premiere; la Seuerité, qui vient des Loix, fait la seconde; la Religion des Iuges, & leur compassion composent la troisiéme; & l'Honesteté, produit la derniere. Les Orateurs qui ne sont pas Philosophes en comptent encore iusques au nombre de six: entre lesquels ils mettent l'Exemple; la Fable; l'Vtilité seule en soy considerée; nos seuretez particulieres; la facilité; & toute sorte d'efforts, qui persuadent vn enuieux de quitter sa haine, vn ennemy son inimitié, vn colere sa passion. Mais ils ne regardent pas qu'elles sont plûtost des lieux (pour parler en termes de l'Escole) à faire des confirmations, qu'à commencer des preuues: En sorte qu'il est vray de dire qu'il suffit des premieres pour bien persuader. La façon de les manier artistement est de les employer dans vn discours qui soit concis, & plein d'vn bon sens; pour persuader les Rois, les Princes, & ceux d'vne haute suffisance. Ces personnes, par la veuë continuelle des grandes choses, & des grands affaires, ont des connoissances plus subtiles que les autres; & conçoiuent d'abord la force d'vn raisonnement. Il y faut éuiter les repetitions: & si vous faites leur panegyrique; attribuez tous les sujets de vos loüanges à leur bonheur, à leur sagesse: & gardez-vous de dire que leurs grands exploits soient les effets de la conduite de leurs ministres, si vous ne les loüez en mesme temps de la prudence qu'ils apportent en leur choix.

On persuade les Iuges d'vne autre façon. Comme leur charge les oblige à prester leurs attentions, le discours ne doit pas estre si serré; il doit toucher tous les lieux qui donnent des mouuemés à leurs esprits: & comme aux maladies que les Medecins ne peuuent guerir d'abord par l'operation de leurs remedes, ils engourdissent les sentimens douloureux, & les pointes du mal; il faut arracher par plusieurs appareils les premiers sentimens qu'ils ont conceus à vostre desauantage. L'importunité quelquefois en relasche la rigueur. La compassion, ou la clemence dont on peint les beautez, les émeut; & chez eux on obtient auec plus de facilité ce qu'on implore instamment. Cependant il faut vser en cela d'adresse; & reconnoistre prealablement de quel esprit ces Iuges se portent à vous escouter. Vn discours industrieux vous feroit vn prejudice sensible, s'ils ont de mauuaises volontez contre vous, ou par leurs propres interests, ou la recommandation de leurs proches. Vos artifices leur feront conceuoir des doutes de l'innocence que vous defendez: & ce qu'ils croiront auoir l'apparence d'vn déguisement, ils le prendront pour vne confession tacite. Apres tout, croyez pour certain qu'en solicitant leur iustice pour des crimes contre qui les loix prononcent la mort; que les gestes, & les paroles d'affliction seruent beaucoup, que les larmes y sont puissantes; & que les soûpirs y parlent eloquamment.

Enfin si vous voulez persuader le reste des hommes; si cette volonté s'applique sur celuy qui est encores dans la passiō, & la chaleur de la colere, ou de l'amour; ne luy parlez point d'abord du dessein que vous auez de calmer les passions qui le tourmentent; ne ramenteuez pas le sujet qui les font naistre: le souuenir que vous en exciteriez, ou leur peinture que vous exposeriez à ses yeux ne seruiroit qu'à les enflammer; & leur chaleur surmonteroit la bonté de vos raisons. Ne parlez en les abordant, pour vous insinuer dans leur esprit, que de ceux qui se sont perdus dans l'affection de leurs passions: décriuez-en les exemples auec toute vostre eloquence: sous des noms empruntez faites discourir vos sentimens; & parmy vos remontrances n'y meslez point ce qui touche vos interests. Aux affaires de merite, releuez leur importance par la façon de vous exprimer: aux affaires communes vsez de termes ordinaires; & dans les discours preparez, faites que le commencement & la fin soient les parties les plus elegantes, & les plus conuenables aux sentimens, & aux passions de ceux qui vous escoutent. Dans les commencemens ils ont l'ame vuide de toute sorte de pensées; il y a place pour de nouuelles impressions: & sur la fin les esprits estans preparez, & ne demandant plus que le branle, ils se laissent aller. En vn mot, aux Rois & aux Princes, il faut vser de termes d'humilité & de deprecation; aux Iuges de iustice & d'equité; & aux autres de ceux qui touchent les passions de leur esprit.

Quelques Politiques ajoustent parmy ces fraudes qui sont sans crime, la force & la violence: mais comme nos loix les improuuent, & les punissent, ie ne leur donne rang que parmy les iniustes tromperies; & ie n'admets dans les fraudes iustement ciuiles qu'vne de leurs parties, qui est la menace. Son effet est vtile, passe pour violence chez les timides; & les loix la souffrent. Ce n'est pas que son vsage doiue s'estendre indifferemment sur toute sorte de sujets; la proposition n'en seroit pas receuable, & choqueroit les bonnes mœurs: mais c'est qu'elle regne absolument sur ceux qui sousmettent leurs volontez; qui font leur condition de leur obeïssance; & qui enuahissent auec violence ce qui nous appartient auec iustice. I'asseure seulement que les loix la tolerent en faueur de la defense de nostre bien, & non pas de l'entreprise sur celuy du prochain. Il est vray qu'il est vne violence qu'on appelle legitime: comme celle par qui l'on fait acquisition de choses qui doiuent estre possedées par des prises de possession: comme les benefices Ecclesiastiques; les dons des Rois; & ce qui est sujet au droict de la guerre: mais cette violence n'est pas de cette obseruation; la crainte de Dieu, & les necessitez ciuiles doiuent nous regler sur celle que ie dis estre renfermée dans la menace. En effet; si vous voyez des hommes, dont l'insolence, ou l'impieté est tousiours preste à l'inuasion, & qui estiment que les choses ne leur appartiennent pas que lors qu'elles sont au dessus des efforts de leur violence, qui reçoiuent dans l'espace de quelque temps les faueurs de la fortune; vous remarquerez incontinent apres qu'elle les abandonne; & que la iustice de Dieu verse leur sang pour la vengeance, & la satisfaction de celuy qu'ils ont respandu. Quelques-vns la déguisent sous l'embusche, & les pieges; ils voyent que l'on y trouue plus ses seuretez que dãs la force ouuerte; & que par leur moyen on n'attire pas des haines vniuerselles, quand on n'en vient pas au poinct d'exciter des seditions. Pour la rendre moins odieuse, & pour aider son progrez, ils y ioignent les liberalitez, & les couurent de cét ornement capable de cacher la turpitude des crimes. Mais comme les embusches, à bien dire, ne sont qu'vne force ouuerte qui est cachée, & qui par le secret n'est pas renduë moins criminelle; il est plus à propos de se reduire, & de se contenir dans les termes de la seule menace: elle est plus supportable; & ce qu'elle a d'injustice peut estre iustifié par le dessein qui la met en vsage. Elle appartient particulierement à ceux qui ont de la puissance, & de l'authorité; mais qui ne veulent pas faire paroistre vn naturel violent. Elle prend le nom d'honneste, quand elle est faite pour ce sujet, soit que sa fin soit iuste, ou ne le soit pas. Mais elle le perd quand elle insulte, & s'applique sur ceux que la fortune afflige, si leur crime estant enorme, ne découure la iustice de leurs malheurs. Ainsi son vtilité est visible quand elle a de iustes sujets. Il la faut exprimer en peu de mots aux rencontres communes: mais aux affaires d'importance, comme pour sauuer vn honneur, ou vne vie, quand vn Magistrat, vne personne publique perd son credit, & son authorité dans la tolerance & l'impunité des insolens dont il est attaqué; il faut que les termes d'vne colere extréme la composent.

Apprenez donc de ce discours, que pour y reüssir ciuilement on doit éuiter les actions qui sentent la violence ouuerte. Et que si vous estes dans vn païs en cette reputation de violent; que le conseil le plus salutaire que vous puissiez receuoir, est de quitter ces lieux où vous l'auez exercée; de peur que vous ne soyez estimé pour vn perturbateur du repos public, pour vn infracteur de loix; & qu'on ne vous nomme l'autheur de tous les troubles qui y seront excitez. N'attendez pas en tirer du succez, si vous n'y estes contraint, & que vous ne puissiez vous en départir sans consentir à voltre perte. Il est vray que quelquefois par l'aparence, & la crainte des violences & des embusches, les meschans prennent empire sur les bons, qui par leur apprehension sont empeschez d'executer les iustes desseins qu'ils ont de les punir: mais aussi souuent leurs craintes sont dissipées par l'authorité, & les deuoirs des charges qu'ils possedent. Dans cette conjoncture, où telle sorte de gens voyent leur precipice ouuert, leurs supplices preparez, & qu'il faut vaincre, ou perir; il est de leur salut de paroistre autant hardis qu'audacieux; & plûtost par necessité, que par espoir d'en profiter. Il est plus expedient de s'opposer courageusement à vne mort incertaine, que par vne lâcheté auoir tousiours son supplice, & sa crainte dans l'esprit, & deuant les yeux. Mais il seroit plus à propos de venir aux déprecautions, de prendre abolition du Prince; & par les signes d'vn repentir, & d'vn seruice signalé donner l'esperance d'vne vie meilleure. Ces violens ont trop de peine à se conseruer: leurs soins doiuent estre extrememẽt vigilans, leur preuoyance tres-diligente; & les ruses, les artifices les plus secrets doiuent faire à tous momens, & en toutes occasions les actions de leur vie. Ce pas est trop glissant pour le former: si vostre naturel vous y porte; tâchez à vaincre vn si mauuais ennemy: au moins ne luy donnez ces libertez, que pour accroistre vos plaisirs, & la commodité de vos iours: il aura quelques pretextes specieux; & les moins clairs-voyans le prendront pour les effets d'vne puissance legitime.

Entre les fraudes Ciuiles est l'adresse de l'eschange, & de prendre les occasions du temps.

CHAPITRE. IX.

LE dernier moyen à tromper ciuilement est l'eschange: C'est vne adresse qui se pratique par ceux qui ont des personnes à leur seruice qui ne seruent pas communement; & des curiositez en leur possession qui ne sont pas ordinaires. Si l'vn tient à ses gages vn Musicien parfait; celuy-cy vn Escuyer adroit; celuy-là des meubles precieux; & qu'entr'eux ils vantent les acquisitions qu'ils en ont faites, par des discours qui releuent leur prix,
à dessein

à dessein de faire naistre aux autres l'enuie de les eschanger auec celles qu'ils possedent; c'est vne tromperie permise, de laquelle le iugement nous peut defendre. La nature des hommes est telle qu'ils aiment le changement; & tiennent moins cher ce qu'ils ont, que ce qui est dans la disposition des autres: l'habitude, & la facilité qu'ils y trouuent leur en fait moins connoistre le prix, & la bonté. Ainsi celuy-là ne peche point, qui prise ce qu'il possede par dessus sa legitime valeur; & qui fait en sorte qu'on le solicite, & le presse d'vne eschange qui vaut le double. Son adresse luy profite sans crime: & pour y bien reüssir, il n'a qu'à considerer le foible de l'esprit qui veut harder auec luy, & le façon de luy faire conceuoir des enuies de ce qui n'est pas en sa puissance.

Si ces enuies de faire eschanger n'ont pas des naissances si promptes; il faut les attendre de la faueur du temps: par luy on offre, & l'on demande souuent les choses qu'on a refusées. Le temps amene tout; & les hommes ne manquent point d'estre puissans, quand ils ont vne vie dans les espaces ordinaires; & quand ils ont de la prudence dans vne iuste mesure. Les difficultez seules à vaincre sont à forcer les obstacles qui empeschent l'vsage des occasions. Que si l'on remporte ce triomphe; on doit attendre certainement du temps, ou qu'il ameinera la faueur où estoit la disgrace, ou la misere en la place du bon-heur: ou que cét esprit qui estoit inflexible, se laissera toucher à des affections

K k

pour ce qu'il haïssoit ; & enfin fera des offces, & voudra donner instamment ce qu'il auoit autrefois refusé. De quelles promesses le temps ne flatte-t'il pas les esperances? ou plûtost de quels accidens ne trouble-il point les bon-heurs? Et pour tomber sur la morale en ce poinct; n'est-il pas vray que l'experience de chaque aage nous descouure que de luy seruir c'est regner? Vous ostez l'honneur, vous arrachez la vie à vostre ennemy, vous le faites auec injustice, & trop de precipitation; que n'auez vous patience? Vous perdez vostre repos, & vous mettez vostre vie dans le danger. L'image de vostre crime, l'échafaut de vostre supplice sont tousiours deuant vos yeux: vostre vie n'est qu'vne apprehension viuante: & par vos adresses vous ne differez vostre punition que de quelques années, ou de quelques mois; ou si vostre mort naturelle vous exempte de la ciuile, ce qui reste de vous au monde est persecuté dans vos malheurs, & se trouue abysmé dans vos afflictions, & vos disgraces. O folie des hommes! qui achetez si cher vn repos qui vous dure si peu ; qui reputez tranquilité vne action d'vn moment, qui vous liure apres à des craintes continuelles ; pour ne se defendre pas de l'impatience, source d'où coulent tant de malheurs. Que n'attendez vous les biens qui sont promis auec effet par les reuolutions du temps? Si cét ennemy vous choquoit, sa vie n'estoit pas eternelle; sa puissance ne deuoit pas durer tousiours : & sa mort naturelle, ou la vostre, rendoit nulle cette inimitié.

Ainsi dans les disgraces, considerez quelle est la main qui vous tuë, quel est le foudre que vous entendez gronder sur vous, & quel est le bras qui le lance. Voyez si la patience le peut destourner, ou s'il vous est vtile de le repousser auec effort. Faitesen la mesure par vostre puissance, & par ce qui reste de vostre vie, ou de celle qui vous persecute. Si vostre puissance est la plus foible ; baissez la teste, & succombez par vne defaite genereuse. Si vos années vous promettent vn plus long cours ; supportez auec espoir de vaincre, & de surmonter vn iour. Et si vous estes dans la vieillesse ; sçachez qu'il est ridicule en cét aage d'affermir l'esperance de sa fortune, & le dessein de triompher des malheurs & des ennemis, par les dépoüilles & la mort des plus ieunes.

Les principaux moyens d'establir sa fortune.

CHAPITRE X.

AVssi, comme i'ay déja dit, que la connoissance qui reüssit certainement dans cette science, est celle qui expose entierement à nos yeux la fin de nos volontez ; i'ajouste que celle qui découure la nature de nos entreprises, auant que de chercher leur execution, n'a pas moins de succez. On l'acquiert en considerāt les sujets qui nous y poussent, qui sont capables de les executer ; & faisant reflexion sur les mœurs, l'esprit, & la puissance de ceux par le ministere desquels elles seront assistées, ou combattuës. Cette connoissance est formée de plusieurs principes, dont les principaux sont reduits au nombre de quatre. Le premier, est de s'introduire dans l'intrigue, & les affaires de tous ceux qui le souffriront ; & d'auoir habitude, & conuersation auec tous les ordres des Royaumes, & des Republiques où l'on a sa demeure. Dans vne intrigue si grande, dans vne conuersation si estenduë, on a peu d'esprit, ou l'on éuente beaucoup de mines ; & l'on fait vn profit merueilleux de la découuerte de tant de secrets. Le second est pratiqué plus ordinairement chez les Grands ; c'est l'adresse de corrompre, d'auoir à ses pensions, & d'auoir en sa bien-veillance ceux qui conduisent les affaires des Puissans, qui partagent leurs secrets ; & qui disposent le plus souuent de leurs volontez. Le troisiéme produit les conjectures que l'on tire de leurs actions, & des discours par lesquels ils peuuent feindre de reueler la verité de ce que nous voulons sçauoir. Et le dernier est vne obseruation exacte des paroles, & des raisonnemens qu'on lit dans les lettres qu'écriuent ceux qui sont dans nos negoces, & qui ont interest dans nos affaires. Là nous pouuons découurir le tableau de leur cœur, en les conferant auec les premieres receuës sur vn mesme sujet ; & voir si la peinture en est veritable, & si la representation y est naturelle.

Pour paruenir à leur pratique, il y faut monter

par degrez ; afin d'approcher ces personnes, qui gouuernent les affaires, & l'esprit de ceux qui peuuent fauoriser, ou perdre vostre dessein. Taschez de vous lier par l'amitié, l'alliance du sang, ou l'interest, auec cét amy qui les possede ; ce seruiteur qui les sert, qui outre ses gages, à leurs affections ; auec ces personnes qui sont ordinairement auec eux ; auec ce Secretaire, qui peut donner des couleurs, & des visages differens à ce que vous poursuiuez, & qui peut esperer de vous, ou receuoir en effet vne ample recompense des seruices qu'il vous rendra. En vn mot, faites intrigue auec ceux qui leur donnent ordinairement conseil, & qui ne sont pas leurs domestiques. Si ces amis, ces Secretaires, ces Confidens ne sont pas susceptibles de vos adresses, ou si leur ministere vous est inutile ; employez à vos solicitations leurs proches, leurs parens, des personnes de consideration & de puissance, à qui l'on ne peut rien refuser, à qui l'on decouure tout : & par le rapport que vous en receurez ; par l'esperance qu'on vous donnera du succez ; par l'auis que vous aurez de ceux qui combattent vos pretentions ; vous consulterez vostre prudence, & vous verrez ce qui peut destruire les sentimens, & les brigues de vos aduersaires. Vous ferez effort à ce sujet ; & vous irez presser les faueurs de vos veritables amis, & destourner les coups que frappent ceux qui vous trompent.

Il faut parer toutes ses actions d'vne decence exterieure, & sçauoir quelle est la decence de chaque aage, & de chaque condition.

CHAPITRE XI.

CEs intelligences d'esprit, qui expriment la necessité d'auoir des habitudes dans tous les ordres d'vn Estat, declarent au mesme moment celle de s'y preparer des entrées, par ce qui est capable de dôner ce bon-heur. La suffisance seule n'est pas ce qui fait tousiours rechercher vn homme. Les gentillesses spirituelles ont vn merueilleux accord auec celle du corps; & les contenances, & les postures agreables ne le font pas moins receuoir dans les compagnies. Ainsi c'est icy le lieu de dire qu'on ne doit point former d'actions, qui par leur grace, & leur decence ne donnent de l'estime & de la loüange. Ainsi dans ces soins, qui par cette raison ne sont point à negliger, soit que vous soyez sur vn char de triôphe; que tous vos desseins ayent du succez au delà de vos esperances les plus ambitieuses; soit que vous soyez reduit sur l'échafaut, sur les fumiers, en vn mot, dans l'extremité des malheurs; faites tousiours paroistre vne vertu qui soit genereuse, & bien-seante. Ne prenez point d'essor dans les prosperitez par les gestes, par les transports qu'excite la ioye: & ne vous abbattez point dans la disgrace iusques aux actions seruiles qui quittent la decence ; & iusques à pousser, & respandre côme vne femme des soûpirs, & des pleurs. La vieillesse sur qui la caducité, & l'inutilité des seruices semblent attirer le mespris, doit le repousser, & se rendre venerable par la prudence, la seuerité, la decence particuliere à son aage, & les richesses. Certes, il n'est point de creature plus sujette au mespris qu'vn vieillard sans esprit, & qui paroist dans des vestemens, & des postures mal propres, qui ne sont pas ordinaires au reste des hommes. Qu'il ne die pas quand i'auray des richesses sans ces ornemens exterieurs, i'auray des deuoirs, & des respects par l'esperance de mes presens : ces deuoirs seront en effet des mocqueries, & ces respects des iniures specieuses. Dans le dessein de l'éuiter, ces personnes qui dans l'extremité de leurs années employent l'artifice à noircir leurs cheueux blancs ; à remplir les sillons que l'aage a fait sur leur visage, ne sont pas entierement à blasmer : ils veulent conseruer leur honneur, se rendre d'vn visage agreable à supporter aux compagnies ; & quand leurs soins s'occupent à paroistre seulement dans la propreté des habits, d'vn visage qui ne soit point refrongné, d'vne humeur autant graue que complaisante, leur occupation est encores iudicieuse: & la vieillesse ne leur fait pas encore sentir son poids, quand ils ne tombent point dans le vice de trop parler ; de repeter souuent les mesmes choses ; & de loüer, ou raconter les desbauches de leur ieunesse.

L'aage viril a ses beautez, & sa decence dans la force, & l'agilité des membres, dans la gayeté, & la constance de l'esprit. Celles de l'adolescence sont la complaisance ; la propreté, la beauté des vestemens, & du poil ; la promptitude aux actions honnestes, & ciuiles ; vn peu de sçauoir ; vn amour tresgrand de la pudicité : & sur tout l'exercice, & la connoissance des arts liberaux, & des belles lettres ; l'escriture bien peinte, & facile ; la peinture ; la musique ; les instrumens ; l'art de nager, & d'estre bien à cheual. Ce qui donne ornement & lustre aux Dames, & releue leurs beautez, est vn éclat brillant de chasteté dans toutes leurs actions ; vne honneste superfluité d'habits, & d'ajustement ; vn soin ciuilement ingenieux pour le mesnage ; & vne adresse pour les trauaux qui le conseruent. En effet il n'y a point de charmes plus puissans pour les hommes que la decence propre, & conuenable à chaque condition : elle est tousiours deuant les yeux ; & fait vn passage facile dans les affections : elle recommande ceux qui par elle se rendent notables ; & les fait receuoir par tout à bras ouuerts. Aussi la plus grande partie de nos actions n'ont leurs beautez que dans cette vertu. Et chacun sçait de sa propre experience, que souuent sans elle on fait des vertus dans les bien-faits qui passent pour des vices ; & qu'auec son assistance on commet des vices que les plus rigoureux excusent, & que les moins seueres honorent du tiltre de vertu.

La façon de bien executer vn deſſein.

Chapitre. XII.

CEtte perfection eſtant acquiſe, on vient ſans y penſer à l'execution de toutes les choſes qu'vne meditation ingenieuſe, & que l'induſtrie des forces ont fait entreprendre. Comme elle eſt l'accompliſſement des deſſeins, elle eſt d'autant plus acheuée, que les actions la produiſent dans vn petit eſpace de temps; & que l'eſprit qui la recherche auoit eû de longues deliberations. Les ſoins plus diligens des affaires doiuent eſtre occupez pour en trouuer le terme, & la fin, meſme dans l'inſtant de leur naiſſance. Il faut auec vn courage aſſidu les pourſuiure, ſolliciter, prier, ſupplier, preſſer, exhorter ceux qui promettent aſſiſtance, ou qui la peuuent donner; & faire en ſorte que le ſecours, la recommandation des amis ſe joignent dans vn meſme temps, afin que leur conjoncture faſſe vn poids qui donne le branſle, qui emporte ce qui donne des obſtacles, & ce qui s'obſtine à vous nuire. Imitez les vents, qui par vn ſouffle peu violent, mais parce qu'il eſt continuel, enflent les voiles des vaiſſeaux les plus puiſſans, & leur font prendre des routes. Iuſques à ce que vous ſoyez en terre ferme voguez touſiours; & n'épargnez rien de ce qui peut aider voſtre conduite. Toutes les affaires ont preſ-

Ll

que des visages differens : leurs executions ont des voyes qui ne sont pas tousiours publiques, & que l'experience d'vn autre ne peut enseigner. Ce qui forme ordinairement leur malheur, est la negligence qu'on y apporte, & l'intermission qu'on y donne. C'est aussi quelquefois vne trop ardente poursuite, qui lasse, qui blesse la patience, & la prudence de nos amis. C'est pourquoy dans ces incertitudes on y doit estre tousiours present, & de corps, & d'esprit; obseruer tous les momens qui les facilitent; s'éloigner de ceux qui les reculent: en vn mot, y regarder l'occasion, comme la diuinité qui les acheue. Les offres qu'elle nous fait ont ie ne sçay quelle perfection que l'industrie n'apporte point : & la faueur qu'on y trouue, force à croire legitimement que ce sont des presens de Dieu, des effets, ou des ordres de sa prouidence.

La crainte de porter les affaires dans l'extremité ne doit pas tousiours retenir de presser leur execution. Dans les dangers apparens, dans les perils, où la seule fortune est capable de nous sauuer, il est quelquefois plus expedient de s'opposer à la colere, à la fureur des ennemis, de ceux que nous auons offensez, que de tascher de l'adoucir. Leur feu se passe quand il n'a plus de matiere, & de resistance: sa violence se perd, & se consume dans elle mesme; & apres quelques efforts, encore assez legers, ils croyent l'auoir assouuie, & que vous estes puny. Si vous laissez refroidir leurs mouuemens de chaleur, ils deliberent sur les effets de cette colere; ils en regardent l'vtilité, la conséquence, & le sujet qui la fait naiftre. Ainfi ces freres que vous mettez en difcord, qui fe battent ou fe querellent, s'ils defcouurent en leur particulier voftre artifice, & que leur diuifion procede d'vne mef-intelligence que vous fomentez entr'eux, dans laquelle vous penfez profiter ; fi vous éuitez leur fureur au momēt qu'ils le reconnoiffent, vous ne vous preparez qu'vn chaftiment plus grand. Cette difcorde fraternelle ceffera ; & le temps de voftre fuite leur procurera plus de moyens de venger fur vous leurs inimitiez, & fera pleuuoir fur voftre tefte les foudres qu'ils auront preparez. Seruez-vous plûtoft en ce rencontre de l'habitude que vous auez contractée avec eux, de la familiarité dont vous les traittiez ; & vous obtiendrez vn pardon plus facilement. En effet celuy qui cherche la reputation de bien executer, la trouuera dans la promptitude ; dans la politeffe, & la ciuilité ; dans vn peu de dépenfe, de trauail, & de trouble ; & dans la conduite fi fecrette de fes entreprifes, qu'on en voye le fuccez auant que les autres en ayent eu connoiffance, & mefme quelque efpoir. Ne penfez pas qu'vne prompte execution foit celle qui fe forme en peu de temps, mais qui fe fait auant qu'on puiffe fonger aux moyens de vous y troubler, & de vous mettre dans le defordre. Malheur ordinaire à ceux qui font portez des Princes contre les volontez de leurs miniftres, qui ne pouuant empefcher les bonnes volontez de leurs maiftres, rendent l'affaire de difficile execution, en interposant par leur brigue tous les obstacles qui la peuuent ruiner.

La maniere de se seruir de la parole dans les actions ciuiles.

CHAPITRE XIII.

POur l'execution de la plus grande partie des affaires, l'obseruation des paroles, la façon de les debiter, ou de les receuoir, est d'vne importance tres grande. Et ie puis icy certainement asseurer, que comme elles sont les sujets sur lesquels on considere souuent la trempe des esprits, & les inclinations d'vne nature ; elles sont tousiours les moyens dont on se sert pour decouurir nos sentimens, nos desseins, & nos affections. On conçoit des doutes sur le sujet des paroles, qui ne sont pas d'vne explication, ny d'vn éclaircissement facile. Vn des plus importans est de sçauoir où la multitude des paroles est necessaire ; & où le peu de discours donne de grands appuis. Ceux qui en font vn tel estat qu'ils en cherissent l'abondance, disent qu'elle n'a pas moins de charmes que d'vtilité parmi les veritables amis ; soit pour l'épanchement des secrets du cœur ; soit pour le conseil dans leurs desseins ; & soit pour l'entretien de table ; en vn mot pour les diuertissemens. Ils reconnoissent encore son auantage parmy les freres, les maris & les femmes, les peres & les enfans, & les amoureux: & ils en content des merueilles, quand on l'employe à deceuoir le vulgaire ignorant, ou les foibles esprits; quand on veut vendre des paroles pour auoir des effets, quand on donne des bigeoux pour auoir de l'argent: quand on veut preuenir ceux qui ont de l'adresse, pour leur oster le temps de faire des demandes: & finalement quand on veut ébloüir, & mouuoir des Auditeurs, par les regles de la science des Orateurs.

Cependant il est certain que cette prolixité n'est pas vniuersellement receuë: Le plus eloquent Consul des Romains a laissé ce deffaut dans son eloquence. Aussi les plus iudicieux ne souffrent cette affluence de paroles qu'aux rencontres, où la preparation est vne loüange; où l'Oraison a des sujets importans: & où le discours qui la compose a des beautez, des agréemens, des elegances, & des Auditeurs populaires. Ils considerent moins les subtilitez que le iugemét, & le profit: & condamnent cette abondance qui s'occupe sans sujet, & sans apparence d'vtilité. L'experience fait voir qu'elle nuit souuent aux desseins plus qu'elle ne leur donne d'assistance. Elle est inutile quand on traitte auec des amis; auec des personnes qui ne sont ennemis, ny competiteurs; qui ne sont point constituez dans des dignitez, & des puissances plus hautes que nous; qui n'ont aucun credit pour nous aider, ou nous nuire: & elle est tres-dangereuse, quand on s'en sert hors de saison vers des personnes puissantes, & d'esprit, qui sondent les desseins par toute sorte de moyens; & qui font des plus indifferentes actions, & des paroles les plus legeres, des obseruations dans toute l'estenduë de leur iugement.

Ce n'est pas qu'il n'y ait des occasions, où par leur moyen, ces obseruateurs si diligens sont trompez; qui sont lors que cette abondance est estudiée artificieusement, & qu'vne sage indiscretion fait lascher des propos qui semblent estre les veritables sentimens de ce qu'on projette, & qui ne le sont pas en effet. Mais c'est vne adresse autant difficile, qu'elle est auantageuse; & celuy qui la peut pratiquer est desia fort auancé dans cette science. C'est pourquoy l'obseruation de toutes les paroles quãd on a part dans les negoces, dans les conseils, dans les intrigues, & dans les discours dont on entretien les hommes de puissance, & de credit, doit estre vn de nos soins les plus assidus. Vn mot hors de saison indiscret ou temeraire, hardy ou trop craintif, oste la grace, & le fruict à tous les trauaux; & plonge quelquefois dans vn malheur d'autant plus sensible, qu'on a peine d'en connoistre le suiet. Vne parole ingenieuse, & concise, qui descouure la bonté de l'esprit; qui montre le iugement qu'on apporte en toute sorte de circonstances, & de conjonctures, donne de l'estime, fait considerer, aimer, ou craindre; & éleue à la fin celuy qui la prononce iusques au plus haut poinct des grandeurs. Ainsi que vos paroles, comme vostre contenance soient tousiours composées de beautez, de ciuilitez, & de prudence, dans les moindres actions de vostre vie. Cét homme qui vient vous rendre visite le matin, a possible intention de descouurir par vos paroles si vous n'auez point de part, de puissance, ou d'affection aux affaires dont il doit traitter le mesme soir. Ses amis viendront vous rendre leurs deuoirs à ce mesme dessein, dans des distances assez notables pour mieux couurir leur artifice. De là vous connoissez certainement que si l'on n'est tousiours en garde; si l'on ne s'obserue en tout, on se trahit souuentefois soy-mesme ; on creuse mille precipices sous ses pas sans les voir ; on pleure sa cheute sans sçauoir qui la cause ; & l'on void ses resolutions descouuertes sans connoistre qui les reuele.

L'art à se defendre de ces hommes, qui par leurs offres de seruices, & le pretexte de faire visite, & d'entretenir, viennent foüiller dans le plus secret des pensées, est de considerer la substance, le motif, & le dessein de leurs ciuilitez ; & si les obligations qu'ils veulent acquiter, par les deuoirs dont ils se disent redeuables, sont des remercimens qui suiuent effectiuement les bien-faits qu'ils ont receus. Si on vous aborde auec ce compliment, les faueurs continuelles que ie reçoy de vous ; l'assistance en telle & telle affaire que vostre bonté m'a faite ; les faueurs que ie trouue dans l'honneur que i'ay de vous appartenir, me rendent tellement vostre obligé, que ie ne puis qu'à tous momens ie ne vienne vous en ramenteuoir ma reconnoissance par mes offres de seruices, & mes deuoirs; vous deuez faire reflexion pour considerer si ces termes, & cette visite sont vne legitime reconnoissance, & si l'obligation dont on vous parle merite vn tel remerciment. Par là vous connoistrez l'esprit de ceux qui vous courtisent; vous presumerez le dessein de ceux qui vous parlent; & vous pourrez apprendre infailliblement, où la multitude, & le peu de paroles sont necessaires.

Comment connoistre les fraudes des commerces, & s'en deffendre.

CHAPITRE XIV.

L'Obseruation des paroles sert à faire vn discernemét iudicieux des fraudes que l'on exerce contre nous: mais les moyens plus asseurez à les découurir, & s'en deffendre, sont de considerer attentiuement la nature, la qualité de l'esprit, la condition, & la patrie de ceux auec qui l'on va traitter. Entre les hommes les vns sont naturellement impudens, malicieux, hardis, legers, inconstans, perfides, & brouïllons; leurs actions les declarent, & les publient tels en peu de temps: on se dépouïlle auec peine des vices naturels; & l'artifice qui les cache, languit, s'ennuye, & n'est pas de longue durée. On peut tout craindre legitimement de ces

persua-

personnes; & l'on peut aussi traitter auec eux par des moyens qui exemptent de leurs prises, & qui ne seroient pas dans la iustice, & la bien-seance auec les autres. Les vieillards sont ordinairement artificieux : & l'experience qu'ils imaginent auoir, les fait aller par des certaines subtilitez; mais qui se deueloppent facilement,& qui finissent au moment qu'ils les conçoiuent, parce qu'ils n'ont pas assez de force,& de vigueur, & qu'ils ont beaucoup de paresse. Il y a des nations qui ont des soupplesses que les autres ne connoissent point ; & qui ont des pratiques en veneration, que les autres ont à mespris, & tiennent pour sacrilege. Les Italiens ont plus d'adresse & d'industrie à tromper que les Espagnols; & les François en ont moins que ces deux nations. Les Allemans sont impropres, & ne sont pas capables de cét art. Les Afriquains, & les Grecs en font vne Deïté ; & dans leurs païs il y a des Prouinces & des Estats qui s'en seruent plus, & qui s'en seruent moins.

Cette remarque de l'inclination des regions estát acheuée; appliquez-vous à celle du sexe, de l'aage, de l'education, de la profession, des mœurs, & mesme de la beauté du corps. Les enfans, les femmes, les païsans, les hommes rustiques, les marchands, les artisans, les faiseurs d'affaires de ce temps n'ont pas vne foy certaine. N'imaginez pas pourtant qu'ils soient tous entachez de ce vice: Ie denote plus le general que le particulier. On accuse des terres de sterilité, qui quelquefois ont les mines de

M m

l'or; & l'on craint des inondations de fleuues, quoy que quelques-vns payent par les feconditez qu'ils apportét les rauages que font les autres. Ne croyez pas auſſi que tous ceux auec qui vous traittez ayent autant de fineſſe, & d'induſtrie que vous; & qu'ils ayent l'eſprit autant dans l'obſeruation de toutes choſes. Il y a des perſonnes naturellement mauuaiſes, & qui ont des inclinations pour le mal, qui conſeruent neantmoins la foy qu'ils ont iurée; & qui n'ont pas les yeux aſſez cruels pour l'inhumanité de voir couler le ſang ; & la violence. Et il en eſt beaucoup qui ſe rapportent de leurs deſſeins à la fortune, & qui ſe laiſſent conduire comme on les meine. Mais ſçachez, & faites fort ſur ce poinct, que l'audace qui contient le meſpris, l'eſperance, & la neceſſité, eſt le plus ferme appuy de la fraude, & ce qui la prouoque. Celuy qui meditant vne vengeance, penſe que ſa neceſſité l'excuſera; qui eſpere auoir aſſez d'adreſſe pour la couurir, & de courage pour l'executer; ſera capable de tout entreprendre ; & n'aura point d'actions plus ordinaires que l'impudence, la violence, & la temerité.

Ainſi ne traittez qu'auec eſprit preparé à vous defendre auec ceux dont la fraude eſt couſtumiere, & ſemble eſtre le ſecret de leur profeſſion. Les artiſans mercenaires, qui vendent en detail; ceux qui fourniſſent la bouche, les delices, les débauches, les habillemens, & les neceſſitez du corps ſont de ce predicament. La fin plus honneſte, &

plus ingenieuse qu'ils se proposent, est le gain qu'ils feront par la rencontre de celuy qui n'aura point de connoissance de la iuste valeur des choses qui composent leur art. Vous découurirez si vous n'auez point donné dans leurs filets, quand apres vostre achat vous les laissez tristes, ou en colere; quand leur visage ne s'enflamme point; quand ils vous laissent aller, & vous rappellent; ou quand ils ont les yeux rians, & que par maniere de dire, ils vous ricanent au nez. Leurs mouuemens de ioye vous dient que vous estes attrapé; & ceux de leur tristesse que vous n'auez payé que le iuste prix de leur marchandise. Soupçonnez de fraude ces Marchands qui vous rappellent; ils changent souuent par cét artifice les marchandises qu'ils ont montrées d'abord. Enfin ne donnez point vne creance si prompte à ces Architectes, qui font des allignemens, qui dressent vn plan sur des papiers dans la methode ingenieuse de leur art; & qui par les lignes qu'ils crayonnent, ces termes d'architraues, de portiques, de couronnement, de piedestal, de chapiteaux, & autres qu'ils y donnent, semblent vouloir vous éleuer vn Palais d'vne maison commune dont vous leur demandez le dessein. Ne les mettez point en procez si leur art vous est necessaire, ils sont tous d'vn commun accord : & cét autre que vous emploierez, quoy qu'il ait plus de complaisance, & qu'apparamment il fasse meilleur marché, il vous engagera de sorte qu'il vengera son compagnon. Deffiez vous encore de ceux qui

Mm ij

poursuiuent les baux, & les fermes de vostre bien auec vne ardeur qui n'est pas commune. Voyez quand le bail leur en est promis, si sur leur visage il n'y a point quelque ioye extraordinaire : l'humaine condition est si foible qu'elle se rejouït mesme de la seule esperance du profit qu'elle conçoit : c'est la marque de quelque fraude ; que le prix en est trop bas ; & que ce poursuiuant tant eschauffé y trouue vn notable auantage, & vous vne perte considerable.

Comme il est honteux à vn homme d'esprit d'estre surpris, il doit s'instruire icy des moyens d'éuiter ces rencontres où son honneur, & ses vtilitez souffrent. Qu'il sçache que ceux qui le veulent surprédre agissent principalement dans le temps qu'il contracte quelques affaires auec passion, ou qu'il a dessein de s'en départir ; & qu'il y a des moyens pour rendre leur artifice sans effet. Le premier est de considerer les sujets pour qui l'on contracte par leur matiere, par l'art qui les trauaille, par leur quátité, leur nombre, leur beauté, leur estime ordinaire ; & de ne les pas desirer auec telle chaleur & promptitude, qu'elles empeschent de consulter sur leur achat les Maistres des arts qui les forment, quand on ignore leur prix. Dans la matiere on y regarde le genre, l'espece, la situation, les lieux où elle est en vogue ; & le temps, où la valeur des choses est plus grande, ou plus petite. Ainsi l'or est plus noble que l'argent, & l'or pur est d'vn prix plus releué que celuy qui a du meslage. Il y a des temps où certaine nature de perles, de diamans, & des pierres precieuses ont plus de cours, & de commerce qu'en vn autre. Il en est de mesme du reste, gardez y mesme proportion. Le second consiste à conuenir de prix auant le trauail auec les Architectes, les entrepreneurs de bastimens, ou autres artisans qu'on met en besongne; d'en rediger par escrit le genre, le nombre, la quantité, & la forme; & de demeurer tousiours en reste du payement, quand l'ouurage est acheué, pour auoir les reparations plus promptes des choses où leur art aura manqué, & où leur tromperie aura paru. Et le troisiéme pour acheter seurement, est de marchander auec indifference; de retenir sa volonté lente proche de l'execution; de considerer l'humeur de la personne auec qui l'on traitte: S'il est vn inconstant, de lier sa parole dans vn escrit, de prendre des gages, & des arrhes; & d'interposer la foy publique, les tesmoins, & l'authorité du Magistrat.

Il y a des Politiques qui tiennent qu'il n'est pas moins vtile de se defendre de la fraude qu'on veut exercer sur nous, qu'il est glorieux d'employer ses mesmes armes pour la destruire, & nous vanger. Mais cette maxime doit estre restrainte dans ces termes, si cette fraude apporte peu de ruine. Elle est peu dans la conscience: l'exemple des crimes ne fait pas vne innocence, encore moins vne impunité. Voulant tromper ceux qui trompent, on peche diuersement: on destruit la foy publique; on fait agir le crime en secret; on blesse la decence, le deuoir de charité : & dans les choses legeres, & de peu d'importance, on descouure qu'on a l'esprit capable de ces meschancetez. On y fait peu de profit, quand on en viendroit à bout : & l'exerçant sur vn homme de credit, & dans les charges, on s'expose dans les dangers de sa vengeance ; souuent ils font sentir qu'ils manient les loix. Vous commettriez vne faute qui ne seroit point pardonnable, si vous répandiez de vostre propre mouuement ce venin sur les orphelins, les vefues, les malheureux ; & sur vn amy qui vous auroit obligé. Vostre crime ne seroit pas moins violent, que si vous auiez fait injure aux Prestres ; si vous auiez corrompu des vierges sacrées, & prophané des Temples. Il est vray que le plaisir est charmant de tromper ceux qui nous trompent ; & que c'est vne passion difficile à contenir : parce qu'elle a l'image de quelque iustice ; mais elle n'est point iuste en effet ; & il est certain que pour se mettre dans l'innocence en cette action, il faut sçauoir la façon de tromper pour ne la pratiquer point, mais pour aller au deuant de ceux qui cherissent son vsage, & pour se dégager des liens où l'on veut nous embarasser. Ainsi concluons en ce sujet par les principes de la sagesse, que personne ne sçait iustement l'art de tromper, qu'il ne connoisse les moyens qui sont iustes, & permis pour se defendre des trompeurs ; & que ces moyens n'ont leur execution legitime qu'à l'instāt qu'on repousse la fraude, ou qu'on fait paroistre à qui voudroit l'employer, qu'on seroit maiſtre en cette adreſſe ſi l'on ne ſeruoit la vertu.

Mais ſi donnant dans les filets qu'on vous auoit tendus, vous vous ſentez attrapé; ſi vne reflexion plus iudicieuſe ſur l'action que vous venez d'executer, où l'aduertiſſement d'vn amy vous deſille les yeux; & que vous eſtimiez qu'il vous ſoit honteux d'eſtre ſurpris, & ioüé; n'en faites pas d'abord éclatter voſtre reſſentiment. Pour rompre leurs obſtacles, & paſſer à trauers; n'auoüez pas que vous reconnoiſſez eſtre dupé: & parlez dans vne feinte ardeur de voſtre deſir paſſionné pour la choſe qui vous eſt promiſe, ou venduë auec fraude. Vantez le gain que vous y faites, la condition auantageuſe que vous y trouuez; & feignez de craindre la rupture de l'accord fait auec vous. Lors faites agir ſous main vne perſonne affidée, qui promette de parole plus de prix que vous ne donnez. Pendant ces offres d'vne condition plus auantageuſe, preſſez auec importunité l'execution de la paction faite auec vous; en diſant que vous craignez qu'il ne ſe rencontre d'autres perſonnes qui vueillent aller ſur vos briſées, & enuier voſtre marché. Vous ferez conceuoir le deſſein d'vne tromperie plus profitable à celuy qui croit vous auoir trompé; il ſera ſenſible à cette eſperance, qui le flattera d'abord d'vne imagination toute dorée: & en ſuite cét affidé changera de langage en voſtre preſence, ſe departira de la parole qu'il auoit donnée d'vn plus grand prix, diſant qu'on l'a détrompé; que ceux auſquels il a communiqué ſon deſſein luy ont appris que ce prix offert n'eſtoit pas legitime, & qu'il excedoit la valeur de la choſe plus de la moitié de ſon iuſte prix. Ce diſcours vous preparera matiere à vous plaindre de la perfidie dõt on vſe en voſtre endroit; à vous départir honneſtement de la parole, ou de l'eſcrit que vous luy auiez donné; & à le faire conſentir en le picquant d'honneur, que vos contracts demeurent nuls, & ne ſortiſſent aucun effet. Si cette voye eſt inutile; tentez celle de le faire aborder par des perſonnes de voſtre brigue, & qui luy faſſent d'autres offres, & qui vous blaſment d'entretenir mal les traittez que vous faites. Venez encore en ce poinct d'entrer en querelle auec luy, de le mettre en colere; & de luy faire proferer quelques paroles qui deſourdiſſent la trame employée contre vous: il luy ſera difficile de ſe côtenir, & de ne s'eſchaper point en quelques diſcours qui puiſſent fournir ſujet de vous dégager. Ces moyens, & d'autres que chacun peut conceuoir dans l'eſtenduë de ſa puiſſance, & de ſon eſprit, ſont des actions dont on peut ſe ſeruir contre ſes ennemis, contre les perſonnes qui forment vn trafic de la fraude, qui ſe plaiſent à trauerſer nos deſſeins, & qui publiquement nous perſecutent. Auec les perſonnes d'honneur vne honneſte excuſe, vn aueu fait franchement des dommages qu'on ſouffre dans les traittez qu'on a faits, diſpenſe de ces ruſes ingenieuſes: comme on ne doit pas les pratiquer à leur endroit, ils ne reduiront pas dans l'eſtat d'emprunter leur ſecours.

La

La necessité d'auoir des personnes affidées dans ses intrigues; comment s'en seruir, & gouuerner ses entremeteurs.

CHAPITRE XV.

SI les maladies font penser aux remedes, de la mesme façon que Platõ disoit que les vices ont fait naistre les loix ; de ces moyens de se dégager de ce qu'õ a mal entrepris, il est facile de voir que pour bien executer dans la societé ciuile, il est necessaire à vn chacun selon la proportion de son negoce, d'auoir des personnes affidées pour les intrigues, & des faiseurs d'affaires, sur les soins & les actiõs desquels on puisse se reposer, & faire agir seurement ses desseins. Le choix de ces hommes est assez delicat. Côme leur entremise n'est pas moins vtile qu'elle est necessaire: ils doiuent auoir beaucoup de capacitez à rendre seruice. Les qualitez de diligent, d'adroit, de subtil, d'auisé, de ciuil, de bien-voulu dans les cõpagnies, d'intelligent dans le sens des paroles proferées sans discretion dont on respond aux demandes, & de versé dans la connoissance des affaires du monde sont requises en eux: & principalement il faut obseruer s'ils ont l'ame assez disposée à receuoir les effets de l'amitié, à l'entretenir auec ardeur; & à cherir plus l'honneur, & la reputation, que les richesses. Ne les prenez pas si excellens en toute sorte de science : quelquefois ces intelligens par trop de consideration, & pour trop obseruer ce qui se passe, font des gloses, & des commentaires, où ceux qui firent les textes ne penserent iamais; & par trop de raisonnemens ils apportent des confusions, où il n'y a que des lumieres. Mais gagnez leurs affections par les moyens de faire en sorte que les habitudes qu'ils peuuent auoir auec vous de conuersation, de passe-temps, & d'intrigues, leur soient profitables: & qu'ils voyent les occasions d'augmenter leur fortune en entrant dans vostre commerce. Cimentez l'amitié qu'ils ont pour vous par de petits presens, qui croissent leurs richesses, & leurs plaisirs. Si ces personnes montrent que leur plus grande passion soit l'ambition; éleuez leurs actions, leurs adresses, & ce qu'ils ont de loüable au dessus des loüanges communes. N'entrez iamais en querelle auec eux deuant des tesmoins, soit par plaintes, ou reprochant leurs fautes. Taschez d'auancer ceux qui leur appartiennent, leurs enfans, s'ils sont capables de vous rendre seruice. Inuitez-les souuent à vostre table; & s'ils sont à vos gages, ne leur donnez pas vostre maison pour demeure ordinaire : le trop de familiarité, & la conuersation trop frequente éleuent & nourissent les semences des diuisions; & font naistre à la fin quelque haine, ou quelque mespris, par la rencontre des humeurs des femmes, des enfans, ou des valets qui ne peuuent s'accorder. Toutefois il est beaucoup expedient de concilier de la bien-vueillance entre leurs femmes, leurs enfans & les nostres; & que cela se fasse d'vne façon qui l'excite continuellement.

Que les paroles que vous tiendrez auec eux soient celles qui composent leurs plaisirs, ou qui leur fassent ramenteuoir les bons seruices qu'ils vous ont rendus, & les vtilitez que vous receuez de leurs affections. Si vous auez fait quelque chose d'importance en secret; prenez garde qu'ils ne le découurent: & si vous craignez qu'ils l'apprennent de quelques autres; faites leur en le discours, en accusant vostre temerité d'auoir seul tenté des affaires si espineuses. Les secrets dont la reuelation ne formera point vostre perte, doiuent leur estre découuerts. Ne mesprisez point ceux qui les touchent par l'amitié, ou le sang. Faites les tousiours compagnons de vos plaisirs; qu'ils vous accompagnent à la chasse, ou autres diuertissemens; & ne leur parlez iamais des disgraces de leur maison. Ne iouëz point auec eux vn ieu dont la perte leur puisse estre sensible. Faites paroistre que vous auez inimitié auec ceux qui sont leurs ennemis. En vn mot, pleurez leurs malheurs, vantez leur fortunes: & quand ils vous empruntent de l'argent, si la somme est modique, faites la compter auec la mesme grace que si vous la donniez; & si elle est considerable, ne prenez vostre asseurance par l'instrument de la foy publique ou particuliere, qu'auec vn discours qui porte en sa substance ce compliment, assez mauuais, mais ordinaire, on ne sçait qui meurt ou

Nn ij

qui vit. L'vtilité de cette adresse est merueilleuse; & l'experiëce la découurira mieux que les discours les plus trauaillez. C'est assez de dire que par elle on sçait tout ce qui se passe dans les sujets, qui forment, ou destruisent nos auantages; & qu'à la faueur de quelques particuliers qui entrent dans nos interests, ou qui trauaillent pour nous, nous enfermons dans nos affaires vne infinité de personnes. Ces hommes qui nous donnent leur amitiez, & leurs soins, nous procurent les assistances de leurs amis; & ces amis nous en attirent encore d'autres. Ainsi insensiblement nos interests se defendent, ou se poursuiuent; nous sçauons les occasions qui seules composent leurs succez : & nous n'vsons qu'à propos des delais qui si souuent ruinent les entreprises, & de beaucoup de chaleur qui tousiours les precipitent. Le seruice qu'on en tire n'en doit pas rendre la creance beaucoup difficile. Ils ne sont autres qu'vn rapport fidele de tout ce qui peut auancer, ou reculer les desseins; qu'vn conseil iudicieux de ce qui fait des vtilitez; qu'vne prompte execution des commandemens, & des commissions; qu'vne occasion prise aux cheueux; & qu'vne façon d'agir innocemment par les subtilitez.

Ces moyens d'agir par l'intrigue, & les soins de personnes interposées, sont pour les affaires d'importance, & les hautes fortunes : les moindres doiuent suiure les mesmes traces, mais non pas auec tant d'obseruations, de soins, & de despeses: Comme leur nature n'est pas d'vne matiere si releuée, il n'y faut employer que des formes mediocres, des personnes de condition peu considerable, ou seruile; & qui ne laissent pas d'auoir des entrées dans les maisons, & quelquefois dans les secrets des familles: côme ceux qui sont necessaires par leur art; les Medecins, Chirugiens, Apoticaires, Barbiers, Gardes, Sages-femmes, Nourrices, anciens Domestiques, en vn mot les Moines. Ces gens sont faciles à corrompre par leur consideration particuliere, & par l'argent: & sans peine on leur fait prendre auec affection le soin de nos interests, & de nous procurer des bien-veillances, quand les seruices qu'ils nous rendent augmentent leur fortune par la recompense qu'on leur donne, auant mesme qu'ils ayent reüssi. Ainsi si vous voulez auoir quelques charges, ou quelques commissions; si vous desirez des premieres places dans les Communautez; considerez d'abord qui sont les personnes puissantes à vous en gratifier, & qui peuuent auoir cette authorité. Tentez apres tous les moyés capables de fauoriser ces desseins aupres d'eux; ou par le particulier accez que vous auez par les degrez de parentez, & d'alliances, ou que vous pouuez auoir par le charme de l'argent, & de ceux qui les gouuernent. Dans les Communautez les emplois profitables sont distribuez par la conniuence des vns & des autres; & par l'intrigue dont on remuë les ressorts par l'amitié, ou l'interest. Dans les Colleges, dans les lieux publics, dans les maisons Ecclesiastiques, leurs œconomes, ceux qui manient leurs reuenus, les afferment en telle sorte que leur propre interest est tousiours de la partie: si vous traittez auec eux; si vous les faites voir par ces adresses, vous y trouuerez pleinement vostre compte. Dans les ventes publiques qui se font par les formalitez de Iustice, colludez auec vos affidez; qu'ils desprisent la chose qu'on expose en la vente; qu'ils n'en offrent qu'vn prix tres bas; qu'ils prennent garde à ne faire pas monter trop haut vostre enchere: & si vous n'auez pû si bien couurir vostre ieu, que vous n'ayez fait paroistre l'enuie de l'auoir; qu'ils en demeurent quelque temps les seuls poursuiuans, & les adiudicataires en apparence.

Dans la poursuite des emplois pour les Communautez, où plusieurs ont pareille authorité, si vous n'auez traitté qu'auec vn seul; soignez que les autres n'en soient aduertis, & n'en prennent connoissance que par son ordre. Sçachez que l'or est composé de metal, & que par vne participation de rapport, il rend de pierre certains esprits: qu'il est vne Meduse qui arreste, qui rend fixes & permanentes beaucoup de choses; & que le commerce, que l'on exerce par luy, a des executions auantageuses, & tousiours certaines. L'argent que ces persones ont receu est vn denier à l'interest. Si l'affaire ne succede, ils ne veulent pas le retenir sans quelques couleurs de recompense: leur humeur aspre à l'argent, à de la peine à le rendre: en sorte que pour vous satisfaire, & ne déplaire pas à leurs inclinations, ils se mettent en devoir de vous procurer des occasions, où leur affection, & leur dessein de vous servir paroissent effectivement. De conduire ainsi ses interests par les voyes de l'argent delivré, c'est vne action dont les certitudes sont plus grandes & plus honnestes, que celles des promesses. Ceux à qui vous donnez cette monnoye legere, n'y donnent pas entierement leur creance; ils craignent vn manque de parole : & soupçonnant les effets d'vne ingratitude, ils ne trauaillent que mollement; & ne poursuiuent point auec ardeur la continuation d'vn trauail, dont ils sçauent ne pouuoir exiger selon les loix le salaire, & la recompense. Cette façon d'agir s'execute plus facilement auec les personnes estranges, & inconuës, qu'auec les amis : parce qu'il en est entr'eux qui ne laissent pas d'auoir l'ame venale, mais qui reçoiuent reproches de leur amitié d'exercer en leur endroit cette auare inclination. C'est pourquoy ce reproche, qui leur fait honte, est vn sujet pour lequel ils fuyent de traitter auec les amis; ils en cherchent les occasions auec d'autres.

Apostrophe au Lecteur.

J'Entends icy vostre murmure, sage Lecteur, vous faites exclamation ! & vous dites que la condition des hommes est malheureuse; & principalement des vertueux, & des illustres, qui ne peuuent monter aux trosnes des loix, & des autres professions qui sont vtiles à vn Estat, que par des degrez couuerts d'or, & d'argent, dont ils ne sont pas souuent les mieux fournis. Mais ie vous responds en vn mot, pour ne rendre pas longue cette digression, que la comparaison des maux est vn charme aux afflictions. Chaque temps à ses pechez, & chaque aage a quelque corruption en ses mœurs. Ceux de nostre siecle sont plus tolerables que ceux-là, où les crimes, les brigues sanglantes, & quelquefois les seditions estoient les puissances qui donnoient les charges, & les commandemens ; & où l'on ne priuoit pas seulement les legitimes successeurs des honneurs de leur naissance, mais où le sujet qui faisoit perdre la vie estoit l'innocence, & la reputation d'estre vertueux. Ce siecle n'a de monstres que l'auarice, & l'ambition : & ce malheur est d'autant plus à souffrir, que c'est, ce semble, vne necessité à chaque aage du monde d'abonder en differends desordres ; & que cette ambition, & cette auarice qui mettent les charges aux poids de l'or, ne rougissent point de sang, & y reçoiuent les vertueux, & les gens de bien auec cette monnoye.

Ie dis finalement pour dernieres façons d'intrigues aux fortunes mediocres, que si vous auez besoin du credit, & de l'assistance de quelque amy puissant, qui n'a pas toutefois en sa disposition l'euenement de ce que vous projettez ; il y faut preparer son esprit à vous offrir ce qu'il y peut par ses amis : luy dire que vous sçauez les effets de son credit ; ce qu'il a fait pour tels, & tels ; la faueur que ses

seruices

feruices luy ont acquis auprés du Prince, ou de ceux qui l'approchent; que vous reconnoiſſez les obligations que vous luy auez; que voſtre memoire a preſens les feruices qu'il vous a defia faits; & que voſtre reconnoiſſance s'appreſte à luy en rendre des teſmoignages ſignalez. En ſuite il faute faire obſeruation de ceux qui peuuent beaucoup ſur ſon eſprit, ou par les deuoirs de l'amitié, ou de la defference ciuile; & ſur tout attirer ſes inclinations à vous ſeruir, & vous eſtre fauorable, par l'entremiſe de perſonnes religieuſes, ou recommandables dans l'Eſtat Eccleſiaſtique. Ils peuuent beaucoup, ils ont des delicateſſes merueilleuſes en flatant, & des raiſons de pieté qui perſuadent puiſſamment: ils mettét l'Enfer au bout de leurs auerſions, & le Paradis dans l'execution de leurs conſeils. Leur habit donne vne horreur religieuſe; fait reſpecter leur abord; & fait preſumer de la bonté dans leur entrepriſe, & de l'innocence dans leur perſuaſion.

Ce n'eſt pas vne difficulté qui ſoit legere que de ſe ſauuer des grands accidens; & de conduire les affaires eſpineuſes. La methode pour y reüſſir eſt de faire choix d'vn entremetteur qui ſoit iudicieux; & qui ioigne à ſon iugement l'impreſſion de quelques paſſions qui ſoient les noſtres, ou les ſiennes, pour l'attacher plus ardamment au ſujet auquel on le commet. Ceux d'vn eſprit leger n'y ſont pas propres; & il ſeroit dangereux de s'y confier: & ceux d'vne prudence extréme negligent ces emplois; & reconnoissant l'artifice, refusent de prester leur ministere aux passions d'autruy. Ainsi si vous voulez perdre, ou éuiter celuy qui vous destruit; si vous preparez des pieges à celuy qui vous creuse vn tombeau, (l'execution de cette volonté deuant estre aidée par l'interposition de quelques personnes) employez à cét effet ceux qui ont naturellemēt des auersions contre luy, & qui le traittent d'vne haine immortelle. Seruez-vous de vos parens, les liaisons du sang ont vne puissance merueilleuse, & choisissez entre ces hommes, ceux qui sont les plus auares. Ils sont naturellement enuieux des prosperitez d'autruy; par des promesses vous enflez leur courage; & par l'argent effectiuement deliuré, vous y mettez du feu.

Dans les factions, & les brigues que vous excitez, tenez couuerts les desseins les plus pressans; faites agir vn affidé; donnez ordre qu'vn de vos amis s'insinuë chez les Grands, chez les Magistrats; qu'il vous rapporte leurs sentimens sur ce que vous poursuiuez; qu'il vous die les bruits de ville qui courent à vostre sujet: & s'il est necessaire de découurir l'auteur de la menée; ne vous nommez pas le premier, attribuez-en le dessein à vn autre, & tentez par degrez la fortune de vostre projet. En vn mot, si ces personnes interposées n'ont pas l'adresse que vous souhaittez; si vous estes sur le bord du precipice; si la conspiration faite contre vous minute vostre perte; si vostre honneur & vostre vie sont en danger éuident; si vous estes Gouuerneur de quelque place forte & d'importance en vn Eſtat; ſi la rebellion des ſoldats ſecouë le ioug; & ſi la perfidie des habitans s'y joint; imitez l'art des peſcheurs, qui lors qu'ils chaſſent les poiſſons dans leurs rets, enuironnent, bouchent, & s'aſſeurent des paſſages de leur fuite, en ſorte qu'il eſt d'vne neceſſité qu'ils viennent apres leurs deſtours donner dans le filé qui leur eſt tendu. Si cette milice vous abandonne; ſi ce Lieutenant deuient perfide; calez voile ouuertement, & cherchez en ſecret la cauſe, & l'appuy de ſon infidelité. Donnez aduis à ceux qui la peuuent empeſcher au dehors, qui peuuent vous deſcouurir les momens, & le poinct de ſon execution. Par les difficultez, & les obſtacles que cette adreſſe fera naiſtre, vous deſtournerez le deſſein, vous rendrez nulle l'entrepriſe, vous éuanterez la mine : où vous acquererez la reputation de fidele, de prudent, & d'intelligent dans l'art que vous profeſſez.

Comment ſe comporter dans la corruption de la fidelité des domeſtiques, & s'en deffendre.

CHAPITRE. XVI.

ENtre ces moyens d'intrigues, & d'entremiſes, quelques Politiques peu ſcrupuleux y comptent la corruption des domeſtiques, pour en tirer le ſecret des familles, en ſçauoir le foible; & connoistre l'occasion propre à s'opposer à ce qu'elles entreprennent à nostre preiudice. Mais dans cette obseruation, vous n'apprendrez de moy que la façon d'éuiter les prises qu'excitent sur vous ces ennemis domestiques, ces veritables sangsuës, qui ne sont pas contentes de se gorger de la propre substance de leurs maistres, & qui veulent donner iusques au cœur. Ce moyen est pernicieux c'est vne intrigue à punir du foudre, & on ne peut la nommer qu'vne insigne trahison. Son vsage n'est permis ciuilement que pour nostre deffense, & celle de ceux qui nous touchent par le sang : les loix du monde le souffrent pour la guerison d'vne playe qui conduit à la mort, & qu'on reçoit iniustement; mais les ordonnances de Dieu ne le tolerent point, & le condamnent. Ses effets seuls sont capables de donner de l'horreur: on y void le poison, la violence, l'espanchement du sang, le larcin, la fraude, & la trahison des secrets que les seruiteurs sçauent confidemment. Vous l'auoüerez quand vous aurez consideré ses actions, & que vous aurez pensé que vous estes homme: c'est à dire la plus foible des creatures de la terre, qui n'espere sa force, qui n'attend sa valeur que dans le Ciel; & dont la vie n'est qu'vn passage d'vn momét, qui fait neantmoins par ses actions le bon heur, ou l'infortune d'vne eternité. Aussi quand elles ne reüssissent pas, & quand mesme elles ont vn bon-heur apparent; que reste-il sinon des dangers, dont les precipices s'offrent continuellement aux yeux; de l'infamie qui noircit deuant les hommes; & vne conscience qui par des remords tuë à tous momens sans oster la vie? Ces actions offensent vn Dieu infiniment bon, à quel dessein? Si pour acquerir des felicitez? on n'en trouue point de solides parmy le monde. Si pour venger vne iniure? c'est prendre la qualité de traistre pour se faire craindre. Si l'on se vange par surprise, cette vengeance est imparfaite; & si on la veut rendre publique, pourquoy y mesler vn artifice secret? S'il est fondé sur l'espoir de quelques vtilitez; que les dangers qui sont d'ordinaire à sa suite vous desabusent: ie dis que c'est le propre d'vn voleur de dresser des embusches pour auoir des richesses. Si vous en conceuez des asseurances pour vostre repos; c'est le rechercher au milieu du trouble, & vouloir trouuer le calme dans l'emotion qu'excitent les orages. Combien de personnes a-t'on veu reüssir dans cette infame pratique? Sçachez que les autheurs de ces crimes traittent d'vne haine immortelle ceux qui leur prestent leur ministere: & que ceux qui trahissent, n'acheuent leurs trahisons qu'en se deffiant, & commençant la perte des traistres qui les ont seruis.

Ie ne veux point icy, pour en donner les exemples, nommer les familles qui se sont renduës celebres en cét art: lisez les histoires, vous les connoistrez; & vous remarquerez que les traistres n'ont iamais veu la recompense de leurs trahisons passer dans les mains de leurs enfans. Les Rois, les Princes, les Grands les cherissent en apparence; ils reçoiuent à bras ouuerts leur secours; mais ils haïssent leurs perfidies. Ils les remercient des souleuemens des peuples qu'ils excitent en leur faueur; des forteresses que leur adresse surprend; & des villes qui par les seditions criminelles qu'ils entretiennent, se iettent entre leurs bras, & les appellent à leur defense. Mais ils craignent l'inconstance de ces esprits vicieux : le poison, le meurtre qu'ils employent leur fait horreur: s'ils n'ont du succez ils s'en prennent à eux; ils deuiennent les objets sur lesquels ils vengent leurs déplaisirs; & dans la violence qu'ils exercent contre eux, ils montrent le repentir de celle qu'ils auoient projettée.

Le soin à se defendre des traistres, & principalement des domestiques, & la diligence qu'on doit apporter à descouurir la sollicitation & la corruption qu'ils reçoiuent, sont des actions assez importantes pour en faire vne meditation serieuse. Il n'y va pas moins que d'empescher les meurtres, les empoisonnemens, les larcins, & la publication de ce qu'il y a de plus secret, de foible, & de defaut dans les familles. Ces hommes que tout vice peut employer, sont sollicitez aux trahisons par la recompense; par la colere qu'on leur fait conceuoir contre les personnes qu'on veut perdre; par vne fausse crainte, qui leur figure que ceux qu'on fait deuenir leurs ennemis s'occupent à ruiner leur fortune: & par l'audace qu'ils ont naturelle, on les rend auec facilité susceptibles des mauuais desseins. De ces traistres il y en a qui sont soufmis par droict de fujetion ; on en rencontre qui s'offrent à ceux qui les cherchent ; & il en eft qui par le profit, & la haine font capables de toutes mefchancetez contre ceux qui les éleuent, & les traittent domeftiquement.

Les premiers fe trouuent facilement dans les armées, principalement dans celles où la foldatefque eft mercenaire, & n'obeït que pour la folde: & ils font rares, où la milice eft l'obligation de la naiffance. Chez les Romains, où il n'y a forte de vice & de vertu qui n'ait fon exemple; & chez les Turcs, vous n'auez iamais entendu parler de foldats, & de Gouuerneurs de foreretreffes qui ayent liuré par trahifon aux eftrangers leurs ennemis les places qu'ils defendoient. Ce rencontre de voir les trahifons fi frequentes dans les armées ne donne pas peu d'eftonnement: veu que la difcipline eft fi rigoureufement obferuée fur les foldats, que ceux qui ont les moindres commandemens fur eux, y ont la puiffance de la mort & de la vie, fans autres formalitez que celles de leurs foupçons. C'eft ce qui m'oblige de dire en paffant, que noftre feureté defpend plus de n'auoir point d'ennemis puiffans, que d'eftre dans la puiffance de les perdre, ou de s'en defendre : & qu'vne compagnie de Gardes toufjours en haye, ou en fentinelle n'eft pas vne affeurance certaine.

Les feconds ne font pas fi faciles à trouuer; & ne s'occupent pas fi volontiers fur les perfonnes de condition mediocre : le profit n'y eft pas fi grand, la punition en est plus certaine : & leur garde, qui est d'autant plus asseurée, & plus diligente, qu'elle est moins dans la pompe, & le faste, leur fait peur. Les Grands dans la multitude de leurs Gardes sont moins en seureté : ces Gardes rejettent les soins diligens qu'ils doiuent auoir sur leurs compagnons; & s'attendans à leur vigilance, ils n'en reseruent point pour eux. Ce qui fait que le plus souuent les personnes publiques sont opprimées, où les particulieres sont en asseurance. Aussi les plus seurs, & meilleurs Gardes que peuuent auoir les Princes, & les puissans, est de ne point se rendre ennemis ceux qui partagent quasi leur pouuoir par leur naissance ; de ne leur laisser aucune puissance de se vanger; & de traitter le reste des hommes moins dans la violence, que dans la douceur. Sur tout d'éuiter à leur endroit ces actions, où l'iniure est si sensible, & si publique, comme sont les meurtres de leurs enfans, de leurs freres, de leurs peres ; les adulteres de leurs femmes, & le rapt de leurs filles.

Les troisiémes sont domestiques, & sont presque en nombre aussi grand que celuy des valets : mais la façon de trahir par eux, outre qu'elle est lasche & punissable, n'est pas d'vne execution si facile qu'on ne la puisse empescher. Ce domestique qui se laisse corrompre est d'vn naturel vicieux, qui ne conseruera qu'vne fidelité chancelante : il peut auoir des compagnons qui luy ressemblent, qui seront employez à l'obseruer. Si la mine a du iour, que reste-il de reputation à celuy qui l'a corrompu ?

pu? ou plûtoſt quelle eſt ſon infamie dans cette reputation de ſolliciteur de traiſtres? Si le deſſein luy eſt découuert, & qu'il refuſe d'y ſeruir, n'eſt-il pas le reſte de ſa vie ſous la puiſſance de ſa langue? & ſon honneur n'eſt-il pas ſous la dependance d'vn valet? Il dira poſſible, il fait eſtat de mon amitié; & ie l'ay comblé de bienfaits: l'ingratitude n'eſt-elle pas la monnoye la plus ordinaire dont cette ſorte de gens paye les faueurs qu'ils ont receuës? Encore ſi leur ingratitude ne paroiſſoit qu'en ce poinct, c'eſt vn vice à qui ie donnerois le tiltre de vertu: les hommes nomment ſouuent des perſonnes ingrates qui les abandonnent dans leurs mauuais deſſeins: ils deuroient mourir de honte, de voir que leurs inferieurs en fortune, en naiſſance, & en eſprit, les ſurmontent en prudence, & en ſageſſe. Mais quand ces ſollicitations auroient de l'effet; quand ces domeſtiques preſteroient aſſiſtáce; quelle deſpenſe ne faut-il point faire pour entretenir leurs eſprits dans cette reſolution? & quels ſoins ne faut-il point employer pour n'eſtre pas découuert? Ceux qui ont des charges; qui laiſſent des ſucceſſions qui font naiſtre des enuies, ne reçoiuent point de valets, qu'ils n'obſeruent quelle eſt la main qui leur preſente; & quelles ſont les habitudes qu'ils contractent. Si la moindre de vos brigues, ou le moindre de vos projets s'oppoſe ſeulement par ſoupçon à leurs volontez, ou à leur fortune; ce domeſtique qui vient de vous, qui va chez vous, qu'on a receu en voſtre conſideration, eſt eſpié: les yeux des autres sont attentifs à l'obseruer, sont souuent sur ses mains; & souuentefois le soupçon, & l'enuie font passer pour veritez effectiues ce qui n'est pas encore dans les desseins. Lors la crainte d'estre descouuert vous descouure insensiblement; le changement que vous donnez à vos actions, celuy que vous faites faire à ce domestique vous trahit. On le void chanceler; on regarde vos soins, & vostre inquietude sur vostre visage. En vn mot, quand vostre trahison, & vostre crime auroient reüssi, vous seriez tousiours en sa puissance: & ce traistre ne voudra pas seulement partager vostre profit, mais sera tousiours à vos costez, comme vne ombre importune qui vous reprochera sás cesse ses seruices rendus; & vous n'arresterez ses fidelitez qu'auec des chaisnes d'or qui l'estraignent tousiours.

Vous, qui estes dans vn estat à craindre les atteintes des domestiques vicieux! n'en receuez point qui soient meschans, & scelerats dans la reputation & l'apparence; qui soient joüeurs, larrons, adulteres, impies; qui n'ayent point de soin pour leur salut; qui soient coleres, & qui conseruent long temps les vengeances que medite cette passion. Ne les traittez pas de mespris d'esclaues; & n'exercez point sur eux aucunes violences. S'ils sont d'vne nature à rendre de bons seruices, vne correction de douceur, & d'aduertissement suffira: ceux qui n'en changeront point leur vie, & leurs mauuaises habitudes, sont gens à chasser aussi-tost que le dessein en est pris.

On peut raisonnablement tout craindre de ceux qui n'ont aucune perfection dans les sciences, ou dans les arts. Leur ignorance est vn argument certain que leur humeur est paresseuse ; que leurs inclinations ne s'appliquent qu'au mal ; & que leur esprit a de la stupidité, ou de la malice. Le moindre de ces defauts fait conceuoir vn soupçon legitime. Ces paresseux qui ne manquent pas d'esprit, mettent d'ordinaire leur esperance dans le crime. Ceux qui panchent au mal naturellement, ont de l'affection pour les vices, quoy qu'ils n'en esperent point de recompense : & ces esprits stupides, & malicieux meslent à leurs actions de l'impatience, de la malignité, & de la fureur. Ils sont faciles, toute sorte de crimes les employe : leur legereté ne leur fait considerer que le present ; ne leur donne des craintes que pour les supplices dont ils ont les objets effectiuement deuant les yeux : & leurs esprits ne se reposent que dans ces foibles raisonnemens qui sillent les yeux du vulgaire, que la discretion, la diligence, le trauail ne forment point le succez des desseins ; parce que leurs euenemens ne despendent pas de nos conduites, & sont absolument de la dispositiō de Dieu, à ce que dient les moins meschans ; & ceux qui n'y croyent gueres, de la dispensation de la fortune. Rarement trouuerez-vous des hommes laborieux, & excellens en quelque art qui soient conuaincus de crimes. Ainsi vous deuez éloigner tous ces faineans, qui ne s'appliquent point aux exercices qui occupent le corps, & l'esprit : comme sont des Musiciens, des Prestres ignorans, & de mauuaise vie, qui ne font rien moins que leur profession. Comme ils sont incapables de se satisfaire eux-mesmes par le trauail, ou l'estude; ils passent leur temps dans la compagnie de faineans, qui leur sont semblables ; & qui forment leurs diuertissemens de ce qui peut instruire leurs crimes, & assouuir leurs vices.

La plus facile des trahisons à executer, & qui soufmet des maistres les plus honnestes aux plus infames valets, sans que le courage, la valeur, & la preuoyance la puissent empescher, est le poison. Comme vn ennemy couuert est tousiours le pire, il faut s'efforcer d'y apporter vn ordre qui exempte de cette crainte, qui peut estre perpetuelle par son occasion, qui se presente à beaucoup de momens de la vie. Ie n'estime pas que le remede que Seneque donne à ce mal soit salutaire, qui dit, qu'il faut s'exposer courageusement ; se despouïller entierement de cette crainte, pour ne pas mourir souuent dans l'apprehension de mourir vne fois : tant d'exemples, qui font horreur, publient qu'il est necessaire d'y donner des precautions. C'est pourquoy dans les maisons des particuliers de condition mediocre, vne femme qui fait estat de la chasteté, de rendre des seruices, des deuoirs, & des affections à son mary, doit le soustraire à ses inquietudes par les preuoyances qu'elle y dóne, ou qu'elle y fait apporter : & celle qui n'a pas ces vertus, peut imprimer du soupçon, elle preste souuent son ministere à ces meschancetez execrables, qui deuroient auoir le foudre pour leur supplice. Les freres, les sœurs, les enfans, les tantes, comme ils ont interest à conseruer le chef de leur famille, prendront volontiers ces soins: & quand ils sont d'vn bon naturel, on peut se reposer sur eux.

Dans les maisons estrangeres, où vostre commerce vous oblige de venir, & où quelque iuste deffiance vous donne du soupçon; soyez tousiours muny de ce qui peut guerir ce mal. Dans l'incertitude de la qualité des mets, ou des breuuages qui vous sont presentez; ne soyez pas le premier qui les porte à la bouche: déguisez vos soupçons en ciuilitez, découpez les viandes; & presentez les à ceux qui sont appellez à la mesme table sur la mesme assiette qui vous sera seruie. S'il y a du crime, ou du dessein contre vous, vous le partagerez: vous en ferez tomber la punition sur son autheur; ou vous descouurirez la main qui vous tuë en vous flattant. Dans la façon de seruir la table des Rois, & des Princes, l'essay de leurs viandes est vn vsage tres-excellent, & vne preuoyance tres-prudente: ce doit estre le principal soin de leurs Officiers. Il suffit de dire à ce sujet, pour toute sorte de personnes, (puisque, graces à Dieu, ce vice ne regne pas d'ordinaire sur nostre nation, qui ne se deffait de ses ennemis qu'auec courage) que le secret à se garantir de cét accident, est vn choix iudicieux d'Officiers, & de Seruiteurs. Ainsi ne retenez point à vostre seruice ceux qu'on void tomber dans vne melancolie qui ne leur est pas ordinaire; ou qui témoignét vne ioye demesurée, si vous n'en sçauez le sujet. Le visage est le premier tesmoin des pensées du cœur; & ces changemens si prōpts aduertissent qu'il y a dans ces esprits quelques alterations vicieuses. Chassez promptement ceux qui se vantent de vouloir vous quitter: cette vanité quelquefois est vne facilité qu'ils se preparent pour sortir apres qu'ils auront commis le crime qu'ils meditent. Si vous les retenez; vous semblez les inuiter aux forfaits qu'ils estudient. Ne dites point que vous auez de l'affection pour eux, que ce sont des inconstans qui reuiendront: n'ayez point de compassion pour ceux qui n'en ont pas pour eux mesmes; & sçachez que l'inconstance dans les affections, & les volontez de seruir, est la mere, & la source des trahisons. Entre vos domestiques faites naistre des ialousies de fidelité: feignez que vous les aimez tous également en apparence; & à chacun d'eux en particulier montrez des affectiōs particulieres, en sorte qu'il croye estre le plus aimé. Faites luy quelques plaintes des autres ; promettez luy de l'auancer, il vous descouurira tout. Plaignez vous souuent de vostre Cuisinier : dites tantost qu'il ne fait pas assez cuire les viandes, qu'elles sont trop salées; & tantost que vous les trouuez ameres, ou insipides: pour éuiter vos reprimandes il en goustera le premier; & pour satisfaire à vostre goust, & ne se tromper pas au sien, il en fera gouster à tous ceux qui se presenteront à la cuisine ; lors vous serez en asseurance.

Que si l'empoisonnement n'est pas l'objet de vostre crainte, & que vostre condition donne d'autres apprehensions; Si vous estes Gouuerneur, ou Lieutenant de places frontieres, de forteresses, & de troupes; & que vous ne craigniez que le meurtre, & la corruption de ceux sur qui vous vous reposez ; renforcez vos Gardes, & obseruez de plus prés vos sentinelles. Donnez des ordres plus seueres, & plus frequens : & faites en sorte si vous estes reduit dans vn iuste sujet d'apprehender, qu'aucunes personnes inconnuës ne leur parlent. Si vous ne pouuez l'empescher par tous ces soins; sçachez que vous conceuez raisonnablement du soupçon des visites qu'ils receuront, quand elles seront frequentes ; quand mesme elles ne leur seroient renduës que par des enfans. L'Histoire apprend que mille stratagemes sont pratiquez par des moyens innocens en apparence ; & que des lettres de sollicitations à trahir sont portées dans le pomeau d'vne espée d'vn soldat, qui ne sera pas sous vostre solde, qui les frequente sous le nom de l'amitié, & du sang.

Les moyens plus ordinaires à corrompre les fidelitez, sont de prendre empire par la familiarité, ou l'espoir d'vn grand profit sur les esprits, & les domestiques qui sont iugez capables de trahir auec effet : comme sont les Secretaires, les Lieutenans des Gouuerneurs ; & les autres qui ont quelque commandement dans la place. Ceux qui sont les plus propres à cét art de corrompre, sont personnes qui ont plus de temerité, & de hardiesse, que de courage ; qui sçauent parler facilement ; qui sont gausseurs ; & dont le mestier est, pour parler honnestement, de faire commerce des victimes des concupiscences publiques. Ils regardent si ceux qu'ils destinent à quelques trahisons, ont quelque colere contre ceux dont ils reçoiuent les ordres; s'ils sont dans l'indigence de l'argent : & lors par des discours, qui semblent estre proferez à l'improuiste, & sans meditation, quand ils sont entrez en leur compagnie, ils parlent de l'auarice de leur Maistre, ou de l'ingratitude du Gouuerneur : ils exaltent la liberalité des ennemis, les recompenses qu'ils donnent à ceux qui les seruent ; & font vne histoire de ceux qui ont receu des charges quand ils ont rendu des seruices signalez. S'ils trouuent ces personnes faciles à les escouter, & disposez à loüer la discipline de leurs ennemis ; il s'imaginent déja que la trahison est executée : ils continuent à mettre du feu sur leur colere ; à les rendre sensibles aux esperances ; à parler de la liberalité des ennemis ; & à donner aduis à ceux qui les employent des progrez qu'ils font dans la conspiration qu'ils meditent.

L'vnique remede à ce mal est de conceuoir de la deffiance de ces personnes que l'on croit capables de telles executions, & d'en couper la racine en sa naissance par des Officiers qui soient domestiques, ou affidez, & dont les fidelitez soient connuës par des preuues. Ces Officiers en discourant auec familiarité, mesme dans la bonne chere des repas, auec ceux sur qui tombe quelque soupçon, feront quelques plaintes touchant leur solde, & l'administration de leur Gouuerneur, ou de leur General: dedans cét entretien il sera difficile que ces personnes ordinairement peu iudicieuses, & tousiours insolentes, cachent leur sentiment. Ayez tousiours à vostre suite des enfans de ceux à qui vous donnez les commandemens d'importance, qui soient comme les ostages de leur fidelité. Ne leur donnez point de sujet de vengeance. Ne vous fiez à personne que sous bon gage; qu'elle ne vous soit alliée, ou par le sang, ou par vne affection estroite; ou par des obligations tres grandes, & des esperances de faire fortune auec vous. Faites vn crime capital des assemblées secrettes, & des communications de lettres, ou de paroles auec ceux qui ne sont point dans la place que vous defendez. L'experience historique enseigne que dans les armées, & la defense des places, il ne faut rien negliger; qu'il faut obseruer tous les momens, & toutes les actions; & qu'il est iuste mesme d'auoir de la deffiance de ceux qui se disent nos amis, nos seruiteurs affectionnez, & de ceux qui nous embrassent. Cét euenement en est vne preuue bien sensible.

Gennes en l'année mil cinq cens quarante-sept, estoit déia regie sous le tiltre de Republique; & toutefois elle estoit sous la protection de l'Empereur Charles le Quint, & suiuoit les ordres qu'il luy preferuoit. En ce temps Iean Louïs de Fiefque traitte auec Henry second, & Louïs Farnefe Duc de Plaisance, pour faire entreprife fur cette ville: Ils s'accordoient tous trois dans le deffein de l'ofter à l'Empereur; mais de fçauoir dans le partage de qui elle deuoit tomber, & comment cela fe deuoit faire, c'eft ce qui n'eft pas certain. Farnefe auoit quatre mille hommes d'infanterie, qu'il luy promit quand la ville feroit mife fous fa puiffance: Henry second auoit vne armée nauale à Marfeille, qui eftoit affez confiderable, qui luy promettoit fecours: & le Pape Paul Farnefe pere de Louïs auoit dóné à Iean Louïs de Fiefque la conduite de fes Galeres, comme s'il euft voulu porter la guerre fur les terres du Turc. Pendant qu'il feint d'equiper fon armée, il remplit fa maifon de trois cens foldats, il y fait affembler trente des plus nobles de l'Italie; & les y tenant enfermez, il leur produifit des lettres qu'il fuppofa luy eftre efcrites par Louïs Farnefe, par lefquelles il luy donnoit auis que Ianetin Daurie auoit refolu de le tuer, & qu'André Daurie eftoit extremement malade. Il leur tint apres ce langage, qu'il voyoit qu'il n'y auoit de falut pour luy qu'en tuant fon ennemy; & que par ce meurtre il mettroit la ville de Gennes en fa liberté premiere. Ces Nobles à ce recit, foit que la nouueauté les furprit, ou la grandeur du danger qu'ils preuoyoient, deuindrét comme infenfibles. leur infenfibilité luy mit ces paroles en bouche, apres qu'il leur eut prefenté fon efpée. Faites moy cette grace de me tuer plûtoft, & de preuenir par vos mains la mort qu'vn ennemy fi infame me prepare. Ainsi plûtost poussez de la peur que de leur iugement, ils le suiuirent, & entrerent dans Gennes, ils tuerent Ianetin, & vne partie de ses Gardes. Mais en mesme temps on dresse vne autre partie à Iean Louïs de Fiesque : comme il veut se mettre en mer, on coule à fonds son vaisseau ; & dans les eaux on luy fait lauer son crime. Sa cruauté fut telle, que le iour auparauant ce meurtre il auoit salüé André Daurie auec compliment ; & auoit embrassé amoureusement les enfans de Ianetin, qu'il auoit resolu de tuer auec leur pere. Cét euenement n'est pas encore remply. Louïs Farnese auoit vn de ses meilleurs amis, homme d'authorité, & de naissance, dans la ville de Plaisance, qu'il deputa comme Ambassadeur, pour se conjouyr auec André Daurie de ce qu'il s'estoit sauué d'vn tel orage. André Daurie le receut en public auec caresse ; & en particulier corrompit son esprit par vne promesse de donner à son fils en mariage la fille de Ianetin, auec vne dote tres ample, à la charge qu'il seroit la recompense du meurtre de Farnese, qu'il l'auoit enuoyé pour luy exprimer les sentimens de ioye qu'il auoit du salut qu'il auoit trouué dans vne si funeste entreprise. Ce malheureux amy, & traistre Ambassadeur luy promit, & de plus l'executa.

Ces exemples sanglans sont des marques funestes de cette necessité d'auoir des obseruations, & des deffiances sur toute sorte de sujets, & de rencontres, lors qu'on est constitué dans les fortunes branlantes, qui font enuiées; & qui ne se defendent, & ne s'establissent que par l'artifice, ou le sort des armes. L'Histoire ne dit point que le meurtre commis par Iean Louïs de Fiesque fust la vengeance des iniures qu'il auoit receuës de Ianetin: elle asseure seulement que ce fut vn effet de l'enuie qu'il portoit à ses prosperitez. Ainsi elle iustifie qu'il faut en tout se tenir sur ses gardes; ne craindre pas seulement la violence, les surprises, mais l'enuie: & que lors que l'on commande dans les grandes charges, & les plus hauts emplois, que la fortune nous fauorise, & nous éleue, nous deuons en vser modestement; & traiter auec courtoisie & ciuilité ceux qui sont de naissance, & de merite à nous les enuier. Aussi quoy que l'iniure en sa naissance fasse vomir feux, & flâmes, ils s'alentissent à la fin quand la passion a moins de chaleur, l'enuie au contraire à mesure qu'elle considere son objet, augmente: l'vne se perd, & se consume dans les bien-faits, & les faueurs qu'on rend pour l'appaiser, ou pour en montrer le repentir; & l'autre prend son aliment, & ses accroissemens en baisant la main qui les presente. En vn mot, la vengeance est la satisfaction de l'injure, & l'enuie ne s'assouuit iamais.

A ce propos, ie puis ajouster que c'est vne merueille qui tient du miracle dans la vie d'André Daurie, que tant de Princes qui ne furent iamais combatus par l'inimitié des Rois, ont trouué vne mort sanglante au milieu de la pompe d'vne infinité de Gardes; & que luy qui fut autrefois ennemy mortel d'vn Roy des François; qui estoit hay au dernier poinct du Pape Paul Farnese, duquel il auoit tué le fils, soit paruenu dans l'extreme vieillesse, se pourmenant souuent parmi la ville accompagné seulement d'vn Page, où il ne rencontra la fin de sa vie que dans son lict, & ses membres vsez. Quand i'ay medité sur ce poinct, ma meditation a fini dans cette pensée, que lors que les particuliers ont des ennemis, & que la colere emeut leur sang, leurs mains executant leurs vengeances, peu de leurs iniures demeurent impunies : mais que les Rois, & les Princes employans celles de leurs Ministres, qui ne sont point poussées de leurs mesmes passions, elles sont plus lentes, & ont moins d'ardeur. Ils ne s'y portent qu'auec esprit plus craintif, ou plus iudicieux; & ils ont peine à les combattre, si ce n'est à force ouuerte, ou quand ils sont en la puissance de leur Maistre, ou dans vn lieu où la vengeance en est facile. Vn autre raisonnement sur ce poinct est, que les Rois par la multitude des affaires, par l'infinité des diuertissemens, & des honneurs qu'ils reçoiuent, ne sont pas si sensibles aux injures : leur colere n'a pas le loisir d'éclatter longuement; & ils craignent d'apprendre aux hommes des moyens de vengeance.

Ie reuiens à nostre sujet, & ie finis cette obseruation. Ceux qui craignent les enuieux; qui soupçonnent qu'on ne leur dresse quelque mauuaise partie; doiuent tout apprehender, & fuir les lieux où il y a frequence de peuple, & où le iour n'éclaire point. Ils doiuent cacher leurs actions, leurs habitudes d'aller en de certaines compagnies; & dans leurs voyages il ne faut pas qu'ils s'engagent dans la nuict, parmy des hommes qui leur soient inconnus; qu'ils entrent dans des ports de mer, s'ils ne sont les plus forts; & qu'ils retournent par les mesmes chemins qu'ils sont allez. Qu'ils ne se trouuent point dans les réjouïssances publiques, où l'on fait largesse au peuple, où l'on fait salve de mousquetades, & où l'on fait combat à la lance. En vn mot dans cette crainte qu'ils obseruent ceux qui passent deuant eux, ou qui les suiuent. S'ils soupçonnent les lieux; qu'ils enuoyent découurir les chemins: il sera difficile parmy tant de precautions, qu'ils n'échappent aux malheurs qu'on leur pourroit preparer; & de ces signalez en preuoyance on en void peu perir.

Certes, dans la consideration de ces accidens qui persecutent si cruellement les hommes, & qui donnent tant d'alterations à leur repos, i'ay peine à conceuoir comment il s'en trouue parmi eux, qui sans le dessein de venger les pertes notables qu'ils ont receuës par les trahisons, sont capables d'auoir seulement la pensée d'en commettre; d'en executer l'effect pour vne recompense legere, quelquefois incertaine; qui leur fait violer les liens de l'humanité; qui les fait renoncer à Dieu; mespriser la nature; & corrompant les domestiques, souleuer nos propres entrailles contre nous mesmes. Le Fils de Dieu qu'vn amour pour nous, qu'aucune pensée ne peut exprimer, a tenu sur la terre dans le dessein de souffrir toutes les miseres humaines, a receu ce genre d'iniure, quand il fut trahi par vn de ses disciples. Ie ne sçay point si c'est vne necessité à tous les hommes de le souffrir; & si les gens de bien trouuent qu'il soit autant dans l'infortune de perir par la trahison, que de trahir : de moy, ie suis asseuré que s'il me falloit subir l'vn de ces malheurs, ie choisirois plûtost la mort que les moyens de la donner par elle ; & i'aimerois mieux renoncer à toute sorte de fortune, que de trauailler iniustement pour l'aduersité de mon prochain. C'est vn estat plus fortuné de perir iniustement, que de viure sur la terre tousiours en butte aux foudres de la Iustice de Dieu, & des hommes. La plus grande partie des traistres ont vne mort infame; ils remplissent ordinairement les precipices qu'ils ouurent : & ces domestiques, qui s'occupent à trahir, sont chassez comme des pestes du genre humain. Aucun n'en profita iamais : & l'Histoire apprend que la loy du Triumvirat de Rome, qui proposoit des recompenses aux trahisons domestiques des proscripts, estant cessée, ceux qui auoient rigoureusement poursuiuy son execution reconnurent leur injustice, punirent les valets qui auoient mis les mains sanglantes sur leur Maistre, & qui les auoient decelez; & comblerent de loüanges, & de recompenses ceux qui l'auoient enfrainte, & mesprisée en faueur des respects, & des fidelitez qu'ils leur deuoient.

Comment la société des hommes peut subsister parmy tous leurs desordres.

CHAPITRE. XVII.

LEs meschancetez dont quelques hommes sont tellement capables, qu'elles semblent estre par eux executées auec inclination, font paroistre visiblement qu'entre eux il en est qui n'occupent leur esprit qu'à tromper par des fraudes meditées dans vn artifice extreme; & qu'à destruire leur prochain par toute sorte d'inhumanité; pour satisfaire seulement à l'appetit de quelque passion brutale, d'vn peu de gain, d'vne ambition sans raison; & d'vne haine sanglante iusques au poinct, qu'il est facile à remarquer que la pensée de Dieu, l'obligation des loix, de la fidelité, & de la Religion ne les touche pas. Ce qui fait que ce n'est pas sans raison que ceux qui sçauent que c'est regner que de seruir à Dieu; & qui sont gloire de se sousmettre aux loix de la nature, & des Princes, disputent souuent en eux-mesmes comment la societé des hommes, leur communication, & leur commerce, peuuent subsister dans vn ordre qui les maintient il y a si long temps parmy les confusions prodigieuses qui s'y rencontrent? Il est certain qu'il y a des villes, & des regiós, où des actions qui font horreur aux moins meschans sont receuës pour des coustumes loüables;

bles; & où la cruauté est exercée comme l'humanité parmy nous. L'antiquité fait l'histoire de quelques vices, au seul aspect desquels les pensées iudicieuses interrogent les esprits plus subtils, pour sçauoir comment le monde peut demeurer en son entier apres tant d'aprets pour sa ruine: & toutefois parmy ces actions horribles, qui n'ont pas esté formées auec moins d'insolence & d'impieté contre Dieu, qu'auec violence & brutalité contre les hommes, le monde dure encore, il est vieilly iusques à nostre aage; & la continuation, & l'habitude de ses vices ne l'ont point encores reduit dans l'extremité de l'irreligion, dans le mespris apparent & l'infraction des loix, & dans la barbarie. Cét estonnement doit cesser dans cette consideration, que les vices des hommes sont semblables aux flots de la mer, qui dans le méme instāt qu'ils font effort pour s'éleuer, en font vn autre pour s'abaisser: en sorte que ces hommes commettent d'insolence au respect de la nature, se destruit & s'efface par elle quelques momens apres. Soit que la prouidence de Dieu y establisse des bornes, qu'ils ne peuuent passer sans perdre cette ferueur d'esprit qui les y portoit, & s'enseuelit dans la violence & l'impieté qu'ils projettoient ; soit que ce soit vn effet de l'ordre constitué dans le monde: & qu'vn homme mortel, consequamment imbecile, qui conçoit des desseins au dessus de ses forces, qui se trouue contre tous ses efforts engagé dans les liens d'vne Religion, qui ne peut

R r

rien executer sans l'aide des richesses, & le secours de ceux qui sont hommes comme luy, qui sont sujets à l'inconstance, qui deuiennent sensibles aux aiguillons de gloire qui les pique, ne peut de toute impossibilité rendre ses vices eternels, ses cruautez sans assouuissemens & resistance ; & ses meschancetez capables de toutes les mauuaises actions.

Les estrangers qui s'establissent hors de leur patrie, & des Royaumes dont ils sont les sujets, se defendent des actes d'hostilité par des pactions qu'ils font à cette occasion, & les profits qu'ils communiquent à ceux qui regissent les terres qu'ils viennent habiter. Le commerce a besoin de telles gens : c'est la raison pour laquelle on les souffre auec douceur. Ces estrangers rendent des seruices qu'on ne sçauroit exiger des citoyens ; & rendent assidument, & auec vtilité les obeïssances qui sont les clauses, & les pactions de leur reception. Les hommes ne se mangent plus les vns les autres : & soit pour l'vtilité, ou la necessité des commerces ; ou soit naturellement, ou de disposition prouidente de Dieu, leurs vices ne viennent pas à l'extremité de ne pouuoir finir, d'estre au dessus des punitions ; & de se destruire entierement. C'est pourquoy le iudicieux dans la societé ciuile, s'efforcera premierement d'effacer de son ame les vices qui la noirciroient ; de combattre apres auec courage ceux de son prochain, quand ils sont sa ruine ; & d'auoir tousiours en sa pensée qu'on les peut vaincre à la faueur du temps, qui les fera finir naturellement par les accidens où les choses humaines sont sujettes, & par les obstacles que l'industrie y peut opposer. Ainsi ne vous montrez iamais languissant, ny d'vn visage abattu en quelques rencontres que ce soit: & ne pensez pas que la misericorde que vous implorerez, doiue vous mettre en telle posture, que vous perdiez le courage de s'opposer aux mal-heurs qui vous pressent, & à l'oppression des puissans qui vous accablent. Ce remede est souuerain. Par le courage, on s'enfle de l'esperance que le pouuoir dont ils vsent tyranniquement finira: & la veuë de la decadence de leurs semblables en publie l'asseurance. Vne misericorde demandée courageusement; vne compassion excitée par vne constance vertueuse amolit ces cœurs de bronze, & de fer: & ce desir qu'ils conçoiuent malgré eux, de n'auoir pas cette mauuaise reputation d'estendre leur violence vniuersellemēt sur tous les hommes, donnera le soulagement que leur inclination naturelle auroit refusé. Il n'y a que les peuples de ces terres nouuelles qui viuent sans loix, & sans connoissance de Dieu, qui rompent execrablement les liens de la nature, & violent tout ce qui arreste humainement les plus vicieux. Chez eux, ceux qui ont le tiltre de Roy ne font point de loix ny d'ordonnances; & ne commandent point l'obseruation d'aucunes polices: le libertinage le plus impie, le vice le plus enorme, le crime le plus noir, l'inhumanité la plus sanglante, & la plus appuyée, est ce qui porte la Couronne.

De moy, ie me persuade facilement, que le sujet qui arreste les desordres des nations qui viuent sous des loix, & qui les empesche de venir iusques aux prodiges, est cette habitude, & cette conuersation, sans qui leur vie seroit languissante; & cette passion d'amour, qui coule naturellement sur les sujets qui sont formez de leur sang, & qui ont vne nature qui leur est commune. On remarque ces effets auec estonnement parmy les bestes. Or comme ce qui est auantageux, & beau dans la nature des animaux, est eminent, & merueilleux dans les hommes; il est necessaire que cette affection pour nos semblables nous possede puissamment, s'éueille quand elle est endormie; & que cét amour du sang oppose des obstacles amoureux a toutes les passions qui voudroient les destruire. L'alliance, & l'assemblage du sang sont en veneration par toutes les nations; & peu de Barbares les ont violées. Leur empire est le plus vniuersel: & quoy que dient quelques Philosophes à l'auantage de l'amitié, elle est vne passió de raisonnement: peu sont capables de la receuoir; & toute sorte de personnes ressent en soy des instincts naturels, qui luy font cherir ce qui semble estre vne portion de sa substance.

Ce qui nous attache à la societé ciuile a de foibles liens, & qui durent peu, si vous les comparez à ceux du sang. L'ardeur aux seruices des Rois, des Princes, & des Grands se perd & s'allentit: leurs recompenses sont petites ; leur inconstance est grande : & le discernement qu'ils apportent à iuger de leurs bontez est peu iudicieux. Ceux qui sont appellez à leurs seruices regardent moins leurs personnes que leur profit. L'amitié de ceux d'vne condition égale se corrompt par les interests particuliers. L'amour des vertus fait passer pour Philosophe chagrin ; & l'estude, & la possession des sciences ne sont point considerables sans les richesses : ils ne sont plus les degrez qui font monter aux magistratures, aux moindres fonctions de la vie ciuile, si on ne les couure d'or, & d'argent. C'est ce qui fait naistre les trahisons ; l'abandonnement du seruice des Princes ; vne auarice extreme ; vn desir insatiable de profiter en toute sorte d'actions ; & d'idolatrer l'interest, & les autres vices qui regnent aujourd'huy parmy nous. Ces desordres ont vescu dans tous les siecles, les vns en ont moins senty les mal-heurs, les autres plus : mais tousiours l'affection du sang a regné ; ou les combats qu'elle a receus ont esté legers. Autrefois vn esprit ouuert, & franc, sans fraude, & sans malice ; l'obseruation des loix ; l'obeïssance à la Religion ; l'exercice des vertus ; l'amour de la gloire ; les habitudes d'honneur ; vne volupté sans crime ; vne vtilité dans la iustice distributiue ; vne puissance dans l'estenduë de la qualité, de la naissance, & du merite , estoient les pratiques seules des actions des hommes de courage. Ils ont insensiblement abandonné ces beautez de leur vie, qui les rendoient vrayement raisonnables, & qui raisonnablement faisoient esperer l'eternité de leurs societez. Maintenant ils ne s'attachent plus qu'aux voluptez sans bornes, & criminelles; qu'aux vtilitez dans l'auarice; qu'aux larcins, & pillages du public; & à quelques mal-heureux vestiges de loix qui flatent leur desreiglement. Certes i'auouë qu'il est difficile à comprendre comment la societé des hommes a pû si long temps subsister; si l'on ne pense que chaque âge, chaque nation, & chaque siecle ont les vices, & les vertus par vicissitudes; comme la sagesse des Grecs mourut parmy eux, & vint renaistre parmy les Romains

Aujourd'huy tout est alteré parmy nous; tous les ordres sont peruertis; tout sent la corruption. L'argent seul a des autels, & l'ambition des sacrifices: comme s'ils estoient les fruicts legitimes de toutes les entreprises. Ceux qui ont vn art que la bonté de Dieu nous a fait descouurir pour le salut commun des hommes, pour soulager les necessitez qui les affligent; refusent secours aux languissans, si leur trauail n'est recompensé par le poids de l'or. Ceux qui sçauent faire la medecine, soit qu'ils la traittent, ou qu'ils en seruent leurs concitoyens par la pratique ou la speculation; ne visitent point auec soin les malades qui n'ont point d'argent à leur donner. Les Iurisconsultes donnent à regret leur aduis dans les consultations où ils n'ont point de profit; & les Auocats plaident auec froideur vne cause sans argent. Les soldats abandonnent leurs quartiers, & leurs Capitaines quand ils n'ont point de solde. La plus grande partie des Prestres refusent, ou sont paresseux d'administrer les Sacremens, de donner des dispenses, de rendre les derniers deuoirs, & de faire les prieres des morts, s'ils n'y trouuent dequoy viure. Les Marchands ne font aller le commerce que par ce mouuement. Les artisans ne se rendent acheuez dans leur art que par l'espoir d'vn plus grand gain. Les Nobles, les Princes ne courtisent les Rois que pour disposer de leur Espargne: & l'on court aux magistratures moins pour seruir le public, que pour se donner du credit, pour conseruer ses richesses, ou pour en acquerir. On abuse des choses les plus saintes : l'exercice de la Religion est vne profession à s'enrichir, à se preparer, & se faciliter des entrées par tout. Les sciences qu'on apprenoit pour le repos des esprits, deuiennent leur trauail, & le sujet des inquietudes. La Iurisprudence qui doit reigler, assoupir, terminer toutes les contestations introduites par l'ignorance des loix, est maintenant ce qui sert à les faire naistre ; ce qui donne des enuies vicieuses, & des desseins pernicieux aux enfans de bastir leur fortune, & l'esperance de leur establissement sur la mort de leur pere ; aux peres de regarder leurs enfans auec des yeux de ialousie ; aux freres de se quereller, & de se haïr mortellement pour les partages : & aux autres parens qui esperent des successions, de procurer par les vices l'éloignement des obstacles de leurs esperances. Comme Agathocles fomenta les incestes, & les paillardises monstrueuses de Dinocrates; Denys Heloris celles de Meglacles son beau-pere: & c'est ce que pratiqua Neron à l'endroit d'Epaphrodite, de Phaon, & de Sporus; Caligula vers ses freres; & Phalaris vers Lacrite, Critodeme, & Cleomenide.

Et neantmoins vn sçauant en la science du monde, dont l'esprit aura de l'horreur pour tant de crimes, doit s'en taire, quand il n'y peut apporter de remede; essuyer leurs atteintes quand il en sentira le combat; esperer de meilleurs siecles; & s'accommoder à la vertu qui reste. Ce n'est pas vn effet de nostre pouuoir, d'empescher les assauts que les vices nous liurent: mais c'est l'action d'vn esprit genereusement vertueux de les surmonter, & de les vaincre. Si ces hommes vous attaquent, qui auroient volontiers le souhait qu'eust le Mydas des Poëtes, s'ils n'auoient sceu le mauuais succez de son desir; si leurs artifices vous assiegent; receuës les auec ciuilité, paroissez simple en apparence; & faites en sorte qu'ils prennent la liberté de se descouurir, vous vous en defendrez apres plus seurement. La honte qu'ils receuront par vos discours, & vos reproches, leur enseignera que vous n'vsez d'artifices que pour eschaper à leurs fraudes; que vous auez reconnu leurs desseins iusques à leurs moindres œillades: ils en rougiront, ils iront chercher fortune ailleurs; ils n'auront acquis que du repentir, & vous de l'estime.

CHAP-

L'Histoire est la veritable instruction des hommes; quelle est la façon de la lire.

CHAPITRE XVIII.

LA lecture de l'Histoire est vn fidele miroüer, dans la glace duquel les hommes d'esprit doiuent voir leur instruction; pour souffrir ce qui les choque; pour deliberer sur leurs inquietudes; & pour executer dans leurs desseins. C'est la source d'où coule la prudence, & d'où sortent les resolutions. On y void l'image des mal-heurs qu'ont souffert ceux qui nous ont precedé; on les compare auec ceux qui nous affligent: & dans cette comparaison on apprend la patience, on se console; l'on medite les moyens d'en sortir. Pour y faire du profit, pensez auant qui vous estes, ne vous flattez point; & ne donnez pas ce qui tombe au gré de vos passions pour cause aux euenemens que vous lisez. Ne vous arrestez point à la beauté des termes qui la composent; meditez sur les iugemens qu'elle conçoit des actions: & sur tout considerez l'estat des nations, & de ceux qui les regissent. Voyez pour en tirer du profit par les reflexions, si leur gouuernement est populaire, ou monarchique; & si leurs mœurs sont promptes, ou temperées; douces, ou cruelles; constantes, ou legeres. Les Rois legitimes mesprisent les choses basses, ce qui n'est point digne des Royales inquietudes ; & n'aspirent qu'aux genereuses. Les tytans ne s'occupent qu'à se vanger de ceux qui s'opposent à leur tyrannie. Lysandre estoit vn Roy perfide, & sans foy; & ce vice ne le rendoit pas sans cruauté. Sylla estoit vn citoyen seditieux, il estoit colere ; & cette passion luy faisoit trouuer des plaisirs dans l'espanchement du sang de ses concitoyens. Cesar qui n'affectoit que l'Empire dans vn estat populaire, ne formoit point d'actions de clemence, ou de supplice, que celles qui auoient la puissance de le monter sur vn trosne d'Empereur, ou de Roy. Et enfin les Republiques ne perdent iamais les coleres qu'ils ont conceuës: l'arauice, & le desir d'vtilité sont les passions qui les animent puissamment, & qu'elles trouuent les plus iustes.

Vn des principaux soins d'vn Historien, & de son Lecteur, est la recherche curieuse des mouuemens qui ont fait naistre les actions ; & la comparaison de leurs motifs à ceux qui font agir en nostre siecle, au gouuernement qui nous conduit. C'est pourquoy l'histoire la plus longue, qui est tissuë d'vne infinité de Rois, n'est pas celle qu'on doit preferer en sa lecture: plus elle est estenduë dans les temps, moins elle a de connoissance certaine de ce qui s'est passé, & des humeurs qui gouuernoient ; & moins elle a d'obseruations diligentes. Le Peintre qui veut couurir des couleurs, & de l'adresse de son art des longues galeries, n'y sera pas des obseruations si reglées ; & son pinceau sera plus lassé, & moins delicat, que celuy qui ne trauaille que sur vne toile de la longueur de deux pieds. Ainsi entre ceux qui ont escrit l'histoire des Anciens, Saluste dans son Catilina passe pour excellent. Celle de Trogus, & de Diodore est de peu de fruict; & celle de Tite-Liue a quelques bontez, & non pas des perfections. Entre les modernes celle de Sabellicus donne quelques fleurs, mais qui ne produisent point de fruicts ; & celle qui merite des eloges est celle de Philippes de Comines. Thucydide ne conte que des euenemens, & ne recite que des façons de faire éloignées de nos mœurs, & qui feroient peur parmy nous : il escriuoit en faueur d'vne Republique, son esprit estoit populaire ; & il recherche plus la beauté du stile, & la gloire de ceux qu'il dépeint, que la verité. Ce n'est pas vn ouurage facile que celuy de l'histoire : quand il a sa perfection, c'est vne chose rare, & de grand prix. Il y faut de la science aux affaires qu'elle traitte, il y faut vn stile particulier ; vne diligence laborieuse ; vne obseruation des moindres incidens qui donnent des clartez : en vn mot, vn iugement tres-solide, & entierement desinteressé. Si la plume grossit des volumes qui ne contiennent que des friuoles ; c'est composer vn sujet ridicule, & tuer des Lecteurs. Si elle noircit peu de lignes de choses importantes ; elle desrobe à la posterité ce qui la doit instruire. Enfin comme les causes cachées, les trahisons, les sollicitations, les conferences secrettes, la corruption des Ministres, l'inclination des Fauoris, des Conseillers d'Estat, les haines, & les ialousies entre les grandes maisons, les medisances, & les esperances qui font tant d'intrigues, forment veritablement l'ame de l'histoire; ce ne sont pas des connoissances communes: & ceux qui les ont, ne peuuent, ou n'osent pas les donner au public, pendant le regne de ceux qui y ont quelque part. Ces choses si dignes de remarque sont oubliées: ainsi peu d'histoires sont parfaites. Ainsi c'est vn argument de leur bonté, quand l'Historien descrit particulierement les actions, les euenemens, les motifs des conseils, autant que l'essence de la chose le demande pour donner instruction; & que le reste est dans vne obseruatiõ generale. Ces actions à remarquer qui semblent estre inutiles dans l'apparence, sont comme cette obseruation du festin pompeux, & magnifique, que fit Vitellius apres la desroute de son armée: de Neron, qui ayant appris la reuolte des Gaules se mit à toucher des instrumens de musique qui n'auoient point encore de vogue. Cela fait connoistre le naturel de ceux dont on escrit l'histoire; que celuy-cy noyoit ses ennuis dans les viandes, & le vin; & que celuy-là n'auoit ni conseil, ni iugement, ni soin pour ses affaires.

Donques s'il est peu de bonnes histoires, que leur rareté vous donne vn choix iudicieux pour les rechercher: Elles sont des charmes pour la vie, & le repos, dont les plaisirs sont tres innocens, &

tres-vtiles. Faites vn assemblage, & vne conference des anciennes auec les modernes: & imitez ce Peintre, qui pour rendre sa Venus dans vn acheuement parfait, la forma de toutes les beautez qu'on auoit vantées parmy les Dames. Là vous apprendrez à fuir les accidens qui peuuent vous perdre; à consoler les afflictions qui vous touchent sensiblement; & à conduire auec facilité les desseins qui trauaillent les esprits. Vous y verrez la timidité des vns, qui cause moins de perte que la temerité des autres; & les euenemens qui tesmoignent la bonté des adresses à pratiquer. En vn mot, comme l'vtilité de l'histoire a ces deux parties, l'instruction de nos actions, (estant vne experience certaine qui deuient science) & la patience à souffrir ce qui nous choque, ne la negligez pas. Sçachez que les Autheurs qui ont le mieux trauaillé pour ce sujet, sont Iean Leon au Traitté qu'il a fait de l'Affrique; Thucidide dans la guerre Peloponese; le mesme Leon dans son Triumuirat: Seneque au traitté de la colere, où il parle de Volesius, & de Pison; Aristotime dans le discours des actions du tyran des Eleusiens; & Corio dans ses guerres d'Italie.

Les moyens d'engager les hommes, dont on veut auoir le secours dans des actions importantes, & perilleuses; et d'y preparer leurs esprits.

CHAPITRE XIX.

PVis que nous auons prouué assez demonstratiuement, que la vie ciuile a besoin d'instructions, aussi bien pour sçauoir les vices, les fraudes, les artifices, & les éuiter, que pour reconnoistre les vertus, pour en rechercher la pratique: poursuiuons à descouurir les adresses d'induire, & de mener comme par la main dans les grands perils les hommes qui sont sousmis par la suietion de la naissance, ou par l'esperance des faueurs, ou la crainte des supplices, & des persecutions. Dans les actions importantes, où les dangers sont apparens, on ne laisse point de temps à deliberer à ceux qui y sont employez, principalement s'ils sont d'vne mediocre condition, ou valets: on ne leur demande leurs secours, & on ne leur descouure le dessein tout entier qu'au moment propre à son execution. Le long interuale de temps leur donneroit des pensées chancelantes; & les feroit mediter sur la qualité des seruices qu'ils ont à rendre. Vous les verriez tantost melancoliques, & tantost boüillans d'ardeur: en sorte que leur esprit embarassé pourroit peindre des soins extraordinaires sur leur visage, & les pousseroit à des actions qui descouuriroient la trame, & les complices qui l'ont ourdie. On ne prepare ces esprits qu'auec art. On ne leur montre qu'vne partie du peril, & de l'horreur du crime pour les y embarquer : & quand ils ont fait vn pas dans l'entreprise, & qu'ils ne peuuent plus reculer, on leur fait executer tout aueuglement. Ainsi André Lampugnano voulant tuer vn tyran, descouurit son dessein à vn sien seruiteur, pour en estre assisté. La façon dont il s'y prit, fut de dire à ce valet qu'il auoit besoin de son bras pour venger vne iniure tres-sensible qu'il auoit receuë d'vn homme de haute condition dans l'Eglise ; & que son seruice auroit apres son assistance toutes les satisfactions qu'il pourroit desirer. Il le conduisit au lieu qu'il auoit marqué pour son crime ; & là changeant en vn moment de langage, & sans luy permetre de mediter sur l'action qu'il alloit executer, il luy dit ces termes, puis que nous sommes en si haute mer, il faut cingler ou perir : le supplice suiura de mesme le meurtre d'vn Prelat que celuy d'vn Prince, il est plus seur pour nous de tuer le Prince. Ce valet déja dans la passion du sang, y consentit, suiuit son Maistre ; & son dessein reüssit. Mais Laurens de Medicis ayant dit dans le dessein qu'il auoit de se deffaire d'Antoine du mesme nom, qu'il vouloit mettre à mort vn de ses ennemis : il fut trop hasté de le descouurir, & de le nommer : il fut proche de sa perte par le manque de l'addresse que nous venons de remarquer en Lampugnano; & s'il n'eust adiousté des menaces à l'assistance qu'il demandoit à celuy auquel il auoit parlé trop clairement du sujet de son inimitié; si par elles il n'en eust pressé l'execution, sans doute il eust esté descouuert, & sa vengeance eust esté sans effet.

En ces rencontres, c'est prudence de cacher les desseins qui sont violens, & dans le sang, sous vne ioye qui n'est pas commune; & de border de fleurs les precipices preparez. On y farde le visage du peril, on n'en descouure que ce qui n'offense point les yeux, que ce qui fait esperer la recompense, ou le pardon ; & ce qui sert à sonder les esprits de ceux qu'on veut engager dans l'entreprise. On n'expose le danger que par les moyens faciles d'en sortir; & quelquefois aussi on y feint de l'horreur : puis on montre que ce n'estoit qu'vne feinte ; on leur dit qu'on reconnoist leur peu d'affection, & de courage de trembler sur de simples propositions faites pour les esprouuer : on pique par là leur courage, on resueille leur ardeur ; & ils viennent s'offrir d'eux-mesmes. C'est vn artifice dont se seruit Leonidas Roy de Sparte, qui luy succeda : & c'est vn sujet où nous pouuons apprendre à parer, ou porter de semblables coups, selon la necessité où nos conditions se trouuent.

Ces gens de main, & prompts pour executer, sont rencontrez parmy les personnes faciles d'esprit, & credules, qui n'ont pas d'experience dans

les

les affaires ; qui sont prodigues, ioüeurs, desbauchez, d'vn esprit boüillant, qui n'est iamais dans vne assiette égale ; & qui est dans vne adolescence qui aime les vices, & les richesses. On en trouue encore assez facilement parmy le reste des autres hommes : pourueu qu'ils ne soient pas dans vne haute reputation de gloire, & de vertu ; & qu'ils soient enuieux, ou ennemis des prosperitez de ceux contre qui on les employe.

L'adresse à se comporter en ces actions sans faillir, consiste en trois parties, où les Princes, & les personnes d'eminente condition trouueront infailliblement du repos pour leurs inquietudes. C'est l'imitation d'vne obseruation dans laquelle l'Empire des Turcs a des bases, & des fondemens si solides. Ces parties sont de prendre vn tel ascendant sur l'esprit de ces personnes employées à ces hautes actions, qu'ils s'imaginent que l'execution de ce qu'on leur fait entreprendre leur donnera certainement des recompenses au dessus de ce qu'ils auoient esperé : ou que si elle n'est entreprise par eux, on a la puissance de les perdre ; & qu'il ne leur est pas permis par la confiance qu'ils doiuent auoir, d'ouurir les yeux pour voir la nature du peril dans lequel on les pousse. Par les recompenses ils flattent en sorte les esprits, qu'ils les possedent entierement : ils font briller l'or, & l'argent à leurs yeux : & ils donnent ces creances à leurs esprits credules, que les seruices rendus à leur Prince naturel, ou à quelque autre oppressé de tyrannie, leur preparent vn Paradis, qu'ils composent selon leurs sensualitez. Ils leur font esperer des festins eternels ; des viandes delicieuses ; vne iouïssance qui dure tousiours des plus belles femmes ; pour seruiteurs des petits garçons d'vne beauté parfaite, & bien enjoüez ; pour diuertissement des danses continuelles : & figurant les beautez de ce nouueau monde, ils y mettent des fleuues de laict ; des riuieres de vin ; des iardins artistement compassez ; & des ombrages qui inuitent tousiours au sommeil, & qui le font glisser agreablement dans les yeux. Par la crainte du supplice d'estre empalez dont ils menacent, & qu'ils proposent tousiours à ceux qui ne veulent pas les suiure dans leurs desseins, il n'y a rien que n'executent ceux qui n'ont pas en eux-mesmes le pouuoir d'assouuir leur vengeance : & par l'adresse de leur oster la crainte, qui les faisant fremir, amoliroit leur courage, ils persuadent que chaque homme à la fin de sa vie dans vn terme qu'aucun accident ne peut changer. Ainsi, celuy qui croit estre destiné pour perir dans les eaux, entre resolument au milieu des brasiers : & celuy qui dans cette pensée croit que le feu consommera sa vie, marche aueuglement dessus les eaux. Aux occasions perilleuses, il les enyurent de certain breuuage qui leur oste tout iugement, le discernement des choses ; & ne leur laisse de lumiere que pour voir, & executer ce à quoy on les employe. Cesar suiuoit ces mesmes traces ; il proposoit, & donnoit des recompenses ; il exhortoit ses soldats, tantost comme ses enfans; & tantost il les punissoit comme des esclaues: il diminuoit tousiours par ses paroles le nombre de ses ennemis, pour amoindrir leur crainte; & augmentoit celuy de ses troupes pour enfler leur courage: tant il trouuoit qu'il luy estoit auantageux d'estre tousiours maistre de leurs esprits.

Les affaires secrettes ont vne autre pratique. On enuoye vne lettre par vn messager expres, & fidelle sans subscription, & sans qu'elle soit signée de celuy qui l'escrit: ou si on souscrit, on n'y signe pas, on la donne au messager ordinaire, sans y mettre beaucoup de port; & la façon de connoistre de quelles mains elle est partie, est par la comparaison de l'escriture qui est connuë, ou par quelque signe, & quelque marque qui est de l'intelligence. Quelques-vns autre fois ont mis à cét vsage vne piece d'or partagée, dont les parties dans le rassemblage faisoient connoistre le nom de celuy qui les enuoyoit. On les compose de chiffres particuliers; on y escrit à dessein, faites responce en vn tel téps, afin qu'on ne le fasse pas; & de peur de la surprise, on se sert de termes à contre-sens. Ces lettres doiuent tousiours persuader; montrer que l'intelligence est bien couuerte; que la faction a toute sorte de iustice, & d'excuses; & qu'elle n'est que pour repousser vne injure, ou deliurer les oppressez. Elles ne parleront que de recompenses, si elles sont faites adroittement; que du bien qui en reüssira; que des bon-heurs qui en naistront; & des facilitez, & des asseurances à s'en retirer, si elles ont du mal-heur. Ceux qui en seront les porteurs seront affidez, & d'vne fidelité esprouuée; & ceux auec qui vous traitterez donneront des ostages, leurs enfans, leurs freres, ou leurs femmes; si la grandeur de l'offense à la vengeance de laquelle vous les ioignez, si l'espoir d'vne grande & necessaire recompense, & leur bon naturel, ne forcent à croire raisonnablement qu'ils tiendront fermes en leurs resolutions, & qu'ils ne vous abandonneront point. Enfin dans cét art, si vous traitterez auec quelque Grand, qui ait reputation de se laisser conduire par les tresors qu'on luy presente; faites luy les offrir par vne personne interposée qui soit de vostre confidence; non par forme de recompense aux seruices qu'il rend; mais en luy tesmoignant que c'est vne action de iustice qui vous y pousse, & la part qu'il doit auoir legitimement en l'affaire pour l'auoir fait reüssir par son authorité, & ses soins.

*L'Adresse à traicter d'affaires auec les incon-
nus, les Dames, les Amys, les Magistrats, & les Communautez.*

CHAPITRE XX.

ENtre ces artifices qui donnent prise sur les esprits qui peuuent nuire, ou secourir, qu'on execute facilement, comme nous auons dit au liure precedent, par les recompenses, les presens, & les entretiens de ce qui flatte de certaines conditions, de certains aages, de certains sexes, & de certaines habitudes: on trouue encore vn moyen à les rendre sensibles, & le plus souuent attachez à nos interests, qui est la promesse des recompenses, qu'on ne peut mesme donner effectiuement, ou qui ne sont pas si auantageuses qu'on en auoit fait conceuoir l'esperance. Tant il est vray que l'vtilité forme les liaisons de tous les commerces, & qu'elle est comme le nœud qui les assemble. Ainsi dans l'artifice des promesses, faites qu'aux personnes simples, & de condition mediocre, elles s'estendent plus loing que la puissance: aux credules, comme les enfans, & les femmes, qu'elles soient faites de sujets qui ne sont pas dans le pouuoir; & aux auares, de ce qui leur éblouït les yeux par la grandeur du prix, & du profit. Les Grands seront pris facilement à cét appas: leur ambition a des ailles, qui ne demandent qu'à se desployer : & quoy qu'il soit dangereux de leur donner des paroles, & point d'effets, que leur vengeance ait de longues mains quand ils se voyent trompez; le remede est d'éuiter leur presence, & les lieux où leurs bras peuuent atteindre.

Donques s'il est vray que les hommes sont surpris par l'endroit où leurs passions ont peu de defenses; qu'on se met bien dans l'esprit des Dames, qu'on se procure leurs faueurs, & leur credit par des bigeoux, par des presens de galanterie, qui seruent à releuer l'éclat de leurs beautez, par les loüanges dont on les flatte, & les discours employez à rehausser les auantages qu'elles ont de la nature, ou de la fortune; qu'on force les vieillards d'vne douce violence à s'employer pour nous, à nous donner leurs inclinations, quand on ne leur parle que de gain, que de profit, & quand on les admet dans le partage de nos fortunes; & qu'on se fait cherir amoureusement des ieunes gens, quand on fournit au diuertissement de leurs passions, qu'on a de la condescendance pour leurs libertez, & qu'on fauorise leurs affections : vous pouuez remarquer la façon de prendre empire sur tous les esprits; & dans le retour de la medaille obseruer en mesme temps celle d'éuiter ces pieges, qui sont si souuent tendus parmi le monde, & qui sont composez de caresses qui estouffent en embrassant.

Aussi ceux qui font profession d'adresse, qui se piquent d'intrigues, ont de grands soupçons des estrangers, & des inconnus, quand ils leur proposent des profits notables, & des richesses qui passent les plus hautes ambitions. Ils se deffient de ceux qui les tuent de complimens, qui les assassinent de paroles de ciuilité, & de complaisance dans leurs actions les plus indifferétes, & les moins iustes; & qui semblent auoir dessein de souftraire à la pensée le raisonnement qu'elle doit donner aux paroles dont elle fait responfe. Ils conçoiuent de sinistres opinions de ceux qui les prennent à l'improuiste ; & qui leur proposent d'autres affaires quand ils les viennent consulter, ou demander faueur sur celles qui les touchent en particulier. Et ils tiennent que c'est vn argument de subtilitez, & d'artifices mauuais, quand ils destournent les discours qu'on auance ; qu'ils demandent ce qu'on ne peut leur accorder ; & qu'ils payent de cette monnoye, si vous faites cela pour moy, ie feray cecy pour vous.

Euitez ces personnes, qui sous ces belles apparences de seruir, & de rendre des deuoirs, trauaillent plus pour eux que pour vous ; & qui ne vous engagent dans leurs affaires, que pour s'aider de vos puissances, & vous en souftraire le profit. Prenez garde à vous defendre de telles gens ; à ne contracter pas facilement de nouuelles amitiez ; & de ne les charger point de demandes importunes, & trop frequentes pour l'assistance de faueur, & d'argent. Comme les arbrisseaux, & les ieunes plantes auortent, ou se rompent quád ils nourrissent trop

de fruicts, ou qu'on en tire trop de greffes ; de mesme les nouuelles amitiez, qui ne sont pas confirmées par vne longue habitude, & vne familiere conuersation, se perdent, & se desnoüent quand on fait voir d'abord qu'elles seront onereuses. Ainsi faites obseruation de ce qui peut les entretenir. Ne rendez point de visite à ces amis nouueaux dans le temps où les affaires les occupent ; & ne les faites pas si longues, qu'ils soient côtrains de faire violence à leurs ciuilitez, & de vous dire les premiers adieu. C'est s'opposer au profit d'vn homme laborieux, que de luy arracher le temps qu'il employe au trauail. Que ces visites soient dans le temps des conjouïssances aux bon-heurs, aux fortunes qui luy arriuent; & dans les occasions où ses infortunes, & ses disgraces demandent du secours. On connoist si la visite est agreable, & si on la tient à honneur, quand on fait mine de sortir, & qu'on vous areste par plusieurs discours qu'on vous enfile de suite, qui ne sont point du principal sujet qui vous ameine. Les personnes riches, qui s'imaginent que tout doit flechir deuant leurs autels d'or, & d'argent, abusent souuent de la patience des hommes qui ont d'autres affaires, par vn long recit de ce qui les touche. Fuyez leur rencontre, ou coupez leurs discours par l'excuse d'vn messager qui va partir ; par des lettres qui vous pressent dans leur responce : & si leur importunité est extreme ; faites vous aduertir par vn laquais qu'on vous attéd chez quelque Grand ; que l'heure
que

que vous auez donnée presse: en les congediant, rendez graces de leur visite; respondez sur le suiet qui les amenoit : Si vous les traitez souuent de la sorte, ils reconnoistront leurs importunitez.

Pour les anciens, & veritables amis, n'espargnez point de soins, ny de deuoirs à les retenir; & qui fassent naistre l'indissolubilité des liens qui vous attachent auec eux: vne iuste amitié est vn des plus grands soulagemens des miseres humaines, & vne des douceurs plus agreables qui soit en la vie. Le suiet pour lequel elle est si rare, est qu'elle est composée d'vne matiere imparfaite, & foible, à qui les hommes donnent la forme. En sorte que nous deuons plustost admirer comment Dieu a fait l'homme si remply de beautez d'vne matiere si sordide, & si peu capable de les receuoir, que de nous enquerir pourquoy ses perfections sont si rares; & de nous plaindre de ne les posseder pas pleinement? Le souuerain bien consiste en elle, au dire de tous les Sages: cette souueraineté la rend participante des effets de la Diuinité. Comme elle reçoit, par maniere de dire, auec condescendance, & plaisir les demandes de nos necessitez, parce qu'elles sont les tesmoings de nostre humilité, & de la connoissance de sa nature; vn veritable amy sent de la satisfaction, & comme le payement de son amitié quand on luy fait des demandes dans l'estenduë de son pouuoir, & qu'on implore ses faueurs, & son assistance. Si ces demandes sont accompagnées de ce respect, & de cette prudence

V u

de ne defirer pas de luy des chofes impoffibles, & qui luy puiffent prejudicier ; c'eſt accroiſtre ſa bien-vueillance, & cueillir abondāment les fruicts de l'amitié. Ie ſçay qu'on ſe trompe ſouuent dans cette creance ; & que la plus grande partie des hommes reconnoiſſent, à leur grand malheur, apres beaucoup de ſeruices, que leurs deuoirs, & leurs affections ſont inutilement rendus, & qu'ils ne receuront que de l'ingratitude : mais i'aſſeure qu'il ne faut pas ſe départir viſiblement, & par precipitation de ces faux amis. S'ils exigent de vous touſiours des ſeruices, & ne parlent point de recompenſe ; expoſez deuant leurs yeux le temps que vos aſſiduitez ont employé, les occaſions que vous auez perduës pour les ſuiure : faites vn tableau de leur ingratitude, que les traits en ſoient doux ; & que vos paroles ſoient proportionnées à la bienſceance de voſtre condition; & ne vous emportent pas dans vne chaleur indiſcrete.

En effet, ce n'eſt point vne adreſſe qui ſoit petite, de ſçauoir ſe comporter vtilement auec les amis ; & celle d'auoir la bien-vueillance des Miniſtres d'Eſtat, des Magiſtrats, & des puiſſans n'eſt pas moindre. Pour preualoir dans la vie ciuile, il y faut exceller. Et comme dans le ſiecle où nous ſommes, la meilleure pratique pour impetrer leurs faueurs, & receuoir leurs preſens, eſt de les demander par l'aſſiduité, & la frequence des deuoirs ; il faut que la demande ſoit de graces, & de dons qui ne soient point briguez par de plus puissans dans leurs affections, ou dans les dignitez de la fortune; & qu'elle soit iudicieuse dans la recherche des emplois qui nous sont propres, & de nostre particuliere science. Ce sont les competiteurs plus puissans qui nous attirent les refus; & c'est la connoissance qu'on a de nostre insuffisance qui fait desnier souuent ce qu'on poursuit auec ardeur. Il est vray qu'il y a de certaines faueurs, où l'on peut dire que le don qui en est fait est pur; parce que le merite, & la suffisance n'y sont pas considerez essentiellement pour les affaires ciuiles: comme sont les benefices, les pensions, & les confiscations. En ces demandes on peut se dispenser de cette consideration. Mais il ne faut pas negliger celle qui dit qu'on doit apporter de la prudence à la demande des faueurs pour autruy: parce qu'à la fin on épuise le tresor d'où l'on les tire, on lasse l'affection qui se plaist à nous obliger; & l'on se prepare vn refus pour ses auantages particuliers. C'est se preiudicier grandement, que de dire à ces puissans qui nous départent leurs graces, obligez mon amy d'vne telle faueur pour acquitter les obligations dont ie suis son redeuable; & si vous fauorisez cét amy, vous trauaillez en faueur du public, ces merites exigent cette recompense. Ce pretexte est veritablement specieux, mais vous diminuez le prix de la faueur que peut donner celuy à qui vous faites cette demande. S'il fauorise cét amy en vostre consideration, son bienfait ne sera pas l'action de son iugement, puis qu'il a pour obiet l'acquit de vos obligations; & ce n'est pas son esprit purement liberal qui exerce cette vertu. Cependant au siecle où nous sommes, c'est le moyen le plus seur à les obtenir. Il est plus asseuré que celuy de la voix publique: & les amis dans les sentimens de reconnoissance de nos bons seruices les demandent, & les briguent pour nous. Mais la difficulté est plus grande d'y paruenir par cette voye, & de trouuer des amis qui ayent cette puissance, & cette affection. C'est pourquoy dans cette rencontre il est plus à propos d'attendre sa fortune des professions où l'on excelle, pour lesquelles on est recherché; & de l'esperer des seruices signalez qu'on rend aux Princes dans leur seruice particulier, & aux peuples dans les ministeres publics.

Enfin si vous voulez rendre fauorables à vos desseins vn Senat, quelque compagnie, vne communauté; considerez d'abord s'il n'y a point de brigues, & quelques factions parmi eux: & si vous en trouuez qui soient en nombre, & que les esprits y soient partagez; attachez-vous à la plus forte; & taschez d'acquerir d'entre eux pour amy celuy qui y sera le plus puissant. Vne seule personne de credit, & d'authorité dans vne compagnie, vaut plus qu'vn grand nombre de ceux dont la puissance n'est que commune. Quand on s'attend à l'amitié, aux promesses de l'vn, on neglige les autres, on ne les sollicite point: ils en conçoiuent ialoufie ; on vous abandonne, on se ligue contre vous. Vn puissant qui veut respondre à vos seruices, à vos deuoirs, s'attache puissamment à vous ; & ruine dans toute l'estenduë de son pouuoir, emporte, & entraisne ce qui vous fait obstacle. Si vous n'y reconnoissez que deux factions ; rangez vous du parti de celle que les Princes fauorisent : & si l'on n'en discerne pas facilement les Chefs ; il sera plus à propos de plaire mediocrement à tous ceux qui la composent, que de s'attacher fortement à quelques particuliers : parce que dans ces brigues qui sont sans Chef, vn ennemy peut plus nuire, que n'assistent la faueur, & la puissance de plusieurs amis.

Comment se comporter, & se defendre aux accusations que l'on intente, ou qu'on reçoit.

Chapitre XXI.

Mais si ce n'est point quelque magistrature Ecclesiastique, ou ciuile que vous recherchez ; & si vos soins ne courent pas apres la pourpre, ny les autres vtilitez qui releuent les fortunes. Si c'est l'absolution d'vne accusation qui fait vos poursuites ; sçachez qu'vn defenseur de condition puissante, & zelé pour vostre seruice sera receu fauorablement ; & vous rendra des seruices qui vous tiendront asseurez contre la calomnie, &

Vu iij

l'artifice de plusieurs ennemis iurez, qui tentent toute sorte de meschancetez pour noircir vostre vie. Ainsi n'espargnez point de soins, d'assiduitez, & de diligences pour faire vne acquisition si precieuse : vne puissance de cette nature, est vn remede souuerain à ce mal. La defense qu'il entreprend auec tant d'ardeur est vn argument de l'innocence ; & ces ennemis si empressez & si ardens à perdre vn homme, font soupçonner leur ialousie, & leurs desseins enuieux, qui estouffent souuent les plus belles lumieres. Faites neantmoins que les actions de vostre vie ne soient point suiettes aux atteintes de tels ennemis ; & taschez de faire par tout amitié en ne desobligeant personne. Apres tout, si l'espoir du pardon, ou de l'absolution vous flatte peu, ou reçoit peu d'apparence ; & si mesme d'en desesperer est en vous vne action de iugement ; ne negligez point ce remede, soit que vous soyez engagé dans l'accusation des crimes de la guerre, ou des crimes ciuils, d'auoir quelques amis qui prennent contre vous le visage d'ennemy ; qui par là descouurent les desseins qu'on a pour vostre perte ; qui retournent tout d'vn coup à combattre inopinement en vostre faueur, sçachans respondre expressément aux charges de vostre accusation, n'ignorant pas ce qu'il faut dire en vostre defense ; & qui par vn changement si prompt surprennent, émeuuent les esprits, leur ostent le temps de rappeller leurs premiers sentimens, & les poussent insensiblement dans ceux de

DV MONDE. 343

la compassion, & de la clemence.

Il est encore vne autre façon de combattre son malheur, quand on void que tout semble y conspirer. C'est vn combat qui se fait hors des reigles ordinaires. On ne respond point aux accusations dont on est chargé, que par l'exageration des vertus qu'on a faites publiquement, & par le recit du nombre des seruices importans qu'on a rendus. C'est ce qui fut pratiqué par Scipion l'Affriquain, à qui l'on vouloit faire rendre compte de ses actions; qui se voyant constitué deuant ses Iuges, ne dit autre chose en sa defense, allons, Messieurs, allons remercier les Dieux, de ce qu'à pareil iour ils donnerent à vos armes, qui estoient sous ma conduite, la victoire sur les Carthaginois, les plus grands de vos ennemis. Aioustez que si vous auez soupçon que vostre Prince, le Magistrat qui vous tient sous sa iurisdiction, & l'amy dont vous faites estat, soient persuadez par la fausse accusation, & la noire calomnie de vos ennemis; & que vous imaginiez auoir assez de force sur leurs esprits pour effacer ces impressions; il ne faut point leur descouurir le reste des vos actions qui ne sont point accusées; en disant qu'il y auoit des temps où elles n'estoient pas seulement tenuës pour innocentes, mais necessaires: & que celles pour qui l'on vous poursuit, n'ont que les mesmes intentions, & les mesmes effets. Vous donneriez des coniectures qui ne vous seroient pas fauorables; & vous feriez esplucher, & gloser tous les momens de voſtre vie. Vous ne deuez les aborder qu'auec des diſcours qui ſentent la naïfueté, & qui ſoient éloignez de l'artifice, & du deſguiſement. Ne vous emportez point auec chaleur contre ces ennemis qui vous accuſent; & dites ſeulement d'vn viſage aſſeuré, qui marque le teſmoignage certain d'vne conſcience innocente, ie viens d'apprendre que tels, & tels, qui me ſont ennemis pour de telles raiſons, m'ont rendu de mauuais offices auprés de vous, & vous ont peint mes actions de couleurs aſſez eſtranges: ie ſuis preſt de me iuſtifier, de mettre au iour ce que i'ay fait, ou par la contrainte que i'ay receuë, ou parce que m'a dicté la raiſon, & la neceſſité du temps. Cette defenſe iudicieuſe reſueillera les bons ſentimens qu'on auoit de vous; & vous produira des audiences fauorables, qui deſarment touſiours les plus grandes coleres.

Les incommoditez qui ſuruiennent à l'occaſion des Amis; comment s'en defendre, ou les deſtourner.

CHAPITRE XXII.

Apres ces obſeruations, entre leſquelles celles du Liure precedent ont exprimé les douceurs, & les felicitez de l'amitié, ie termine celles-cy, pour ſatisfaire à l'ordre de mon deſſein; & ne laiſſer rien à dire en cét ouurage, en deſcriuant les

moyens

moyens de se defendre des incommoditez qu'on reçoit à l'occasion des amis. Non pas de ces intimes, qui rendent les interests communs, & qui transforment celuy qui aime en la personne aimée ; mais de ceux que nous donne la conuersation dans les diuertissemés, & les conditions. Pour cét effet, ie n'ay qu'à faire vne peinture particuliere des pertes qu'on souffre à leur sujet, & declarer la façon de les éuiter. Desia nous auons insinué que la multitude de ces amis dans l'indigence, & qui sont d'humeur à demander, & se plaindre toûiours, n'estoit pas beaucoup profitable : il y faut aiouster, & dire qu'on doit refuser également à tous, quand on n'est pas dans vne puissance assez grande pour toûsiours donner. Qu'il ne faut point faire paroistre entre eux aucune preference ; ne se laisser point toucher aux prieres, pour ne perdre pas les amitiez des vns en voulant conseruer les autres ; & que ceux qui auront receu ce qu'ils demandent, ne soient pas les suiets du mescontentement de ceux qui auront esté refusez. Mais si par des considerations tres-fortes, vous vous sentez obligé à faire part de ces incommoditez qui sont en vostre puissance, & qui ne vous incommodent point dans leur partage ; si on les exige de vous par des recommandations signalées ; portez-vous y d'vn esprit liberal, d'vne actió officieuse, n'y montrez point de contrainte, allez mesme au deuant : n'en demandez pas les restitutions dans vn air qui tesmoigne en vous quelque sorte de repentir, que

X x

l'attente vous en soit ennuyeuse, & preparez en la demande dans vne occasion qui la puisse excuser. Il est quelque fois plus vtile de donner en pur don que de prester. Ces termes de prester, & de rendre, donnent plus de hardiesse, & de libertez à demander : vn don qui est fait gratuitement, semble ne pouuoir estre mieux reconnu de celuy qui le reçoit, que par vne retenuë de ne demander plus. Si l'on vous offre des conditions, & des asseurances; receuez les auec le compliment, qu'ils n'estoient pas necessaires pour obtenir vn seruice que vous reputez à faueur : & si l'on ne vous en parle point, faites en venir le discours à propos, dites que les iours des hommes sont incertains; & que de donner des asseurances par les gages, ou par l'escriture, estant la façon ordinaire de traiter auiourd'huy, n'est point vne action qui soit estrange. La perte d'vn amy de peu de moyens, & de credit, est moins grande que celle d'vne somme d'argent, qui est importante, & qui peut donner des incommoditez.

Aux assistances du credit, & des recommandations, aux deuoirs de ciuilité, vn homme d'honneur s'y doit porter auec inclination apparente; & n'attendre pas qu'il en soit instamment prié de ses amis; mais seulement qu'il en ait les occasions deuant les yeux. S'il est dans la puissance, & dans la Magistrature, il n'abandonnera point ses amis, ny ses parens, quoy qu'ils soient dans les disgraces, & prests de tomber sous la punition des crimes. Il ne laissera pas de crier contre eux le premier en public; il leur defendra l'entrée de sa maison : mais il trauaillera sous main à leur absolution, & à les tirer des perils où leur faute, & leur malheur les exposent. Ainsi il conseruera son honneur, & sa reputation de iuste ; & conseruera ses amis dans leurs necessitez. Si l'on desire que son iugement soit interposé sur quelque contention d'amis communs ; il taschera d'abord à reconcilier leurs esprits, à dissiper le nuage qui trouble leur raison, & qui les diuise : & si cét effort est inutile ; il s'en excusera par des ciuilitez, ou partagera en sorte la decision du differend, que les parties y trouueront de quoy s'y satisfaire. Vne autre pratique seroit dangereuse ; & qui voudroit faire autrement dans le dessein de se retenir deux amis, il pourroit les perdre tous deux. C'est aux exemples à descouurir le chemin que l'on doit prendre, lors qu'vn amy puissant, & dans la haute faueur exige nous que nous contractions inimitié auec nostre intime amy, parce qu'il est son ennemy. Atticus respondit à Silla, qui vouloit l'obliger à cette action, dans cette diuision si funeste qui estoit de leur temps parmi les plus puissans des Romains : au nom de nostre amitié, ie vous supplie de ne me pas faire porter les armes contre ceux qui m'ont fait quitter l'Italie dans la crainte que i'auois de les combattre. Quelle response peut auoir plus de prudence, & plus de ciuilité ? Ce grand homme de ce celebre Empire, dont la reputation est venuë iusques à nous, en retenant l'amitié d'Antoine, ne perdit pas celle de Ciceron ; quoy que leur haine fust au plus haut degré qu'elle puisse monter. Dans la qualité d'ami de Cesar, il n'eust pas celle de l'ennemi d'Antoine ; quoy que le differend qui leur mettoit en main les armes, ne fust pas moindre que de sçauoir à qui des deux demeureroit l'Empire du monde. Et il ne perdit point les affections de Cesar pour les affections estroites qu'il auoit auec Brutus ; quoy qu'ils fussent en guerre pour de differends partis, qu'ils respandissent ensemble du sang : l'vn pour l'Empire, & l'autre pour la liberté. C'est de ces éuenemens qu'on apprend que la sagesse ciuile a de longues estenduës ; qu'il y faut des complaisances extremes, & des obseruations tres-iudicieuses.

Parmi les amis elle a plus de difficultez. Il ne faut pas croire que toutes les demandes que nous leur faisons les obligent, & leur soient agreables. Si cét ami vous fait souuent des demandes en sa faueur, pour celuy auec lequel il a des habitudes d'amitié ; ne le refusez pas les premieres fois : mais aux dernieres, faites excuse auec liberté, & montrez-luy ingenuëment vostre impuissance, & la perte que vous en pourriez souffrir : par là vous le rendrez satisfait ; & il verra qu'il ne tient pas à vous que vous ne l'obligiez. Plusieurs abusent si fort de l'affection dont on les honore, qu'ils vantent par tout le credit qu'ils ont par elle, & le promettent sans iugement à toute sorte de personnes :

mais en fin ils la laſſent; & l'importunent iuſques au poinct qu'ils reçoiuent des refus; qu'ils perdent la reputation qu'ils ont; & que par vn deſpit qui vient de leur manque de diſcretion, ils deuiennent apres ennemis. L'amitié eſt vne vertu; ayant ſes qualitez, elle doit eſtre iudicieuſe: & comme elle eſt d'vne nature tres-exquiſe, la corruption, & les vices qu'elle reçoit ſont extremes. Il faut les éuiter auec les meſmes ſoins qu'on s'éloigne des precipices apparens. Et pour n'en ſentir pas les malheurs; il faut ſçauoir qu'ils arriuent de la part de ces amis, qui veulent entrer dans vne entiere connoiſſance de nos conduites, & partager nos ſecrets les plus cachez. Si vous leur deſcouurez ce qui vous perdra s'il deuient public; vous vous engagez dans vne ſeruitude miſerable, vous ne viuez, & n'agiſſez plus qu'à leur gré: & vous vous reduiſez dans vne apprehenſion continuelle de leur déplaire; dans l'incertitude de ſçauoir ſi ce ſont de veritables amis; & dans l'aſſeurance qu'on conçoit de la legereté des hommes. Si vous leur cachez voſtre cœur, & ſi vous déguiſez vos ſentimens; ils rompent auec vous ouuertement: & quelquefois changent cette amitié en des haines couuertes, & publiques. Ne calez point voile à ce port où l'on fait tant de naufrages. Repouſſez hardiment ce qui compoſe voſtre ruine ſous le beau nom de l'amitié. Ne vous expoſez point aux caprices d'autruy; & ne reuelez point ce qui ne vous peut profiter, s'il ne vous eſt particulier. Ou ſi vous voulez, amuſez ces amis de paroles qui les contentent; &

qui ne vous faſſent point de preiudice.

Les diſgraces qui viennent encore au ſuiet de l'amitié, naiſſent de ceux qui veritablement meritent le nom d'amis; mais qui aiment dans vne certaine ialouſie à ne pouuoir ſouffrir d'autres amis auprés des leurs; & à ne cherir que pour eux-meſmes. Il en eſt d'autres qui ſouffrent des riuaux, mais qui ne veulent point communiquer leurs actions, ni donner d'entrée en leur confidence: ces perſonnes pour eſtre fauorables à l'amitié des autres, ont des affections imparfaites. Les premiers ne ſont point amis parfaits, puis que l'effet de l'amitié eſt de transformer mutuellement l'aimant en l'aimé; de deux ſubſtances n'en faire qu'vne; & dans leur diuerſité de ne receuoir que de pareils accidens. Les derniers ſont plûtoſt des ennemis ſpecieux; leur émulation fait naiſtre vn combat qui deuient funeſte; ils ruinent à la fin le ſuiet qui les entretient. Ils ſont ſemblables au feu de la lampe qui conſume l'huile qui le nourrit: ils ſont pareils au lierre qui mine, qui degrade le mur qui l'éleue, & l'entretient parmi les plantes. Et ce fut par vne telle amitié que Marius fauoriſa la naiſſance, & les proſperitez de Silla, qui le reduiſit apres à trouuer vn infame tombeau par vne mort, qui ne reſpecta point les lauriers dont ſa teſte auoit eſté ſi ſouuent couuerte.

Il eſt facile à connoiſtre ces amis; leur façon de viure a des vices qui les font remarquer tels. Vous les voyez d'ordinaire dans vne ambition qui ne s'aſſouuit point; & dans vne auarice qui n'eſt iamais contente. Pompée receut le mesme traitement de Cesar, que Marius de Silla. L'Histoire est pleine de ces exemples; & ces viperes qui ont donné la mort à qui les faisoit naistre, portent tous les marques d'vne ambition prodigieuse, & d'vne auarice extreme. A moins que de vouloir s'interdire l'vsage des yeux, ces vices sont visibles: & les moindres actions de ceux qui sont possedez de ces passions, en font des theatres qui sont assez éleuez. Cependant pour reuenir à ces amis si curieux, & qui s'occupent à nostre perte; leur naissance, leurs dignitez, leurs professions, & les nostres, doiuent estre dans nos emplois la mesure à nous regler pour descouurir ce qui est de nostre dessein, de nostre pensée, & de nostre science. Dans la guerre, dans les interests publics, vn Chef parlera dans ses veritables sentimens, dans l'experience de son art à ceux ausquels il donne les ordres ; quoy qu'il y trouue de ces amis qui trauaillent pour sa ruine ; & qui ne luy obeïssent que pour apprendre, & se rendre aussi signalez que luy dans cette science qu'il a de bien commander. Dans les charges, & dans les commandemens que donnent les Rois, le silence, & les sentimens déguisez rendent criminels : comme dans la Medecine le malade qui cele son mal, le Medecin qui ne fait point de part au public des connoissances particulieres qu'il a pour les remedes, deuiennent coupables. Il n'en est pas de mesme des autres arts, & des autres sciences, où le public ne souffre pas generalement. La iurisprudence n'ayant ses decisions qu'apres le combat qu'elle fait naistre par vne infinité de raisons, qui apportent des doutes, ne trouueroit pas ses auantages de reueler en vn mot ses decisions. Et la Philosophie qui subsiste, & s'éleue dans les disputes, n'auroit plus de gloire pour ceux qui la professent, & qui l'enseignent, si ses principes, & ses termes estoient communs à tout le monde. Ainsi l'on peut en quelque rencontre ne partager pas ses connoissances à ces amis, qui ne nous frequentent que pour s'éleuer de nos propres grandeurs : comme on doit se tenir ferme quand vn intime ami, vn fils, vne femme, pressent extraordinairement, & dans vne instance difficile à ne s'y rendre point, pour sçauoir de nous quelques secrets, dont la découuerte est perilleuse. On ne s'y relasche auec raison, qu'en imitant ce qu'Homere fait dire à Iupiter, qui receuoit souuent ces importunitez de Iunon, dont il se defendoit à peine. Ces termes sont, vostre curiosité doit estre satisfaite, ô Iunon, ou plûtost ne paroistre plus, de ce que personne n'apprit iamais de ma bouche ce que mon cœur vouloit cacher : & que si par vne indulgeance ie me suis rendu à vos prieres, vous estes, & serez la seule qui vous pourrez vanter d'auoir fait vne fois sur moy cét effort.

Pour rompre auec ces importuns, non pas toute sorte d'amitié, mais l'habitude qu'ils ont par elle, & prendre plus de libertez en leur endroit ; qu'ils reçoiuent de vous des seruices moins frequens,

quens, & tres legers : ils reconnoiſtront par là, s'ils ont de l'eſprit, iuſques où l'amitié qu'on leur porte peut aller ; & ils ne paſſeront pas plus outre. S'ils n'ont pas ce iugement, ou qu'ils ne vueillent pas ſe ſeruir de la connoiſſance qu'ils ont ; ces amis ſont dangereux, ils ne conſiderent que leur profit : de perdre auec eux toute ſorte d'amitié eſt vn gain qui ne peut eſtre qu'auantageux. A ce propos, il ſemble qu'il n'eſt pas hors de raiſon de dire que Plutarque, d'ailleurs ſi iudicieux, ait manqué de iugement en ce poinct, d'auoir donné pour tiltre à l'vn de ſes Liures le moyen de connoiſtre la difference d'entre les veritables amis, & les flatteurs. Il deuoit pluſtoſt l'inſcrire de la façon de faire diſcernement des faux amis : parce qu'il eſt certain qu'il en eſt qui ne ſont pas ſeulement flatteurs, mais qui ſont veritablement traiſtres ; qui ne cherchent qu'à faire profit des pertes de ceux qu'ils appellent amis, & ſe reueſtir de leurs deſpoüilles. Il en eſt d'autres, qui à la verité donnent aduis qu'vn tel peril eſt preſt de tomber ; mais ſi on les appelle pour le repouſſer, ſi on les conjure de rendre cét office ; ils n'offrent ſecours qu'auec nonchalance ; & dans vne telle froideur, qu'ils n'en font pas conceuoir d'eſperances beaucoup auantageuſes. Tenez ces perſonnes pour ſuſpectes : & ſi vous leur en faites des plaintes, & qu'ils s'excuſent par de belles paroles ſur vne impuiſſance feinte, & qui ne ſoit pas veritable ; rompez ouuertement auec eux : ou ſi vous tenez à quelques liens du sang, ou d'interest, qui ne soient pas faciles à dissoudre, s'ils ne sont pas entierement perfides, & traistres; vsez à leur endroit de paroles vehementes, & de reproches sanglans, qui leur excitent le souuenir qu'ils ont pris autrefois auec plaisir, & auec ambition le nom de vos amis. Faites resonner hautement à leurs oreilles ces paroles : Ie me suis confié en vostre fidelité ; i'ay mis tout mon espoir dans l'amité dont vous m'honoriez, & dont ie faisois estime : où est cette assistance que vous m'auez promise ? Ces termes les feront rougir de honte, s'il leur reste quelque pudeur : & s'ils sont capables de quelque bon naturel ; vous rappellerez leurs premieres inclinations, & vous resueillerez en eux cette amitié qui s'en alloit assoupie.

La derniere obseruation à se comporter ciuilement auec les amis qui nous sont communs auec d'autres, est de tenir entr'eux vn iuste temperamment & dans leurs necessitez, ou leurs querelles, se ranger apparemment du party le plus iuste ; & ne laisser pas sous main de donner à l'autre les assistances, qui sont renduës sans blesser la conscience. Par exemple, si deux de vos amis ont vne contention qui les sousmette à l'authorité des Iuges, & à la puissance que le Prince leur a donnée sur le sang de ses sujets ; si vous abandonnez le mal-heureux qui est tombé dans le crime ; vostre abandonnement est vne funeste image d'vne fausse amitié. D'autre part, si vous employez vostre faueur à le sauuer ; il semble que vous vouliez faire violence aux Loix d'empefcher la punition des crimes, de trahir l'amitié, de vouloir que cét autre amy fouffre vn affront fans vengeance. De plus, il eft certain que la memoire d'vne offenfe eft eternelle; & que celle d'vne faueur fe perd, & s'évanoüit auec le temps. C'eft vne affection bleffée, dont les playes faigneront toufiours: que faut-il faire en ce rencontre ? Formez-vous fur ce modelle que i'ay propofé tant de fois, fur ce que fit Atticus dans les diuifions Romaines, dont i'ay desja fait le recit. Appreftez du fecours aux plus malheureux, fans en parler à celuy qui a receu l'injure: & fans diminuer fon eftime dans les follicitations; n'entretenez les Iuges que du merite de celuy qui a failly, & du mal-heur à pardonner, qui l'a conduit dans l'action dont on l'accufe. Que fi l'accufateur en a connoiffance, & qu'il s'en pleigne à vous tafchez à l'adoucir: dittes-luy qu'à pareils accidens vous feriez preft de l'obliger; que la condition de celuy que vous defendez eft autre que la fienne; que peu s'en faut que vous ne voyez rougir de fang vn amy fur vn infame efchafaut: que vous n'eftes pas le iuge de l'action pour folliciter la Iuftice, ou pluftoft la faueur des Iuges; & que vous ne demandez qu'à moderer fa punition. Que fi les Loix ont eftably des defenfeurs pour les malheureux; que d'en faire les actions, c'eft le particulier office d'vn amy: qu'ainfi vous le conjurez au nom de l'amitié, de confiderer ce qu'il feroit luy-mefme, s'il eftoit conftitué dans vn tel acceffoire. Ce sont les raisons dont s'est seruy le premier Orateur de Rome, dans la defense qu'il entreprit de Marcus Cæcilius contre Aratinus; de Lucius Muræna contre Caton, & Seruius Sulpitius; & de Sylla contre Torquatus: où il expose que la defense a tousiours bonne grace dans quelques bouches qu'elle soit. Aussi ce seroit estre trop cruel, de ne vouloir pas seulement priuer vn mal-heureux de sa vie, & de la cōpassion des Iuges; mais encores de le despoüiller des moiens qui soulagent les miseres par les amis.

Apres tout, quand vn amy offense vn autre par des violences, & des ingratitudes; par quelques discours échapez par mégarde, touchant ses affaires, & vne mauuaise interpretation de ses actions; & que l'injure n'est pas capable de le destruire entiement: vn amy commun, qui s'entremet à renoüer ces nœuds, à rejoindre cette diuision, est à receuoir à bras-ouuerts: & d'autant plus, si cét amy qui a fait l'injure montre de la passion pour l'accommodement. C'est vne marque de son repentir; c'est vn témoignage de son estime; & que sa faute n'est que l'effet de quelque passion de ialousie, & d'interest qu'il veut regler, & mōderer d'oresnauant. Dans l'instabilité des hommes ces repentirs veritables des fautes sont des vertus, & les images d'vn bon naturel. Vn amy de cette qualité est à retenir par toutes sortes de moyens: & cela doit estre fait auec d'autant moins de resistance, que cét amy commun, qui s'entremet pour l'accord est plus dans la puissance, & peut contenir cét amy qui se repent, dans le dessein qu'il a repris, de rendre inuiolablement tous les deuoirs de l'amitié.

Fin du troisiesme Liure.

LA SCIENCE DV MONDE,
OV
LA SAGESSE CIVILE DE CARDAN.

LIVRE QVATRIESME ET DERNIER.

APRES l'establissement des moyens pour acquerir les amitiez, la conuersation, les entremises des Magistrats, & des personnes que nous trouuons interessées ou puissantes dans nos commerces. Apres l'expression de la methode d'éuiter les infortunes qu'on souffre à leur occasion, qui s'y rencontrent comme les espines se trouuent

parmy les plus belles fleurs : voyez dans cette derniere partie celle de conuerser en Cour auec les Rois, les Princes, & leurs Ministres: d'auoir part à leurs secrets; de meriter leurs plus estroites faueurs; d'éuiter leurs disgraces ; de se retirer auec seureté de leur seruice : & finalement obseruez la façon de se comporter vtilement, quand on change de païs pour fuir les disgraces qu'on y trouue; quand on prend habitude auec les estrangers; & qu'on a pour professions celles qui peuuent donner les fortunes par la consideration seule du merite. C'est l'acheuement que i'ay proposé de donner à cét ouurage : & ce sont les derniers sujets, qui ne sont pas moins considerables que les premiers, dont i'ay fait dessein de le remplir.

La Methode de se maintenir, d'agir en Cour; & de s'insinuer dans la faueur des Roys, des Princes, des Ministres d'Estat, ou Fauoris, & des Grands.

Chapitre I.

POur expliquer la maniere de viure en Cour ; ie dis que c'est à la prudence, & aux inclinations d'en inspirer le dessein : toute sorte de personnes ne sont pas propres à cét exercice ; & celuy qui s'y contraint contre la liberté de son humeur agist tousiours inutilement. La pensée, la parole, & l'action,

ction, y ont de differens objets; & des images qui ne representent rien moins que ce qu'elles font paroiſtre aux yeux. Vne circonſpection en toutes choſes eſt ce qu'on doit s'y propoſer d'abord, & retenir eternellement: & ſur tout ne montrer point d'enuie de ſçauoir les ſecrets des Grands, ſi l'on n'eſt de leur confidence la plus particuliere. Dans l'eſtat de courtiſan, qui n'eſt point encore fauory, il ſeroit perilleux de teſmoigner de la paſſion pour ce ſujet: il feroit conceuoir de luy de grands ſoupçons. Ce n'eſt pas que cette connoiſſance luy ſoit inutile: tant s'en faut, comme en Cour le changement eſt l'aſſiette, & le viſage le plus aſſeuré; il eſt tres-important de connoiſtre ceux que la fortune éleue, & deſtruit, pour rendre ſeurement ſes deuoirs. Mais comme en ce lieu les plus grands ſecrets ne demeurent cachez que des momens; il en faut apprendre la deſcouuerte de l'occaſion, & du temps. On l'apprend infailliblement par les actions extraordinaires des Princes, & des Grands, au ſeruice deſquels on eſt attaché; par les contenances où l'on les void contrains; par les paroles, qu'ils retiennent auec ceux qui les viſitent, ſur le poinct de les prononcer; par les diſcours qu'ils font à l'oreille de leurs plus confidens; & par les interruptions qu'ils font à ceux qui les abordent, ou qui les entretiennent.

Comme les habitudes, & les profeſſions qui approchent des Princes, & des Miniſtres, expoſent en vn lieu où l'enuie, & la calomnie regnent puiſsamment; le premier soin, & le principal objet de ceux qui s'y engagent, est de considerer ce qui les rendra puissans dans leurs esprits; & quelles sont les contenances, les paroles, & les sentimens, qui prenant empire sur eux, feront qu'en les abordant seulement ils se maintiendront dans leur faueur. Ce soin doit estre d'autant plus diligent, que pour paruenir en cét estat il y a des hommes qui n'espargnent ni richesses, ni trauaux pour laborieux qu'ils soient; qui s'exposent aux perils les plus extremes; & qui abandonnent leur sang: en sorte qu'en telle concurrence on ne combat qu'auec des desesperez pour emporter la victoire. Cependant qu'vn homme signalé par les actions de la prudence ne perde pas courage, & ne recule point à l'aspect de tant de difficultez. Il sçait de son experience, ou de celle des autres, que ces mignons de fortune creuent à force de faueurs; qu'ils laissent enfin vne place pour les autres; que les conseils des Grands ont des passions qui les animent; que ces violens efforts de leur amitié n'ont point de durée, & se dissipent: & que la prudence surmonte tout; que la patience a des triomphes asseurez; & que le temps qui la forme n'a iamais trompé l'attente des sages.

Donques pour auoir la faueur des Princes, & la conseruer par vne authorité qu'on prend auec agréement, & sousmission sur leurs esprits; sçachez que dans la Cour c'est estre vertueux que de ne commettre point de vice apparamment; que c'est auoir vne sagesse souueraine que de ne point faire de folie: & qu'il est plus à propos de ne laisser rien à dire contre sa reputation, que de vouloir l'éleuer par de certaines actions illustres, qui sont ternies, & qui perdent leurs beautez par les vicieuses que l'on commet quelques momens apres. Croyez que la promptitude, & l'assiduité de les seruir, vne honneste, & iudicieuse administration des affaires qu'ils commettent à nos soins, & peu de paroles, mais complaisantes, & ciuiles, sont les charmes les plus puissans à gagner leurs affections. Et pensez qu'il faut fuir en ces lieux les contentions d'vn honneur orgueilleux aux legeres rencontres; & qu'il faut, où cette dispute est necessaire à vostre condition, y faire tous ses efforts. Ainsi n'ajou-stez point de foy certaine aux discours de ceux qui briguent auec vous les mesmes charges, les mes-mes affections, les mesmes honneurs; & taschez de les vaincre, sans qu'ils sentent la violence de vostre combat. Rendez des deuoirs à tous ceux que le Prince cherit, & regarde d'vn bon œil; & faites en sorte de vous mettre bien dans leur esprit. Con-seruez vne grauité modeste dans vostre marcher, dans vos mœurs, vos paroles, vostre conuersation: & prenez garde qu'en voulant partager vostre cre-dit à vos amis, vous ne le consommiez vous-mes-me, & ne prepariez des moyens pour sa diminu-tion.

Pour gagner les affections de ceux d'vne mes-me Cour; ne receuez pas ouuertement, ny auec brigue les gratifications, & les presens, dont les autres moins en faueur ont eu les aduis, & fait la premiere demande. Ne choquez personne dans la liberté que vous donne la faueur. Auec les Officiers du commun vsez moins d'empire que de ciuilitez, & de caresses: & croyez que vostre principal estude est de cacher vos mœurs; & de découurir les inclinations, & les habitudes de ceux qui font auec vous mesme Cour. Ne vous exposez point aux personnes coleres, n'ayez point de contentions auec eux: leurs injures, & leurs calomnies vous feroient vn mauuais traitement; & si vous repoussez leurs efforts, ils conserueront pour vous vne haine qui ne mourra iamais. Sur tout, commandez vostre langue; faites qu'elle ne profere pas tous les sentimens, & les affections de vostre esprit sur les sujets qui sont proposez, & qui ne vous concernent point. De faire couler ses passions, & ses sentimens dans de tels discours, c'est montrer vn esprit peu retenu, trop ouuert pour la Cour, & qui a beaucoup de legereté. Mais dans les occasions où vos interests souffrent; quand c'est pour sauuer vn pere, vn fils, vn frere, vn intime amy des perils qui les menassent, ou par leurs mauuaises actions, leurs mal-heurs, ou la calomnie dont on les attaque; n'espargner rien des forces qui rendent puissant par le discours, & par la faueur, c'est témoigner vne prudence extréme. En ce rencontre, que vostre esprit employe tous ses efforts à defendre l'innocence qui est combatuë, en faisant compassion des mal-heurs qui oppreſſent; & en donnant des excuſes, & des pretextes ſpecieux aux actions qui font naiſtre le danger que vous voulez repouſſer. Que voſtre faueur vous faſſe prendre vne liberté genereuſe: ou d'auouër au Prince l'action qui merite du ſupplice, en la déguiſant dans les circonſtances qui ſuiuent ordinairement les vertueux qui n'ont pas de fortune; en ramenteuant les anciens ſeruices rendus, & l'infirmité des hommes: ou de declamer à haute voix contre la calomnie, en peignant ces calomniateurs de leurs propres couleurs; & montrant toute nuë l'innocéce que vous defendez par vn recit de belles actions, qui luy faſſe croire qu'il y a meſme de l'injuſtice d'auoir conçeu contre'eux de mauuaiſes penſées.

Ce ne ſont pas là les ſeuls moiers pour acquerir, & conſeruer la faueur; il y a vne infinité d'obſeruations ſur ce ſujet: ie n'en diray que les principales, & celles qui releuent de la vertu. Si le temps de la naiſſance, ou de l'âge, qui rend capable des ſeruices, fait venir en Cour aux momens que les Rois, & les Princes ſont mineurs, ou que par les diuiſions, & les mal-heurs de leurs Eſtats ils ſont priſonniers de guerre, ou ne commandent pas en Souuerains; on eſt obligé de ſeruir pluſieurs maiſtres. Ceux qui gouuernent pendant leurs minoritez, & leur abſence, exigent des obeïſſances, & des deuoirs: & il arriue ſouuent des occaſions, où il eſt dangereux d'obeir, & de n'obeïr pas à ſes volōtez qui regnent, & qui ne regnent point. Dans ces extremitez, &

Zz iij

dans ces incertitudes, apres auoir consideré si ce qu'on desire de nous importe au salut, ou à la ruine de l'Estat; (parce que cette consideration est la premiere reigle du deuoir d'vn bon sujet,) son salut doit auoir nostre obeïssance aueuglement sans faire des reflexions, & sa ruine nostre refus absolu. Aux autres rencontres il faut se partager; tascher de plaire aux vns sans faire déplaisir aux autres: & rendre ses deuoirs de telle façon que tous les deux partis soient contens, & satisfaits. Que si ces deux puissances que vous venerez, sont persuadez par vne enuie calomnieuse, qui s'attache aux moindres ombres; si elles vous accusent, & vous font des reproches; vsez encore du mesme remede: tenez vn milieu bien partagé pour vostre defense; ne niez pas d'abord absolument: ce seroit choquer leurs esprits; & sembler vouloir les accuser d'estre si foibles, que de se laisser vaincre aux persuasions de la calomnie. Ne demeurez pas aussi dans le silence, & n'en faites pas l'adueu; vous vous rendriez criminel: mais sans nier, ni confesser, montrez l'impossibilité du faict; parlez des sujets qui font naistre l'enuie qui vous attaque; & iustifiez vos actions par l'inclination du naturel dont vous auez rendu des tesmoignages, & par l'affection que vous auez à leur seruice, dont vous desduirez les preuues, en remarquant les occasions où vous l'auez signalé.

Si quelquefois pour le bien mesme des Princes, & de leur Estat, on est obligé dans le deuoir des charges, & des conditions qu'ils ont données, & qu'on exerce sous leur authorité, de ne leur obeïr point ; d'entrer auec eux en contestation : & de s'opposer à leurs volontez : il y faut vne industrie merueilleuse, vn respect ingenieux ; & vne grande connoissance de leurs inclinations, pour sçauoir prendre à propos le moment de les aborder, & de leur faire connoistre la iustice d'vne telle desobeïssance. C'est vn mal-heur à ceux qui sont en charge, quand pendant leur administration, il arriue des occasions où ils ne s'en peuuent dispenser. Quelque adresse qu'ils ayent, quelques vtilitez qu'ils descouurent à leurs yeux, tousiours leurs esprits s'en trouuent choquez ; & croyent leur pleine puissance, & authorité Royale estre blessées. Ainsi ce Consul eloquent des Romains, qui pour la protection qu'il faisoit gloire de rendre à l'innocence, fut contraint de composer vn Liure à la loüange de Caton, n'eust plus des amitiez si estroites auec Cesar, qui le leut : & il est obligé de l'auoüer luy mesme ; & de dire au sujet de l'inimitié que Cesar portoit à ce Censeur genereux, qu'il n'approuuoit pas plus les loüanges qu'il luy auoit données, que le dessein qu'il auoit conceu de mettre au iour son Panegyrique. Si pour satisfaire à vostre conscience, & à l'obligation de vostre charge, vous faites quelques resistances à ces volontez Royales ; que la methode en soit ingenieuse ; que la pratique n'en soit pas frequente : autrement vous acquereriez infailliblement leur haine.

La façon de conseruer la faueur des Princes estant expliquée; reste d'exprimer le moyen de gagner en sorte leurs bien veillances, qu'ils regardent vn visage auec plaisir, qu'il leur soit connu; & qu'on n'ait point de difficultez pour les aborder, leur rendre des deuoirs, & obtenir les demandes qu'on leur veut faire. Si ces demandes ont pour object quelques dons qui sont en nature, & qui peuuent estre accordez à l'instant; n'y employez point d'autres personnes que vous mesme : ils se faschent de ce qu'on ne presume pas assez de la bonté de leur naturel dans les liberalitez, & du merite des seruices qu'on leur a rendus. Si elles sont des choses qui ne sont point encores arriuées; donnez charge à quelqu'vn de vos intimes qui les approchent de leur parler en vostre faueur, au téps que l'occasion les fait naistre, pour leur exciter la memoire des promesses qu'ils vous ont faites. Ils ont tant d'occupations, tant d'entretiens differens, & tant de visites nouuelles, qu'ils apprehendent le poids des differentes images, dont leur memoire est chargée. Ils estiment qu'il est au dessous d'eux de rappeller ces especes; & principalement dans la promesse de leurs liberalitez, & de leurs presens. Ils croyent que ceux qui les reçoiuent les méprisent, quand ils n'en excitent pas le souuenir par le discours de leurs amis, qui sont en faueur. Ioint que souuent ils donnent plus volontiers l'execution de leurs promesses à la dignité, & aux merites de ces amis; & que leur presence les empesche empefche de s'excufer de n'y pouuoir fatisfaire. Que ces amis prennent garde de ne s'employer pas indifferemment pour tous ceux qui femblent les traitter d'amitié: Les amis d'intereft les prefferoient fouuent de faire ces demandes; ils perdroient les occafions d'en faire en faueur de leur profit particulier; ils fe rendroient importuns: & l'on prendroit l'habitude de les refufer, qui eft vn cōmencement de difgrace. La faueur eft d'vne nature fi delicate, qu'elle fe fletrit au moindre toucher: on l'acquiert auec des peines incroyables, on la conferue auec des foins tres-affidus: elle fe perd facilement; & quand on l'a perduë, c'eft vne ame qui ne retourne plus.

Si dans l'intrigue de la Cour vous auez commerce auec plufieurs: & fi comme en ce lieu toutes les ciuilitez, les vifites, & les entretiens fe font fous le nom de l'amitié; quelqu'vn fous ce pretexte veritable, ou faux, vous découure auec confidence quelque trahifon qui fe trame par luy-mefme, ou par quelqu'autre; cette amitié, & cette confidence vous font des mal-heurs, & vous preparent vn precipice: de quelques coftés que vous tourniez vous eftes en danger. Si vous en donnez aduis à qui elle importe, vous trahiffez voftre amy: & fi vous ne le faites pas, vous vous en rendrez complice. Si l'on vous arrefte pour en fçauoir les veritables particularitez; & que celuy que vous auez accufé ait affez d'efprit, & d'affeurance pour ne rien confesser, vous passerez pour calomniateur ; on vous soupçonnera d'estre l'autheur de la trahison : au moins d'estre vn complice qui se repent, & qui pense se purger par la reuelation. Si celuy contre qui on a medité la trahison, si ce Roy, ce Prince est d'vn naturel violent, qui ne pardonne point, qui condamne sur les moindres soupçons, & qui n'escoute en toutes ses actions que le conseil de sa colere ; vous ne serez point entendu en vostre iustification, il conclura aussi tost vostre perte ; & sans formalitez de Iustice, vostre fortune, & vos enfans seront enuelopez dans sa vengeance. Quand vn amy veritable vous fait part d'vne confidence si perilleuse, & vous a reuelé tout le secret ; retirez-vous pour quelque temps des lieux où la trahison se prepare : quittez toutes les habitudes de cét amy ; montrez que vous estes trop craintif, & d'humeur esloignée de telles entreprises ; dittes que l'amitié est vne vertu trop pure, pour obliger de partager le crime des amis ; & qu'en ces rencontres la conscience oblige de ne rien celer d'vne telle connoissance. Ainsi vous satisferez à vostre salut, à vostre conseruation : & vous remettez dans le deuoir cét homme qui s'alloit perdre, quand il craindra d'estre découuert. Que si le Prince auquel vous estes sujet, est clement, doux, & iudicieux ; & qu'il pese les actions par la iustice des mouuemens qui les produisent ; contentez-vous de ne prendre point de part dans de telles entreprises par le conseil, ou les actions; d'auertir cét amy que son dessein est pernicieux, & de ne point le reueler. Si ce factieux est vn amy du commun, & que par sa legereté, ses discours, & ses inconsiderations il vous engage dans le party; donnez-en promptement aduis: & n'oubliez pas d'ajoûter que vous n'en auez qu'vn aduis simple, & non pas les preuues toutes entieres. Vous descouurirez seulement les moyens de l'apprendre; & vous vous sortirez d'vn passage tres-difficile, & où peu de gens éuitent le naufrage.

De pareils accidens on doit conclure auec raison, qu'il est du deuoir, & des soins d'vn Courtisant iudicieux de connoistre entierement les mœurs de son Prince; les inclinations qui le poussent aux actions auec plus d'ardeur; les sentimens de haine, ou d'amour qu'il a pour les vices, & les vertus; & quelle est la conduite qu'il se forme parmi ses principaux Ministres, parmi ceux de sa famille, parmi ses Officiers, & parmi ses peuples. Les Rois qui n'ont pas effectiuement le tiltre de Iustes, croyent que la vertu produit des obstacles à cette estenduë de leur puissance, qu'ils imaginent n'auoir point d'autres bornes que leurs volontez: ils mesprisent dans leur domination, & sont ialoux de ces termes, & de ces fonctions de iustice: & leurs flatteurs, & leurs Ministres qui trauaillent moins pour les affaires publiques que pour leurs particulieres, les appellent leurs tutelles, pour leur en donner de l'aduersion. Ils pensent que le

A Aa ij

droict de faire des Loix, est d'abroger celles qui choquent leurs passions; que la Religion n'est que pour arrester, & conseruer les liens de l'obeïssance, & du commerce parmi leurs peuples : & ils n'ont d'apprehension en violant leur propre sang, & leur reputation, que lors qu'ils voyent apparemment qu'ils entretiennent dans leur propre ruine celle de leur Estat. Ils donnent tout à ce qui porte l'image de leur vtilité, & à ce qui chatoüille leurs passions de colere, de haine, d'enuie, d'ambition, & leurs lubricitez monstrueuses. Ainsi prenez garde d'offenser ce qui ne connoist point de iustice, & qui n'a point d'oreilles pour escouter vne iuste defense. Et si vous estes dans cette extremité, n'esperez point d'absolution : deffiez-vous des paroles, & des propositions de reconciliation, & d'accommodement : songez à vos seuretez; & de bonne heure donnez ordre à vostre retraite, à ce qui peut repousser leur vengeance, & vous esloigner de l'estenduë de leurs bras. Pensez-y serieusement dans le temps des plus hautes prosperitez, pour y estre tousiours preparé, & iamais surpris. En ces accidens, souuent l'esprit deuient abatu, lasche, & mol; & semble s'enseuelir dans la ruine de sa fortune. L'experience de l'histoire, où ie renuoye tousiours mon Lecteur, publie hautement les mal-heurs de ceux qui ont adiousté foy aux signes, & aux marques d'vne veritable reconciliation, dans les presens qu'ils ont receus, & dans les traitez qu'on leur a fait signer, qui portoient les apparences d'vne faueur prochaine.

Entre ces Princes sans iustice, sont ordinairement les enfans de ceux qui ont rougy de sang les Prouinces qui leur donnent le titre de Rois, & qui par le meurtre, & la violence ont monté sur les trônes. Comme leur Empire n'est pas des plus fermes sur des fondemens si peu solides, si peu iustes, & qui semblent appeller la vengeance, & la protection à tous momens; ils employent toute sorte d'actions, pour sanglantes qu'elles soient, pour s'y maintenir: & n'ayant pour Ministres auprés d'eux que ceux qui les ont portez à ces mauuais desseins d'vsurpation, qui ont des inclinations tres pernicieuses; ils ont vne Cour où regnent leurs vices, les maximes de la tyrannie pour les faire craindre, & de la flatterie pour les maintenir dans leurs charges. On les trompe, ces Princes, s'ils escoutent cette voix qui les instruit si mal: & ils s'abusent eux-mesme, si cette façon de regner vient de leur inclination, ou de leur science particuliere. Les gehesnes, les supplices, & la mort, ne rendent pas des subjets meilleurs, ny plus souples; & font souuent des ennemis des plus intimes amis. Par ces actions ils retranchent d'vn Estat les meilleurs citoyens: comme si les fleurs, & les beautez nuisoient aux lieux qu'elles rendent celebres. Ils donnent des accroissemens, & des emplois à la flatterie, pendant qu'ils affligent des personnes simples, &

innocentes: ils font imaginer des ruses, & des trahisons à des esprits malicieusement subtils; & finalement, ils les reduisent au poinct d'entreprendre ouuertement leur deffense, & celle de leurs amis, plutost par vn desespoir, que par leurs propres mouuemens: parce qu'ils voyent que c'est la derniere table de leur salut; & que n'ayant à faire qu'auec des furieux, il ne leur reste que cette voye pour eschaper. Au contraire, si ces membres pourris d'vn Estat; ces pestes des Couronnes; ces voleurs du Public sont coupez auec le fer; si la confiscation de leurs biens, les prisons, & l'exil punissent leurs meschancetez; ceux qu'vne mauuaise inclination susciteroit à ces vices, en seront destournez par ces spectacles iustement funestes. Ils verront qu'il n'y a point d'excuses, ny de protections pour les crimes; que l'imprudence mesme est punie: ou si les vertueux sont tousiours persecutez; les vicieux feront gloire de leur mauuaise vie; elle viendra iusques aux excez qui consument les Empires; & ils croiront que ce n'est plus l'innocence qui rend les hommes illustres.

Si vous estes de condition à faire la Cour à vos Princes naturels; de rendre visite aux estrangers, quand vous passez sur leurs terres; & que vous craigniez que vostre abord, ou vostre visite ne s'exemptera pas des atteintes des ennemis que vous y auez; dans ce deuoir, & cette ciuilité necessaire à vostre rang, ne laissez pas d'y paroistre hardiment;

mais imitez ceux qui vont saluër ces Roys barbares, qui les abordent auec des presens dans les mains, & des complimens dans la bouche. Ces complimens doiuent estre composez d'vn discours qui excite la memoire des anciens seruices qu'ont rendu vos ayeuls à leurs Couronnes, à leurs Personnes, à leurs Estats; qui die que dans le cours du mesme sang ont coulé les mesmes affections, & les mesmes desirs de seruir; & que vous esperez les mesmes récompenses d'amitié, pour de pareils soins de les acquerir. Que si vous rendez tard ces deuoirs, ne vous presentez point qu'auec vn des fauoris, qui vous insinuë plus commodément, & qui fasse escouter vos excuses auec plus de bien-veillance. Vous les appuyerez sur quelques pretextes d'indisposition, de la crainte de les troubler dans leurs hautes, & serieuses occupations: & insensiblement apres vous direz les considerations, par qui vous auez creu que vostre retardement estoit necessaire; & dans la preuue de sa necessité, vous ferez couler les loüanges du Prince, les seruices de ceux de vostre maison; & les raisons qui vous font craindre des ennemis par l'enuie, la médisance, & la calomnie.

En Cour, quand le Prince iouë quelqu'vn, & le flatte d'vne façon, qui n'estant pas commune sent le mespris; s'il veut que cette caresse soit la seule recompense de ses seruices; s'il conçoit des défiances de luy; s'il escoute auec facilité ce qu'on rapporte de ses actions en mauuaise part ; & s'il tasche à s'en deffaire honnestement, en l'exposant sous couleur de sa generosité, ou de son esprit aux emplois où le peril est éminent ; c'est vne marque asseurée de sa prochaine disgrace, & vn aduertissement qui doit luy faire croire que le plus seur pour luy est de se retirer. Au contraire, s'il le maintient contre ses enuieux ; s'il louë toutes ses actions, s'il n'en laisse eschapper aucune sans recompense ; s'il entreprend mesme sa defense ; c'est vn argument d'vne haute faueur : & c'est ce qui doit luy enfler le courage, pour presser cette fortune qui luy tend les bras si amoureusement. En vn mot, la façon en laquelle il reçoit vn abord, il louë les belles actions, il parle des communes, & des indifferentes, est la consideration sur qui l'on doit mediter pour la crainte, l'esperance, le soupçon, la deffiance, & la certitude de sa fortune.

La plus importante adresse de la Cour est d'employer les seruices, & l'argent auec apparence de profit, & vne ingenieuse ciuilité. Vne des grandes difficultez qui s'y trouue, est lors que ceux qui ont l'oreille du Prince ont l'ame auare, & venale, qu'ils sont mal faisans, & desirent des seruices, & de l'argent. Si des seruices leur sont rendus ; & si de l'argent leur est compté ; c'est vn bienfait qui perit le plus souuent par leurs mauuaises inclinations, & leurs ingratitudes : & si l'on ne se met pas dans ce deuoir en leur endroit ; ils mettent mal dans

l'esprit

l'esprit du Prince, ne parlent plus de cette personne qu'en termes indifferens, ou de mespris, & de calomnie. La plus grande partie de ceux qui suiuent la Cour, sont ou pauures, ou remplis d'auarice, & d'ambition ; & tous d'vne enuie qui les pousse à destruire les prosperitez de leur prochain. Le moyen de destourner vne marche si dangereuse, est de ne refuser iamais ce qui est de nostre industrie, qui ne nous couste qu'vn peu de peine, & de temps ; & d'auoir tousiours prouision d'excuses honnestes & plausibles, pour ne donner pas ce qui vuide nostre bourse, ce qui consume le temps & l'occasion de la remplir, ou ce qui peut diminuer nostre reputation, & nostre faueur. Ainsi si vous maniez les deniers publics, ou l'Espargne de quelque Prince, ou les tresors de quelque puissant dans les richesses ; respondez à ceux qui vous les demandent, que c'est vn argent qui n'est point en vostre disposition ; & que vous estes prest de satisfaire à leurs desirs, si vous en auez le commandement du Prince, ou de celuy que vous seruez. Si l'on vous respond qu'il y auroit du peril si leur connoissance en estoit instruite, & qu'on insiste à vous poursuiure auec menace, & authorité ; donnez aduis de leurs procedez en les preuenant : vous ferez paroistre l'integrité que vous apportez en vostre seruice ; vous rendrez ces poursuiuans suspects s'ils parlent mal de vous ; & vous montrerez que vous estes homme de cœur, & d'adresse, à qui l'on

Bbb

ne fait injure que difficilement, & auec repentir.

Finalement, que l'adresse de plaire aux fauoris, & à ceux qui sont dans les plaisirs des Grands, vous soit si familiere, qu'elle semble estre en vous vn effet d'vne inclination naturelle. Les Princes veulent que leurs affections soient trouuées raisonnables ; que l'amitié dont ils honorent passe pour vne preuue de leur iugement : ils ont de la haine pour ceux, qui ne leur rendant pas des honneurs & des ciuilitez au sujet de leur faueur, semblent contredire leurs volontez, & s'opposer à leurs desirs. Comme ces personnes de faueur ont vn empire sur leurs esprits, ont leur oreille fauorable à tous momens; ils leur peignent les actions de ceux qui sont en Cour, & qui ont des charges & des fonctions importátes dans l'Estat, selon les sentimens qu'ils en conçoiuent par les soufmissions, & les ciuilitez qui leur sont renduës. On ne les croit que trop souuent : leur haine, ou leur amitié compose leur iustice, leur valeur, & leur recompense. Quand la haine de ces fauoris vous liure combat ouuertement ; ne pensez pas la vaincre, & faire changer leurs inclinations, par la creance que vous auez que l'innocence, & le merite ont des lumieres qui percent les tenebres dont on les couure ; que la compassion, & les sentimens de pieté de perdre vn homme les retienne ; & qu'ils mettent en ligne de compte les seruices rendus à l'Estat, ou la priere, & la sollicitation des amis. Comme ils sont souuent éleuez de la terre, iusques au Ciel, ils retiennent des inclinations materielles, & peu genereuses: l'insolence les emporte tousiours. Il n'y a que la vengeance, l'argent, & les sousmissions extremes qui assouuissent leur orgueil, & leurs passions. Si vous croyez que l'esperance est vn remede commun à tous les maux; conceuez celle que cette faueur n'est pas eternelle; qu'elle est preste de finir d'autant plus qu'elle éclatte; & qu'elle est proche de son terme d'autant plus qu'elle auance. Esperez encore en la iustice, aux compagnies qui la dispensent: taschez de les rendre arbitres de vos differens, si cette faueur n'est pas encore venuë iusques au poinct de les opprimer: & si elle est dans cét estat; cherchez de bonne heure vos asseurances par l'éloignement & la fuite: c'est la plus iuste meditation de cét accident.

Ajoustez y le soin de ne s'occuper pas moins à connoistre la qualité de leurs menaces, & de celles des Princes qu'à les éuiter. Quand les seruices, & les visages sont mal receus; il faut penser aux moyens de se remettre en bonne posture, ou de prendre la retraite à petit bruit. Les menaces qui sont faites en ces termes par les personnes d'authorité, & de naissance, nous pensions estre de vos amis, vous n'auez pas voulu nous gratifier, doiuent donner du soupçon. Celles qui dient, nous vous rendrons la pareille, sont les plus atroces, & marquent vne disgrace indubitablement prochaine.

Il est vray que quelquefois ils ne se seruent de ces discours, que pour imprimer de la crainte dans les esprits, qu'ils veulent forcer à quelques iniustices, à quelques actions extraordinaires. Mais comme leur puissance extreme est d'vne nature à se porter dans les extremitez; que leur parole est vn foudre, qui estant vne fois lancé, quoy qu'il soit sans dessein de fraper determinement, ne laisse pas de gronder, de reduire en poudre, & ne peut plus estre retenu; il faut tout craindre en cét accident, & n'agir plus que par vne deffiance iudicieuse.

Comment se deffendre chez les Grands de la calomnie, & de l'enuie.

CHAPITRE II.

POur destourner l'orage qu'excite la menace des Rois, des Princes, & de leurs Fauoris; & n'estre point en bute à leurs coups, il faut se parer de la calomnie, & de l'enuie qui souuent les font naistre auec vne extreme injustice; & qui ne regnent pas moins chez les Rois, que fait leur authorité Royale. Les moyens plus faciles à les repousser, & les esloigner de nous quád elles sont prestes d'y faire quelques impressions, sont de faire en sorte si l'accusation est prouuée par témoins, qu'ils soient interrogez plusieurs fois sur le mesme sujet, soient confrontez à l'accusé; & qu'ils paroissent deuant luy en presence de celuy qui la reçoit. Ces tesmoins dans vne repetition, ou ne conserueront pas assez de memoire pour ne point varier dans leurs depositions, & les rendre tousiours dans vn mesme sens; ou les exprimant par de mesmes termes, ils l'auront trop excellente, pour ne donner pas de places aux soupçons d'auoir esté subornez: & ces esprits de medisance & d'enuie auront peine à contenir leurs visages; à composer leurs gestes & leurs discours d'vne façõ qui ne descouure point leurs passions, & leur calomnie. En ces accusatiõs, les tesmoignages de faueur que rend vne personne de puissance, & de vertu signalée, font plus d'effet que les raisons, & les preuues iustificatiues. Faites vos efforts pour auoir leurs secours, & leur defense: ou punissez vn calomniateur en implorant le secours des Loix; ou executant la vengeance, que rend iuste en quelque façon la profession des armes parmi les personnes de naissance, & de cœur.

Ne pensez pas que chez les Rois & les Princes, vne defense estudiée dans l'art d'vn Orateur, & qu'vne innocence preparée par vne infinité de tesmoins ayent des audiences beaucoup fauorables. Tant s'en faut, cette estude, & cette preparation qui sentent l'artifice, augmentent les soupçons des clairs-voyans; & plus on s'efforce d'amoindrir les actions qui sont accusées, & moins on oste la creance qu'elles sont dans le desordre, & sujetes à

BBb iij

la punition. Croyez pluſtoſt que ſi la calomnie dont on vous noircit ne donne que de legeres atteintes à voſtre reputation; il ne faut point s'emporter à de ſi grands efforts pour les repouſſer; & qu'il n'eſt neceſſaire d'effacer ces laides couleurs que par vn genereux meſpris, qui n'inſpire aucune vengeance, & qui n'incite qu'à produire d'illuſtres actions qui parlent auantageuſement du contraire. Apres tout, ſi voſtre vie eſt accuſée de libertinage deuant des Iuges, ou d'autres perſonnes de grauité; defendez la par des raiſonnemés appuiez ſur quelques textes ſacrez, qui teſmoignent que voſtre eſprit s'occupe en la lecture de la ſcience des pieux, & des ſaints. Si voſtre Prince vous eſt aſſez fauorable pour vous dire on vous accuſe de telles, & telles actions; rendez graces à ſa bonté de ſon aduertiſſement: & dans le meſme moment n'oubliez pas de luy dire, que s'il conſerue encore quelques ſentimens de faueur pour vous donner vn moment d'audience, & l'inſtruire de la verité, vous vous flattez de la creance que loin de les condamner, il plaindra voſtre infortune d'auoir des enuieux. Lors vous luy ferez naiſtre l'enuie de vous eſcouter, & vous preparerez l'occaſion de vous defendre.

Si vous eſtes abſent, & que vous deſiriez ſçauoir certainement quels ſentimens on a pour vous, & en quelle poſture vous ont mis quelques diſcours tenus à voſtre deſauantage? ne venez pas l'apprendre d'abord par la reception qu'on vous feroit en Cour: instruisez vous en par l'entretien que vous aurez de bouche, ou de lettres auec quelqu'vn de vos amis qui soit dans la faueur. Si vous ne pouuez l'aborder que par lettres; obligez le de vous escrire, & de vous enseigner comment vostre disgrace est arriuée, & comment vous la ferez finir. S'il ne fait point de responce; son silence vous auertit de vostre infortune. S'il mande qu'il vous escrira dans peu sur ce sujet, & qu'il ne le fasse pas; c'est vn tesmoignage qu'elle est legere. Mais si cette responce est tardiue, & qu'elle soit composée de termes qui plaignent vos mal-heurs, & qui accusent l'inconstance de la fortune; c'est vne marque qu'elle est dans l'extremité de la disgrace. Il la faut souffrir, ou se resoudre à la combattre, & la faire finir par vostre presence. Lors si la calomnie continuë à vous outrager; & que neantmoins elle vous laisse encore quelques moyens de defence; si elle ne conclud pas absolument vostre perte & vostre éloignement; si l'on souffre vostre visage; repoussez les efforts du combat qu'on vous liure par vne complaisance, & vn applaudissement extreme à toutes les actions, & à toutes les paroles du Prince, & de ses fauoris. Et si l'on vous permet de parler; n'employez vostre discours que dans les loüanges de ceux que vous sçauez tramer vostre disgrace. Ne les loüez pas comme de parfaits amis : vous montreriez vostre peu de iugement de les auoir creus, & choisis tels: mais comme personnes d'esprit, & d'vne bonté de mœurs, qui ont des inclinations à respandre leurs faueurs, & les assistances que leur fortune, & leur credit peuuent donner. De ces paroles le Prince côceura des pensées auantageuses de vostre naturel, de cherir ceux qu'il sçaura trauailler à vostre perte; & vous ferez rougir de honte ces monstres de médisance, & d'enuie, quand ils entendront que celuy qu'ils traittent si mal en sa reputation, les éleue dans les loüanges, dans les occasions qu'il en peut auoir. Lors si vous faisant l'honneur de vous interroger, il montre qu'il veut prendre la patience de vous escouter; ne vous seruez point d'vn langage fleury, ni des beautez de l'oraison: venez d'abord, & neuëment au poinct qui forme l'excuse, ou la preuue de l'accusation. Apres ne vous fiez pas en vostre innocence entierement; faites agir tout le credit des amis qui vous restent: & tenés pour certain que plusieurs se trompent de croire que les Princes, & les plus éleuez dans la Magistrature soient les defenseurs de la verité. Elle arriue si peu souuent aupres des bons qu'ils connoissent à peine son visage: & les mauuais sont rauis de ne la connoistre pas, à dessein de nommer son ignorance la cause de leurs iniustices; & de trouuer sur elle des excuses à leurs actions qui ne sont pas legitimes.

Comment

Comment trauailler au seruice des Rois, des Princes, des Grands; & quels sont les moyens d'y entrer, & d'en sortir seurement.

Chapitre III.

VN esprit instruit de ces maximes à se maintenir dans la faueur, trouuera moins de difficultez dans le seruice des Princes. Ce n'est point vne condition qui soit la plus asseurée, & qui soit plus dans le repos. Cependant on l'entreprend temerairement auec ardeur; & souuent auec repentir, quand on ne mesure pas ses forces, & ses inclinations aux accidens, qui font, par maniere de dire, la substance de cette profession. C'est pourquoy si vos inclinations vous y portent; si l'on vous fait l'honneur de vous y appeller; si les belles qualitez qui vous donnent de l'estime font desirer vostre seruice; n'en escoutez pas les propositions auec ardeur: & ne vous exposez point à la perte de vostre liberté, si vous ne voyez les asseurances d'vne condition plus fortunée que la vostre, & qui reüssira certainement. Pour estre recompensé d'abord par des appointemens considerables, quelques-vns prattiquent de faire dire par leurs amis, qu'ils sont dans vne fortune qui ne dépend que d'eux mesme ; & que l'estat dans lequel ils se trouuent est vne liberté de maistre assez difficile à quitter. Certes ils font iudicieusement ; cette sorte de resistance affectée fait naistre plus de desir de les auoir. Ce discours de fortune dont ils disent iouïr auec satisfaction, fait que pour les tenter on leur en offre vne plus grande : & que dans l'inconstance de la Cour, ils reçoiuent d'abord ce que les autres souuent n'obtiennent pas pour dix années de seruices. Dans cette adresse, si vous estes actuellement dans leur seruice, & qu'ils vous prient, ou vous commandent de prester vostre assistance en l'art où vous excellez, ou de ioindre dans vostre ministere quelque personne qui vous soit suspecte, qui vous regarde, comme celuy qui prend vne place qu'il croit meriter ; il faut de grandes obseruations pour s'acquiter de cette priere, & de cette obeïssance. Si cette personne à esprit, & de l'enuie ; c'est vn perpetuel obseruateur ; il partagera vos secrets ; il apprendra vostre conduite ; & fera ses efforts pour vous supplanter. La plus iudicieuse façon d'agir auec luy, si l'on ne s'en peut deffendre, sera la deffiance, & l'obscurité : & si les sujets de vostre inimitié sont connus, & publics ; il faut auoüer franchement qu'on ne peut s'y resoudre ; & que c'est vne action impossible de faire naistre vne bonne intelligeance entre deux ennemis.

Au seruice des Rois il faut couronner dans son esprit, & croire indubitable la pensée de Philippes de Comines, qui disoit, que les Princes ont de plus grandes affections pour ceux qu'ils ont esleuez, & comblez de bien-faits, que pour les personnes qui leur ont rendu des seruices signalez en continuant ceux de leurs predecesseurs; & qu'il est dangereux de les auoir seruis dans des actions, qui par leurs merites semblent les reduire en vn estat de ne pouuoir rien refuser. C'est vn raisonnement tres-iudicieux. Les Princes semblent auoir perdu de leur authorité Royale dans la debte de telles obligations : ils en ont quelque sorte de honte: ces visages, s'ils ne sont esclattans de leur faueur, semblent reprocher leurs ingratitudes, & les tenir dans des liens : & comme ils s'emportent souuent dans des extremitez, hors des termes de leur deuoir, dans l'asseurance de l'impunité, ils reçoiuent auec ioye l'enuie, & la médisance quand elles les attaquent.

Pour y trouuer des aduantages, on doit considerer trois choses; quelle sera l'vtilité du seruice; quelles facilitez on trouuera lors qu'on voudra s'en retirer, & quelle est la patience, & le sçauoir que demande le ministere qu'on exige de nous? Ainsi, si l'on vous charge de l'honneur de quelques Ambassades; voyez quels en sont les appointemens, & quelle est la dépense necessaire pour la dignité de vostre naissance, & de vostre employ? Regardez leur durée, & parmy quelles nations: & pensez quelles sont les ciuilitez à pratiquer en cette action; quelles langues il faut sçauoir; quelles intelligences sont requises pour s'en acquitter dignement; & si vous possedez, ou pouuez dans peu de temps acquerir l'adresse, & la suffisance d'vne telle occupation? On obserue encore d'obtenir, non seulement les amitiez des fauoris du Prince, mais encore les affections de leurs intimes : & l'on croit que c'est le fondement solide d'vne bonne fortune, quand ces personnes ausquelles ils ont tant de confidence, s'occupent à tromper, & trahir vn nouueau venu : ils montrent leurs esprits capables de trahisons; que par adresse on peut les pousser à des actions qui leur deuiendront funestes; & qu'on peut trouuer des moyens pour occuper leur place. On adjouste cette obseruation de parler, & d'escrire de son maistre tousiours aduantageusement; de peindre auec affection par le discours, & les lettres tout ce qui concerne leurs interests, si leur qualité peut souffrir qu'ils soient diuulguez: & si leur nature veut le secret, de ne leur en donner la connoissance que par des chiffres, ou d'autres obscuritez, dont ils sçachent seuls les lumieres. En vn mot, si l'employ que vous auez s'estend iusques aux instructions de leur esprit; faites en sorte pour en estre le maistre, qu'ils perdent cette malheureuse croyance, qui empoisonne tant d'esprits de cette qualité, que leurs grandeurs ne sont pas dans leur iuste eleuation, & que leurs felicitez sont mal acheuées, si leurs iours ne sont consommez dans la fumptuofité, & le luxe des feftins; dans des nuicts entieres à iouër des millions ; dans vn continuel exercice de chaffe; dans vne puiffance fans limite, qui n'efcoute point la raifon ; dans des trefors qu'vn auarice rend prodigieux; dans vne recherche trop curieufe des pierreries ; dans vn affouuiffement des paffions les plus brutales; dans vn deffein de couurir toute la terre de baftimens fuperbes, & de palais fomptueux ; dans vn defir trop paffionné d'emplir de grádes efcuries des plus beaux cheuaux; & tant d'autres paffions déreglées, où fe portent ordinairement les grandes naiffances. Ne trauaillez pas moins à leur imprimer fur le cœur ce precepte, qui leur apprendra que leur plus falutaire employ, que la fcience la plus Royale eft de fçauoir ce qui fe paffe dans leur Eftat; quelles font les penfées, & quels font les fentimens qu'ō a de leur gouuernement; comment ont reüffi leurs predeceffeurs dans les confeils intereffez, & flatteurs qu'ils ont efcoutez; comment leur Efpargne, & leur artillerie eft maniée ; & quels font les artifices, & les motifs qui donnent aux Miniftres empire fur leurs efprits, & qui leur oftent la puiffance, & la liberté de voir aux lieux les plus efclairez.

Quand vous aurez fait cette acquifition, vous n'aurez plus qu'à contenir vos paffions, ou plutoft les couurir dans les difcours dont vous les entretiendrez ; qui feront compofez de paroles perfuafiues auec complaifance, & fousmiffion. S'il ne fuſt iamais auantageux de parler auec empire,& audace dans la conuerſation, & dans les conſeils qu'on donne,& qu'on reçoit ; il ſera tres dommageable de traitter ainſi auec ſon maiſtre, auec ſon Prince. Compoſez voſtre viſage, & voſtre contenance ſelon le ſuccez de ſes affaires. Ce que vous n'aurez pû executer en ſa faueur, auoüez le franchement; & ne montrez pas voſtre impuiſſance qu'apres auoir parlé des moyens infaillibles en apparence dont vous vous eſtes ſerui pour y paruenir. Sçachez que pour ſe maintenir en bonne poſture aupres de tous les Princes, on doit imiter l'adreſſe de ces Anciens affranchis que l'hiſtoire Romaine vante tant, qui pour garder leurs fidelitez entieres à ceux dont ils tenoient le bien de la liberté, ne faiſoient point d'actions apparentes, qui peuſſent meriter la haine de ceux qui vouloient perdre leur maiſtre. Ainſi Antoine, qui n'oublia rien pour ſe venger de l'autheur de l'eloquence Romaine, commanda le meurtre d'vn ſi grand perſonnage, ſans penſer à la perte de Laurea, & de Tyron, qui luy rendoient des ſeruices proportionnez à la faueur de la liberté qu'ils auoient receuë de luy : & Epaphrodite conſerua ſes iours ſous le regne de Galba ; quoy que ſa vengeance ſe portaſt à deſtruire ceux que Neron auoit éleuez.

Apres tout, on ne gagne facilement les bonnes graces d'vn maiſtre, qu'en executant ſes ordres auec promptitude, affection, adreſſe, & reuſſite;

& qu'en se montrant tousiours prest à la defense de sa personne, & de ses interests. Au reste des fonctions de sa famille, si vous n'y estes preposé, n'y montrez pas tant de chaleur ; de crainte qu'on n'impute le mouuemét, & l'inclination de vos seruices à vostre curiosité, à vostre humeur de vouloir tout faire, & tout sçauoir ; & d'enuier l'employ de ceux auec qui vous seruez. Soyez complaisant par tout; cherissez la patience. Pour la retenir, arrestez cette pensée dans vostre esprit, apres l'auoir fait prendre à ceux au seruice desquels vous vous estes donné, qu'aucun des hommes n'est exempt de vices ; qu'ils ont tous des imperfections : & que ceux qui sont seruis, & qui seruent, sont sujets à des premiers mouuemens, & des promptitudes qu'vne condescendance iudicieuse peut moderer, & finir.

Enfin, si vous voulez quitter le seruice de quelque Grand ; soit que vostre santé ne vous permette point tant d'assiduitez, ou que vostre fortune n'y trouue pas les accroissemens dont vostre esperance s'estoit flattée ; c'est vn abandonnement à faire auec methode : principalement si vous seruez vne personne d'humeur violente, qui ne respire que la vengeance ; & qui tienne pour injure ce qui n'est point fait à son auantage. Il faut se plaindre aux domestiques ; & dire souuent deuant eux que vous n'auez plus de force pour suporter de si gráds trauaux ; & que dans peu vous estes resolu d'abandonner tant de soins, pour penser à vostre repos,

& à vos commoditez particulieres. Ce discours qui n'a rien que d'innocent, & qui fait esperer que vous pouuez changer de resolution, ne donne point de soupçon à vn maistre, ni de haine au suiet d'vne retraite. Et cependant ceux qui aspirent à vostre employ, s'ingereront dans vos fonctions ordinaires : vous leur en souffrirez l'entrée ; ils les executeront auec des assiduitez, & des diligences extremes dans l'espoir de vous debusquer : & la negligence que vous y apporterez fera que vos seruices deuiendront ennuyeux, & vostre sortie agreable, & dans le souhait. Quand vous vous verrez en cét estat de pouuoir sortir sans soupçon, & sans haine; feignez d'auoir changé de resolution : priez, faites prier qu'on retienne vostre seruice; parlez en tous lieux du regret que vous auez d'abandonner vn si bon maistre : lors il croira punir assez le dessein de vostre changement, de ne rien donner à ces prieres qu'il croira veritables. Ne vous vantez pas apres de cét artifice : cette vanité seroit perilleuse. Il est certain qu'auec les personnes puissantes, & qui sont d'inclination violente, il faut faire plus d'actions pour la conseruation de sa vie, que pour celle de ses dignitez, & de ses emplois. Quand vous aurez secoüé cette seruitude; que vous croirez vostre retraite asseurée, que vous l'aurez effectiuement, & dans les bonnes graces d'vn maistre ; ne parlez iamais des secrets, & des affaires importantes de sa maison. Ces paroles pro-
duiroient

duiroient vn tesmoignage qui parleroit contre vous; qui feroit croire que vous auriez receu quelques injures que vous voudriez venger par la médisance: vous en sentiriez tost ou tard la punition: & ceux qui se trouuant bien en vostre place, craindroient que vous ne fussiez rappellé, ne manqueroient pas de publier vostre ingratitude, & vostre médisance, pour satisfaire à leur enuie; & composer des flatteries à gagner l'esprit du maistre que vous auriez quitté.

Les addresses à viure dans sa patrie dans le repos; de s'y maintenir, dans la crainte ou l'apparence d'y perdre ses emplois, & de succomber soubs l'enuie, & l'inimitié.

Chapitre IV.

IVsques icy c'est l'instruction à viure en Cour. Finissons, & voyons ce qui suit dans cette derniere partie. Lors qu'on n'est point engagé au seruice des Princes, qu'on est dans vn estat de liberté, & qu'on ne s'occupe qu'aux commerces de la vie ciuile, qui plaisent, & qui respondent à l'humeur si par raison de fortune, & de famille, on est contraint de demeurer en vn païs où l'on est prest de succomber, & de gemir sous le faix de l'enuie, & de l'inimitié, & que mesme on employe indifferemment toute sorte de mains pour nous creuser des precipices, en sorte que la vie n'ait plus d'autres actions, que de continuelles apprehensions d'infortunes, & de mort ; la seule voye d'eschapper à ces accidens est de considerer, les brigues & les factions qui sont dans cette Ville, ou dans cét Estat, & d'y auoir des entrées. De voir en suite si l'on peut en susciter de nouuelles, & de s'y attacher en sorte par les biens, par les alliances, par les seruices, par les ministeres ausquels on excelle, par l'amitié des peuples gagnez, qu'on se lie auec elles des liens indissolubles, qu'on partage leurs interests; & qu'elles defendent cette vie, cette fortune qu'on attaque auec tant de chaleur & de violence. D'abord cette façon de viure ne sera pas sans espines ; & les obstacles qui s'y rencontrent feront perdre l'espoir aux moins genereux. Mais puis qu'elle a succedé merueilleusement sous le regne de Caligula ; que Prexaspes, Harpagus, & plusieurs autres mal traittez sous son Empire, en ont destruit les mal-heurs qui leur estoient preparez; l'esperance d'vn semblable bon-heur est raisonnable, & l'attendre ne peut estre qu'vne action de prudence, & de generosité.

Dans cette pratique si l'on est dans les hautes dignitez ; il sera permis de s'adonner à quelques actions populaires, qui les raualent;& qui peignent l'indigence, & la misere où estoiét autrefois la splédeur & le luxe. Les Politiques adroits sçauront bien que c'est agir prudemment ; & les esprits moins éleuez seront touchez de compassion, plaindront cette infortune, & tascheront de l'adoucir. On n'y defend pas de se porter apparamment à quelques vices legers, comme aux femmes & au jeu, pour faire croire que l'esprit n'a que ces occupations, & qu'il n'est pas capable de plus grandes choses. Les vices font mépriser vn homme, on ne craint pas qu'il s'applique serieusement aux affaires d'Estat ; & l'on le croit tousiours au milieu de ses plaisirs. Ainsi ses actions seront peu considerées, sa vie ayant moins d'espions, aura plus d'asseurance ; & il se confirmera dans ce bon heur, quand ordinairement il tiendra ce discours, que le temps pour peu d'interualles qu'il ait fait de grandes égalitez; qu'il ne faut qu'vn moment pour changer les Sceptres en roseaux, pour briser les Couronnes ; & qu'il n'est point de felicitez plus accomplies que la iouïssance de la vie dans la santé, la satisfaction, & les plaisirs. Quand on est monté iusques à ce poinct, qu'on a donné de soy cette creance ; ces factions, & ces brigues sont ourdies, & se trament facilement dans le secret; & plûtost par les diuisions, & la médisance, que par de legitimes persuasiós, & de iustes raisonnemens. On remplit l'vn d'enuie; on y prepare l'autre en luy donnant les moyens de l'exercer quand il s'y porte auec inclination : on facilite la rapine aux

DDd ij

auares; on ne parle que de Sceptres, que de Couronnes, que de gouuernemens aux ambitieux: on s'acquiert l'amitié de toutes ces personnes; on se ligue particulierement auec ceux d'vne mesme humeur, & qui ont plus de puissance. Lors on met en pratique tous les moyens que l'histoire, & l'experience apprennent auoir esté obseruez par ceux qui se sont releuez de leurs cheutes, qui ont recueilly le débris de leurs naufrages; & qui ont arboré des trophées sur les chars de triomphes, que leur captiuité seule rendoit illustres. Pour cét effet on fait intrigue par tout. Si l'on est de haute condition; on se rend protecteur, ou fondateur de Monasteres & de Communautez: Si l'on est de fortune mediocre; on se lie dans leur amitié, dans leur credit, dans leurs intrigues, on met tout en vsage: & les malheurs sont attachez bien opiniastrement sur vn homme, si par ces adresses, & ces industries il ne les finit point. Mais si toutes ces adresses ne terminent point ces disgraces; il faut quitter vn païs qui est si funeste. Voyez en la methode.

La prudence à se conduire quand on est obligé à changer de pays; et reduit à conuerser auec les estrangers.

CHAPITRE V.

IL est certain qu'on trouue des auantages à demeurer dans sa patrie : non seulement pour repousser les malheurs de la médisance, & de l'enuie, mais pour y acquerir la tranquilité des conditions, les honneurs de la Prouince, & l'accroissement du patrimoine de ses peres. Mais où est vne necessité de la quitter, il en faut faire vne vertu. Ainsi si cette consideration, & d'autres vous obligent de l'abandonner : cóme vne auersion pour de certaines mœurs; vn climat qui soit contraire; vn desir d'vne fortune qui ne s'y rancontre pas; la tyrannie des Princes, & des Magistrats; la fureur d'vne guere ciuile; la punition des loix, l'exil; la cherté des viures, la peste; faites cét abandonnement si iudicieux, que vous establissiez vostre sejour auec plaisir; & vostre famille, & vos emplois auec fortune. Toutefois si vous estes d'humeur à cherir le changement; estouffez cette inclination qui est mauuaise, & qui s'oppose à vos auantages. Toutes choses vous seront tousiours nouuelles; il faudra faire de nouueaux amis, de nouuelles habitudes; de nou-

DDd iij

uelles actions pour acquerir de la reputation : vous aurez de nouueaux domestiques, de nouuelles maisons, des façons de viure toutes contraires, où vous ne vous connestrez qu'à peine : en sorte que vostre vie, & vos propres actions vous sembleront estrangeres, & ne partir plus de vous mesme.

On void rarement reüssir telle sorte d'esprits de changement, & d'inconstance. Mais si ce n'est point pour adherer à cette humeur, & que ce soit pour obeïr à ces necessitez que nous venons d'exprimer ; tirez du profit de toutes les actions que la fortune vous presente. Pensez qu'il est de vostre deuoir, & de vostre auancement, de pratiquer les vertus, & les adresses qui vous ont rendu recommandable parmy les gens d'honneur de vostre patrie ; & qu'il est de vostre salut de ne vous plus conduire par les moyens qui ne vous ont iamais esté que nuisibles, & funestes. Le changement a cét auantage qu'estant inconnu dans vn nouueau païs, on a des lumieres pour les vertus ciuiles, & pour l'entrée des fortunes, qui viennent d'vne experience qui est particuliere ; & que ceux auec qui l'on prend de nouuelles habitudes croyent estre naturelles ; & d'autant plus admirables qu'ils n'ont point veu les fautes qu'on a commises & corrigées, auant que de venir à cette perfection. Il est plus facile, & reüssit beaucoup mieux aux sages malheureux, qu'aux stupides fortunez. Ces sages sans fortune effacent par cét éloignement les impressions que l'injure, la calomnie, & la haine auoient marquées sur leur vie : ils ne sont plus dans les occasions de les souffrir, parce qu'ils ont remarqué, & abandonné tout ensemble le sujet qui les faisoit naistre. Et ces stupides fortunez, qui auoient éclatté par la pompe de la magistrature, & des autres honneurs deuiennent semblables aux Lethargiques : les vns n'auront plus de mouuemens, & ne forment point d'actions que pour esteindre ce qui leur reste de vie : & les autres tombent dans vne profonde melancolie, qui ne leur represente que l'idée de leurs bon-heurs passez, & le desespoir de les recouurer.

Donques puis que dans la necessité du changement on peut trouuer quelques vtilitez, disons quels en sont les auantages, & descouurôs l'adresse de les trouuer. On les rencontre quand on abandonne sa patrie pour vn sujet d'honneur : comme pour les ambassades, le ministere auquel on excelle, & qui est inconnu, ou tres imparfait au pays auquel on est appellé, ou qu'on vient habiter volontairement, & par son choix. On en reçoit loüange, & l'on en sent la satisfaction, quand c'est pour éuiter des malheurs qui perdroient asseurement si on les attendoit ; & quand c'est pour se soustraire à l'enuie, à l'inimitié de quelque personne puissante, qu'on ne peut côbatre, ou finir : principalement s'il reste quelques amis dans le pais que l'on quitte, qui trauaillent à nostre restablissement, à la conseruation de nos biens, & à nous en donner la iouyssance aux lieux de nostre éloignement. Aussi auant que de l'entreprendre, les plus iudicieux laissent en leur patrie vne personne qui les assiste en qualité de Procureur, pour presser les soins de leurs amis : ou qui par la conjonction du sang, par la part qu'il a dãs leurs interests, dans leurs biens, par sa diligence, par les commoditez de fortune que luy peut donner le maniement de leur bien, conseruera leurs aduantages ; receura leurs reuenus, donnera des aduis de ce qui se passe ; & leur fera tenir ce qui sera necessaire pour les faire subsister, où la fortune, & leur dessein les ont releguez.

Les moyens plus faciles à reüssir dans ces changemens, sont de conformer ses mœurs, & ses paroles aux inclinations de ceux dont on suit la fortune, particulierement des citoyens parmy lesquels on vient s'habituer ; & de se proposer tousiours pour meditation la dignité de sa personne, & la reputation de la vie passée dans les emplois qu'on a dans ces lieux, pour la maintenir si elle estoit bonne, & la corriger si elle estoit mauuaise. Sur tout, ne parlez point de vos actions, si vostre esloignement est la punition de leur iniustice : ils vous mespriseroient, & conceuroient de vous legitimement des soupçons. Si vous vantez vos bon-heurs passez ; ils vous croiront capable de vanitez, & d'impuissances de n'auoir pû les maintenir. Et si vous

vous leur apprenez les fautes que vous auez commises autrefois dans vostre conduite ; ils vous estimeront peu sage de découurir vos playes les plus secrettes. Pour vous donner de l'estime parmy ces estrangers, menez vne vie qui soit dans l'honneur, qui soit dans le lustre, l'esclat, & la bienseance de vostre qualité. Composez vne famille de domestiques obeïssans, respectueux, & qui ayent assez de force pour vous deffendre de la violence ; & ne la grossissez pas de femmes, ny d'enfans. Ne prenez pas si tost confidence auec ces estrangers, qui mesprisent les basses conditions ; & qui ont quelque sorte de haine, & de ialousie pour de plus esclatantes que celles qu'ils possedent. D'abord faites le ciuil, le magnifique, le liberal ; & quelques mois apres soyez espargnant, & dans la moderation, sans faire parade de vos meubles exquis, comme de vaisselles d'or, & d'argent, & de pierreries, qui ne sont point les seruices necessaires d'vn mesnage. Finalement, comme il n'est point de villes dans lesquelles il n'y ait quelque brigue, & quelque faction ; sçachez qu'il est de l'adresse de n'y recompenser qu'en secret les bons seruices qu'on a receus, & de ne se plaindre iamais auec esclat, ny ressentiment des mauuais. O que l'ignorance de ce precepte en a perdu ! & combien de personnes pensans faire esclater leur humeur bienfaisante, ou faire finir par la plainte, & la menace ce qui les oppressoit, ont attiré d'enuies, de soup-

E Ee

çons, & de haines! Prenez y garde, ce precepte par son importance n'est pas des communs. Et si vous y ioignez cette consideration qu'vn homme hors de son païs doit tout obseruer ; qu'il doit éuiter dans les lieux où les viures sont chers, & où le luxe abonde, ces personnes, qui sous le nom de la conuersation & des visites, veulent viure aux despens d'autruy, soit escumant les tables, soit dans le jeu, la galanterie du cajeol des Dames, les mariages clandestins des sœurs & des filles, ou les occasions du larcin ; vous adoucirez merueilleusement les aigreurs d'vne vie qui ressemble à l'exil : & vous vous defendrez de ces assauts, que les estrangers liurent d'ordinaire à ceux qui viennent prendre habitude, & demeurer dans leur ville.

Pour dire tout sur ce sujet, & n'oublier pas à descouurir les auantages, que peuuent receuoir par le changement des lieux, les professions des Arts Liberaux, ou Mechaniques ; celuy qui voudra se rendre fameux dans son art, pour en tirer ses commoditez, ne peut reüssir plus certainement, que se mettant sous la protection de quelque Puissant dans le païs, où il est estranger ; qu'en gagnant ses affections : & faisant en sorte qu'il vante par tout l'intelligence particuliere qu'il y possede. Il est des hommes qui souuent estiment les choses, non par leur propre connoissance, mais par l'estime qu'en font les autres, principalement lors qu'ils sont d'authorité, & de credit : & l'on en trouue plusieurs qui ne regardent leur merite que par ciuilité; & qui ne les loüent que par la creance qu'ils ont, que les estrangers ont des adresses & des connoissances, qui ne sont pas communes aux originaires de leurs païs. Vn protecteur de haute qualité donne vogue en peu de temps: & pourueu que celuy qui veut reüssir par ce moyen ne fasse point de querelles, ny de menaces à ceux de sa profession; qu'il éuite leurs festins; qu'il repousse leurs médisances par des termes honnestes, par ce discours que les intelligens en son art, qui auront de la conscience, ne blasmeront iamais ses ouurages; qu'il n'exige point ses salaires, mais qu'il les demande auec ciuilité, & moderation; & qu'il die que l'objet de son trauail n'est que l'esperance d'acquerir de la gloire, & faire des amis; en peu de temps il sera chery, recherché, & dans les emplois, & le gain qu'on peut faire en son art.

La façon de faire voyage.

Chapitre VI.

IL est de cette suite d'escrire la façon de faire voyage. L'vtilité qu'apporte vn guide prudent, qui soit domestique, ou de bonne vie, qui trauaille en conscience pour l'argent qu'il reçoit, & qui ne soit point aux gages de ceux qui veulent faire du mal, n'est croyable qu'à ceux qui ont souffert les incommoditez de n'en auoir point. Par luy l'on chemine en asseurance; on accourcit les longueurs des chemins où l'on peut s'égarer, ou receuoir du trauail: on est auerty des endroits qui sont fameux par les meurtres, les larcins, les dangers que les voyageurs y souffrent d'ordinaire. On s'y tient sur ses gardes, on ne s'y expose qu'auec des armes, & des seuretez: & finalement il enseigne les hostelleries où l'on est en asseurance, où l'on est bien traitté, & les façons de faire, & les mœurs des lieux où l'on veut sejourner. Les œconomes plus mesnagers, & plus prudens, font d'ordinaire vn memoire de toutes les choses qu'ils ont à faire, qu'ils portent auec eux: & les plus craintifs font prouision de cordages, de ferremens pour se fermer seurement dans les chambres qu'on leur donne dans les maisons publiques, dont les portes sont ordinairement sans verroux, ou auec des serrures que toutes clefs peuuent ouurir. Les habits superbes, & d'estoffes precieuses ne sont pas les vestemens d'vn voyageur, mais ceux qui defendent de la pluye, & du Soleil. Il doit auoir vn soin extreme de la nourriture de ses cheuaux, & de choisir pour ce seruice ceux qui sont de fatigue. Il cachera sur luy son argent, qu'il enfermera dans des ceintures, qu'il ceindra aux lieux les plus secrets, & moins descouuerts du corps. Il visitera ses armes tous les matins & les soirs. Il se deffiera de ceux qui sous pretexte de compagnie le suiuront dans la campagne, voudront manger auec luy dans les hostelleries, & coucher en mesme chambre. Il fera en sorte de ne pas entrer en querelle pour le payement auec les Hostelliers, auec les maistres des nauires s'il fait voyage sur mer, tant qu'il sera sous leur puissance; de ne pas s'engager au jeu auec ceux qui prennent les mesmes routes: & de ne pas s'abandonner aux plaisirs de la bouche, & des Dames dans les rencontres qui s'offrent dans les voyages. Parmi tant d'obseruations à peine éuitera-t'il les surprises : voyez donc leur necessité, la diligence, & l'attention qu'on y doit apporter.

Ainsi c'est assez dire sur ce sujet. Ie renuoye les Lecteurs à l'experience particuliere, & à la connoissance qu'ils peuuent auoir de ce qui fait naistre les incommoditez, & les apprehensions dans les voyages, s'ils ont autrefois voyagé en compagnie, ou seuls dans les païs qui leur estoient inconnus.

Quelle doit estre la pratique de la vertu d'Hospitalité.

CHAPITRE VII.

MAis comme les voyages suscitent les occasions de l'hospitalité, & que sur son sujet il y a plusieurs aduis; ie croy qu'il est à propos d'en faire icy quelque discours. De moy, si i'auance d'abord que c'est vne vertu dont la pratique est souuét dangereuse; ce n'est pas que ie vueille bannir d'entre les hommes vn deuoir, & vne ciuilité que les Anciens ont reuerée, estimée necessaire & religieuse, & mesme n'estre pas sans plaisir. Mais puis que cét ouurage n'a pour son objet que la peinture de ce qui peut rendre vn homme dans le bon-heur, & dans l'eloignement de la disgrace; ie dis que l'experience a fait connoistre à plusieurs, qu'il y faut apporter de la discretion, n'en faire point de part indifferemment à ceux qui semblent la rechercher; & ne receuoir point chez soy par hospitalité ceux qu'on ne desireroit pas qu'ils y fissent vne demeure ordinaire. C'est pourquoy i'asseure qu'il n'y a que les parens plus proches, les amis intimes, ceux d'vne sagesse considerable, & que le public honore, qui sont à receuoir par cette vertu. Si vous vous dispensez de receuoir les autres, quoy qu'ils soient assez honorables pour vous rendre la pareille, & se tenir obligez d'vne telle faueur; vous ne trauaillerez pas peu pour vostre repos: & vous ne vous en repentirez point, quand vous aurez consideré les raisons qui me font publier cette maxime de la sagesse ciuile.

Par elle vous apprendrez pourquoy vous ne deuez pas receuoir indifferamment toutes personnes; comment vous deuez vous defendre de ceux qui le recherchent auec vne liberté, qui va iusques à l'impudence ; & la façon de vous comporter honnestement, & selon le deuoir, parmi ceux que vous estes obligé de receuoir par la bienseance, le sang, & l'amitié. Si vous rendez ces ciuilitez si facilement; & si la reception, & le bon traittement que vous faites marquent que vous vous en trouuez honoré ; vous semblez inuiter vn hoste à se tenir tousiours chez vous, à ne prendre point d'autre logis, quand ses voyages l'adresseront où vous demeurez : cette depense ne peut estre petite, & cette ciuilité à la fin vous lassera. De plus, comme il est difficile de connoistre le fonds du cœur de la plus grande partie de ceux qui traittent d'amis ; vous pouuez ignorer quel est l'esprit qui conduit cét homme chez vous? & quels sont ses desseins? Les secrets, la façon de viure de vostre famille luy sont descouuerts, & il connoist vostre humeur. Apres tout, c'est auoir vn estranger en sa maison. Si vous obseruez ses actions, & sa contenance, comme fit l'Euclio de Plaute ; en faisant vn bien-fait, vous faites vne injure : & si vous ne l'obseruez pas, vous laissez tous vos biens à l'aduanture, en la puissance, en la discretion d'vn homme qui peut vous trahir. En verité l'on ne voit point iusques au profond de l'ame des hommes : Dieu se reserue vne veuë qui s'estend si loin ; & quand cet hoste seroit de bonnes mœurs, & ne seroit point capable d'aucuns vices, il apporte assez d'incommoditez. La dépense d'vn ménage monce plus haut : les commoditez particulieres de la maison sont plus contraintes, & resserrées : il apprend la methode de vostre famille ; vous auez de l'inquietude, & du soin pour le bien traitter, luy plaire, & luy faire passer le temps : souuent il se rencontre d'humeur contraire à la vostre, de sentimés esloignez de vostre creance ; & iuge que l'elegance, & la somptuosité dõt on le sert est vne profusion ou que l'espargne, & la frugalité qui regnent en vostre maison, sont les effets d'vne auarice.

Pour ne point icy faire vne description des incommoditez les plus particulieres ; on s'engage plus qu'on ne pense, on peut se repentir de sa ciuilité ; & le tesmoignage de ce repentir sera tres indecent. Abstenez vous donc de cette vertu d'hospitalité, qui n'est veritablement vertu, que lors qu'elle est plus Chrestienne que ciuile. Sur tout ne receuez point ceux qui s'inuitent, & s'introduisent d'eux mesmes chez vous. Et sçachez que dans les fables d'Emophoö, qui corrompit Phyllis ; Iason qui abusa de Medée : que dans l'Histoire Verres qui trahit Decius des Tyndarides ; Philippe Roy de Macedoine, qui vendit à l'encan, & par forme de ieu, les Thessaliens : & que dans ce siecle les Espagnols, qui apres auoir esté receus magnifiquement des Rois des Indes, les ont enfin chassez, & ont noyé dans leur sang leurs vies, leurs fortunes, & leurs sceptres, sont les marques certaines des veritez de cette proposition. Ainsi ce n'est point
vn

vn vice que de ne pas donner l'entrée libre de sa maison à ceux qui semblent la desirer trop ardamment : c'est vne prudence bien concertée. Et comme il est vray qu'on commet plus d'indecence en chassant vn hoste, qu'on ne fait d'inciuilité en ne le receuant pas; il ne faut pas craindre le renom d'estre inciuil en ce poinct : il ne faut point chercher l'occasion de pouuoir le chasser ; il faut s'en faire vne vertu tacitement dans l'esprit, principalement à l'endroit de ceux qui ont trop d'hardiesse pour la demander. Il est de cette pratique de n'y pas inuiter par des complimens, & des ciuilitez ordinaires. Plusieurs manquent en ce poinct ; ils font des offres dont ils apprehendent l'acceptation : ils s'engagent insensiblement ; & se trouuent pris dans des filets qu'ils ont eux mesmes tendus.

Ceux qui pensent estre les plus adroits, preuiennent par des discours, qui les excusent de ne pouuoir rendre ce deuoir, pour des empeschemens qui leur sont suruenus ; qu'ils fondent sur la maladie de leur maistre, de leurs domestiques ; sur les soins & la peine que leur donne vn procés ; sur l'affliction, & la tristesse qu'ils ont receuës depuis vne telle mort, vne telle perte ; sur l'incommodité des ouuriers qui trauaillent en leurs maisons : & sur telles autres excuses plausibles en apparence. Encores manquent-ils de iugement aussi bien que les premiers : il y va d'auoüer sa foiblesse quand on s'excuse, & d'vn déplaisir extreme quand on s'est

FFf

engagé malgré soy. Le silence a des secrets merueilleux à finir beaucoup d'incommoditez; nous luy auons donné ses loüanges en son lieu ; & il exempte principalement de celles qu'on peut receuoir à ce sujet. Cependant, comme ce silence est d'vn seruice notable à l'endroit de ces personnes qui s'offrent eux mesmes, & qui ne sont qu'amis du commun; il est criminel vers les proches, les intimes, & ceux d'vne haute condition. Il n'y a point d'empeschement à leur esgard qui dispense de ce deuoir: il faut aller au deuant, les conuier ; & s'ils acceptent vos ciuilitez, les traitter en sorte qu'ils soient pleinement satisfaits. Donnez leur l'appartement le plus beau du logis, où soient les meubles plus precieux ; que la table qui leur sera preparée soit plus delicate, & plus abondante que celle de vostre ordinaire; que leurs valets soient bien nourris; que tous vos domestiques vsent de grandes ciuilitez en leur endroit; soient ardens à les seruir : & que le visage dont vous les receuez, & les saluez tous les iours, soit composé de contenance ioyeuse, qui paroisse sans trouble, détachée de tous soins; & contente d'auoir le bon-heur de les tenir chez vous. Si l'on manque à quelqu'vne de ces obseruations, on reçoit vn hoste auec plus d'inciuilité, qu'on n'en commet en se dispensant, ou s'excusant de le receuoir.

Les soins, les moyens, l'importance d'acque-
rir de l'estime dans sa profession; & com-
ment il faut dans leur execution se loüer,
s'entendre loüer, & desprifer les autres.

Chapitre VIII.

APres auoir pris en vne ville vn establissement certain dans quelque profession, dans quelqu'art, soit en qualité d'originaire ou d'estranger; il faut trauailler à rendre son nom celebre, & acquerir de la reputation parmy ses concitoyens. Ceux qui manient les arts par l'adresse, la delicatesse, & la subtilité des mains; peuuent acheuer ce trauail plus facilement que les autres, parce que les yeux sont iuges de leur excellence : outre que la reputation que s'est acquise vn artisan, fait souuent qu'on iuge en sa faueur pour vn chef-d'œuure ce qui n'est qu'vn ébauche. Il n'en est pas de mesme pour l'art de la guerre, & les autres disciplines, où l'on ne se rend signalé que par l'execution & l'euenement ; qui souuent ne sont pas dans la suffisance de celuy qui trauaille, mais dans la disposition de la fortune, qui montre son aueuglement à fauoriser des mal-adroits. Neantmoins en toutes professions on doit se preparer d'abord

FFf ij

la reputation d'exceller: l'experience fait voir que c'est la seule reputation d'habile, & non pas toufiours vne excellence effectiue, qui releue les hommes au deffus du commun.

Le plus fage des Rois de l'Ecriture dit qu'on infinuë fa reputation dans les efprits, & les yeux qui nous confiderent, par la façon d'agir, de fe veftir, & d'expliquer fes fentimens. Aiouftez foy à fa fageffe; & formez en forte la pofture & les ornemens de voftre corps, qu'ils ne foient point contraires aux mœurs, aux habitudes du fiecle, & du païs où vous viuez. Que vos habits ne foient point dans vne rufticité mal propre, ny dans vne dépenfe fuperfluë, mais dans la conuenance au rang, & à la profeffion que vous tenez. Compofez ainfi les actions de voftre efprit dans vos negoces, & dans l'expreffion de vos fentimens. Ne prenez point de vanitez fur des fujets qui ne donnent pas de reputation glorieufe: ne faites pas vous mefme voftre panegyrique; & ne vous déprifez pas auffi iufques à découurir vos defauts, & ce que vous auez de foible. Dans cette vanité on montre des legeretez d'efprit; & dans le mépris de foy-mefme, on fe rend l'accufateur de fes propres defauts. Le fecret à fe comporter vtilement, pour expofer aux yeux du public ce que l'on a de perfections, eft d'auoir des fauteurs, & des partifans qui foient liez à nos interefts par le profit, l'amitié, & le fang; qui vantent en noftre abfence nos adreffes, & l'intelligence sublime que nous auons dans ce que nous professons. Ainsi ceux qui font la medecine par la pratique, & l'operation de la main, comme les Apoticaires & Chirurgiens, peuuent vanter les secrets, & les belles cures d'vn Medecin qui est de leurs amis pour le metre en credit. Ces personnes qui sont de profession à connoistre la capacité des Medecins sont creus facilement, & esleuent en cet art en peu de temps vn homme dans la reputation. Ces Medecins doiuent trauailler à ne leur déplaire pas; & faire croistre leurs bonnes volontez, en conseruant leurs pratiques par la loüange qu'ils leur donnent reciproquement; & sur tout en n'estant point la cause que leurs recompenses, & leurs parties soient diminuées.

En effet, dans les professions des lettres, qui sont comme des tresors cachez dans les esprits, il faut auoir des amis, & des interessez qui en publient les beautez, qui aduertissent qu'on les a découuertes; & que le public en peut tirer des commoditez tres-notables. Ceux qui possedent leurs plus grands auantages, sont souuent reduits dans vne condition tres deplaisante d'estre necessitez eux mesmes à parler à leurs loüanges, & des beautez qu'ils ont apprises par l'estude. La loüange de soy mesme rend vn son si peu melodieux, qu'il passe iusques à la rudesse, s'il n'a beaucoup d'artifice: & l'on ne l'escoute pas auec satisfaction, & sans mespris, si en blasmant generalement les defauts

FFf iij

qui sont en la profession, on ne prouue par viues raisons qu'on les reconnoit, qu'en les reconnoissant on les éuite, & qu'en les éuitant, on en a les perfections. Si vous ne montrez que c'est à tiltre faux qu'on donne des loüanges à cét homme, parce qu'il ignore ce que vous sçauez dans l'art dont on le loüe; & si l'on ne vous force à reciter comment vous auez executé les belles actions qui vous donnent de l'estime; il ne faut iamais se mettre en comparaison auec personne, & montrer son excellence par le discours du peu de merite de celuy qu'on vous designe expressément. Dans les professions où les euenemens dépendent en partie de la fortune, il ne faut pas se mesler de les deuiner deuant le vulgaire; encore moins asseurer qu'on les tient en sa disposition. Si quelqu'vn de vos amis ou de ceux qui vous reconnoissent digne d'estime, vous celebre dans quelque entretien fait en vostre presence; feignez de ne l'entendre pas; au moins faites quelque action qui tesmoigne que vous n'y donnez pas d'attention. Au reste, ne vous vantez pas de sçauoir les secrets d'vn autre art contraire à celuy que vous professez, quand il fait l'entretien de vostre maison, & qu'il vous rend considerable parmy vos concitoyens. Ceux qui se seruent de vous croiront que vous ne sçauez rien moins que vostre profession; que vous ne vous y attachez pas entierement: & les autres, qui vous regardent auec indifference, en argumenteront la vanité de vostre esprit, & le peu de solidité de vostre iugement. C'est en effet mépriser l'employ qu'on tient au monde, quand on n'y donne pas toutes ses affections, & son trauail: & ce n'est pas se preparer de l'estime par ce dont on doit preualoir, quand on en parle auec mépris, ou auec negligence.

Les Iurisconsultes, dont la science est à vray dire vne politique populaire, sçauent mesnager leur reputation, & vantent par tout les beautez, & la necessité de leurs loix, & de leurs decisions: & faisant dóner des magistratures, & des richesses à ceux qui la professent, montrent que la proposition que i'aduance est veritable. Ils n'ont point de paroles plus frequentes, que de dire en sa faueur, que la Iustice est le soustien des Empires, & l'affermissement des Sceptres, & qu'il est necessaire que les hommes se soufmettent à ses principes, pour se contenir dans vne obeïssance morale, pour faire rendre des soûmissions & des respects à ceux qui ont des basses naissances, & des bontez & des recompenses par ceux qui en ont d'illustres. Ils publient à haute voix, que si on la bannissoit de la terre, on verroit en sa place regner les cruautez, & les vices : & ils grauent sur des marbres en lettres d'or l'authorité du plus politique des Orateurs, qui disoit que l'obseruation de la Iustice estoit si necessaire parmy les hommes, que les commerces illicites, & les societez des voleurs, qui semblent n'agir que pour la destruire, ne pourroient subsister sans elle. Les Theologiens, les Prestres, ne trauaillent pas moins à ce suiet ; ils ne souffrent pas la moindre partie de leurs ceremonies sans des venerations; & le moindre mot des pages sacrées sans des gloses, des interpretations diffuses, & dans tous les sens qui composent leur science. Ils soustiennent qu'ils sont les mediateurs dans les diuisions des peuples, par la religion qui les lie. Ainsi ils acquierent vne estime religieuse; tout fléchit deuant leurs raisonnemens; ils prennent empire sur les esprits. L'honneur qui leur est rendu fait qu'il n'y a point de Prince qui n'honore sa maison d'vn de leur profession : & ceux qui y sont les plus habiles, ont le plus de credit. Ce qui fait qu'ils taschent tous de venir en sa perfection ; qu'ils parlent tousiours en sa faueur, selon leur talent particulier ; & qu'ils la releuent pour releuer d'autant plus la dignité de leur employ, & se faire d'autant plus estimer. Ces deux professions tres dignes d'estre suiuies, qui consistent dans les seuls raisonnemens, qui font valoir les hommes, qui ne sont traittées, & maniées que par de bons esprits, & qui sont les degrez qui font monter aux magistratures, sont des exemples assez fameux de la necessité de se donner de l'estime dans sa profession; & de la vanter en sorte, qu'on fasse connoistre qu'il y a de la satisfaction pour les esprits, & de l'entrée pour les fortunes.

Aussi cette estime qu'on donne de soy, faisant celle

celle de sa profession, ouure vn passage facile dans celle des peuples. Il est certain que pour l'acquerir, il faut auoir cette pensée, ou plutost cette creance, que la loüange des hommes, leur faueur & leurs amis s'estendent, s'accroissent, & diminuent à la façon du feu. Pour le faire naistre, on luy donne d'abord des matieres combustibles, & des instrumens qui excitent son ardeur par le souffle, ou le soleil; & quand il est en estat de consommer, il le faut continuellement fournir de ces matieres, qu'il deuore pour s'entretenir. Dans le commencement des faueurs & des applaudissemens, auant que l'enuie s'y mesle, la reputation trouue des adorateurs en sa naissance, il ne faut pas beaucoup de soins pour la rendre publique. La renommée, & la flame sont de pareille nature; elles trouuent dans elles mesmes dequoy s'estendre; & prennent d'autant plus de forces qu'elles ont d'estenduës. Mais pour les faire durer, il ne faut pas peu d'artifice: si l'on n'entretient le sujet qui les nourrit, qui les excite, elles meurent, & s'esteignent. Pour continuer la reputation, il faut du trauail qui signale de nouueau tous les iours; & sur tout, faire en sorte que ceux, à qui l'on commet le soin de publier nos belles actions, ne soient pas de nos confidens apparamment, & qu'ils ne parlent en leur faueur, que lors que nous en auons rendu des tesmoignages publics. Les esprits simples & mediocres sont les plus propres à publier des loüanges. Comme ils croyent plus facilement qu'il y a du rare merite aux personnes releuées au dessus du commun; ils persuadent plus facilement ce qui est de leur creance: & on leur ajoûte foy auec moins de repugnance, parce qu'on les tient incapables de feintes, & pour gens qui ne parlent que dans la verité de leur connoissance. Ainsi si vous estes dans la profession de la Medecine, taschez, pour acquerir la reputation d'habile, de vous faire appeller à la guerison de quelque malade, dont l'esprit soit simple, & soit persuadé que son mal est incurable. Si vous trauaillez en l'art des Sculpteurs & des Peintres ; faites le pourtrait, ou la statuë de quelque Prince, de ses fauoris, ou de quelque autre personne éleuée & curieuse, qui soit dans l'acheuement des reigles les plus parfaites; & faites en present à ceux, qui voulant acquerir l'estime de curieux, parleront par tout de l'adresse de vos mains, & de la delicatesse de vostre pinceau. Si vous trauaillez aux autres arts plus necessaires à la vie ciuile; taschez de vous y donner quelques agréemens particuliers, & de conduire vostre trauail par vne methode qui ne soit point commune aux autres. Quand vostre reputation commencera son cours, poussez tousiours sa rouë. Pensez, que comme les faueurs & la reputation que donnent les peuples, quoy qu'elles semblent les plus appuyées, tombent souuent vn moment apres qu'on les éleue ; celles qui n'ont que des fondemens faux & vicieux, durent si peu qu'il n'en reste aucun vestige; & que les veritables ne s'acquierent qu'auec les actions qui ne tiennent rien du commun.

Si le rang que vous tenez au monde; si vostre profession vous éleué à de plus hauts emplois; si vous auez à donner bataille, à faire quelque entreprise hardie; à faire harangue aux Rois, aux Princes, aux Magistrats, aux peuples; n'y paroissez qu'auec vne contenance agreable & modeste. Que vostre visage ne change point sa couleur, & ne palisse pas. Faites voir que vostre esprit est au dessus de ce qui peut donner de l'estonnement aux autres: vous acquererez au mesme instant la reputation d'habile, & de preparé pour toute sorte de rencontres. Ce qui donne des facilitez en ce sujet, est d'auoir tousiours des meditations, & des matieres disposées pour ces actions, & de l'exercice particulier, pour n'y ressentir pas l'effet des surprises. C'est le plus haut poinct de la prudence que de former en sorte ses actions, qu'elles semblent estre naturelles pour le sujet où l'on s'applique: & c'est satisfaire entierement ceux en faueur de qui l'on agist, que de leur faire paroistre qu'on leur donne toutes les attentions de son esprit. Ils croyent que vous les affectionnez, ou que vous n'auez point de soins plus particuliers que de mettres les ouurages de vostre art dans sa perfection: Neantmoins ie finis cette obseruation en disant qu'il est besoin quelquefois de se faire valoir, & de faire le renchery ; de se montrer pressé d'vne infinité de personnes ; de s'enuoyer querir quand on est aux compagnies du diuertissement ; & de se faire suiure dans les lieux publics de ceux qui reclament nostre assistance, ou desirent nostre trauail. Lecteur ne mesprisez pas cét aduertissement. Comme les choses humaines ne sont à veritablement parler que des ombres, & des imaginations; la reputation, l'estime ne sont composées le plus souuent que de chimeres, d'apparences, & de fumées.

Quand vous aurez acquis cette reputation, ne dormez pas à son ombre ; & ne negligez pas ce qui peut la maintenir, & mesme ce qui peut l'accroistre. On la perd, lors qu'apres son acquisition on souille les belles actions qui l'ont produite, par quelques vices signalez, par l'auarice, & le mespris de ceux qui sont releuez en naissance ; & par vn changement de mœurs, qui deuient insuportable, & dans l'insolence. On la diminuë, quand on languit paresseux apres auoir trauaillé pour elle; qu'on deuient indifferent vers les sujets qui la procurent ; & qu'on ne rend pas la pareille, & des recompenses à ceux qui ont seruy pour y paruenir. La maxime qui dit que les fortunes ne s'éleuent que par l'iniustice, & ne se maintiennent que par l'equité, est plus veritable qu'on ne pense : les moyens d'acquerir de l'authorité ne sont pas ceux de la conseruer. Dans la poursuite qu'on en fait, la necessité sert d'vne excuse plausible à tous les maux qu'elle cause; on y admet la violence, & la fraude: mais quand elle est acquise, il faut agir plus ciuilement; & pour n'exciter pas l'enuie, il faut estre moderé, se rendre fauorable à vn chacun; & faisant mille ciuilitez, exercer la liberalité comme naturellement, & auec inclination puissante.

Il y a des personnes, qui dans ce dessein voyant la reputation que donnent les actions religieuses, ne manquent pas d'en obseruer toutes les apparences. C'est vn effet tres vicieux, quand il n'a que cét objet, & qui doit donner de iustes deffiances de ces esprits, qui feignent de gagner le Ciel pour obtenir l'estime de la terre. Seruez vous plutost des moyens que la science ciuile reconnoit pour ses principes. Taschez de faire aymer, & connoistre vostre visage de tous les Magistrats, de toutes les personnes publiques, mesme des Portiers des grandes maisons. Ne negligez pas d'auoir des habitudes auec les Prestres, & les Moines, qui manient les consciences, & qui s'intriguent plus dans le monde qu'il n'est sceant à leur profession. Et si vous estes obligé par quelques necessitez de faire des actions indecentes, & vicieuses; qu'elles ne soient pas l'ouurage de vos mains, n'y employez que celles de personnes qui ne soient pas vos domestiques, & vos affidez dans l'apparence. Pour cét effet, si vous estes dans les hautes conditions, ayez tousiours de ces hommes, qui au moindre signal sont prests de rendre toute sorte de seruices : ils vous seront vtiles, quand ils seront dans vne reputation de sagesse, d'intelligence en ce qu'ils entreprennent, & de valeur, & de courage au faict des armes. Apres tout, si au commencement de vostre credit, vous estes dans vne Republique, ou dans vne Monarchie ; croyez qu'il est de vostre affermissement d'agir par de differens moyens; & d'exciter quelques petits orages, qui puissent estre calmez facilement, pour esprouuer la fortune de vos entreprises, les affections, & les faueurs dont vous estes chery. Mais lors que vous serez establi, ne suiuez plus que des routes certaines, & des chemins tout droits. Et si vous desirez obtenir quelque chose de grand, & conforme à vostre puissance ; imitez dans la politique ce que les Anciens disoient dans la Philosophie, que toutes choses estoient composées de l'amitié & du feu. Ainsi, si par la dissention vous ne pouuez vous rendre maistre des principaux esprits qui gouuernent les factions qui vous combattent ; taschez d'en venir à bout par l'amitié: si l'amitié vous est inutile ; employez la dissention : l'vne ou l'autre reüssira certainement, vous executerez ce qu'on croira n'estre pas possible, & sans m'estendre plus auant sur ce sujet, voyez comment Cesar agit & traitte auec Pompée & Crassus ; regardez les in-

DV MONDE.

trigues dont se seruit Lepide vers Antoine & Octaue; & vous publierez par tout la verité de ce precepte.

L'addresse à se faire estimer du peuple, à gagner sa bien-veillance, à conseruer chez luy sa reputation, à se purger; & se plaindre de la calomnie, et de l'enuie.

CHAPITRE IX.

MAis si i'ay dit qu'il estoit tres-important de conseruer sa reputation dás l'esprit des Princes, & de ceux auec qui l'on a commerce; i'ajouste qu'il est necessaire de se maintenir dans l'estime des peuples; & qu'il n'est point de fortunes accomplies, & qui puissent donner des satisfactions, si l'on ne repousse les calomnies que le vulgaire, qui est tousiours sans raison, croit ou profere facilement. On traduit la reputation des hommes, ou par l'accusation qu'on intente contre eux deuant les Iuges qui disposent des Loix dans les Estats dont ils sont sujets, ou par des médisances qu'on répand dans les esprits de leurs concitoyens, & dont on s'efforce de noircir le lustre de leurs actions, & de persecuter leur vie. Ces médisances sont arrestées dans leurs Cours par la multitude des amis qu'on se fait dans le monde; qui se rencontrant aux lieux où elles sont proferées, montrent par le recit qu'ils font auantageusement de la côduite de ceux qu'on blasme, que c'est la seule enuie, ou la seule insolence qui les attaque; & selon l'estéduë de l'affection qu'ils ont pour les interests de ces amis qu'ils entendent calomnier, ils font des efforts d'esprit & de raisonnement, pour effacer ces fausses impressions, qui passeroient pour veritables parmi le peuple. On leur donne encore des obstacles par vne façon de viure publiquement toute contraire à celle dont on compose l'accusation: comme si l'on est blasmé de profusion, de prendre vn train qui sente l'auarice; si l'on est accusé de cruauté, de faire reluire des actions de compassion: si l'on a la reputation de voler le public, de mettre ses acquisitions sous le nom d'vn amy, d'auoir vn train peu superbe: & si l'on veut faire passer pour ignorant; de mettre au iour quelques productions d'esprit, qui publient, soit dans la composition, soit dans l'entretien des compagnies, qu'on n'est pas sans quelque teinture des sciences. C'est vne erreur de croire qu'on n'a pas le pouuoir d'anneantir par les apparences la deposition des faux tesmoins; ou qu'vne reputation estant mal traittée d'vne langue medisante, elle ne puisse reprendre par vn discours qui la conuainc de mensonge, les honneurs, & la loüange qu'elle merite: Daniel en est vne preuue, qui surmonta la plus haute calomnie qui fut iamais.

Mais

Mais celles qui sont portées jusqu'aux Trosnes des Rois, & qu'on s'efforce de faire croire veritables par les formalitez de la Iustice, ne sont pas si faciles à repousser: il y faut plus d'inquietudes, & de soins; & faire en sorte de ne pas moins gouverner l'esprit des Iuges, que de donner des défiances, & des iustes soupçons des accusateurs. La façon d'aborder ces Iuges, de confondre les accusateurs, a esté traittée dans la precedente partie de cét ouurage. C'est assez de dire en ce lieu, que la meilleure adresse à se montrer innocent par les procedures criminelles, est de preparer l'esprit des Iuges par quelques recits aduantageux de l'action dont on est accusé, lors qu'ils confrontent, & recolent des tesmoins; & d'en montrer l'impossibilité par des circonstances du temps, des personnes, & des lieux, quand on subit l'interrogatoire.

Dans la science ciuile on fait ces questions, de sçauoir s'il est plus aduantageux, d'estre accusé, & d'estre renuoyé absous, que de ne receuoir point d'accusation? S'il est plus honorable d'estre exposé calomnieusement deuant des Iuges, & renuoyé par eux auec eloge d'innocence, que de n'auoir point receu cette loüange, ni cette calomnie? Et s'il importe moins à l'estime d'estre tombé sous le soupçon d'vn crime, que d'auoir la reputation d'en estre incapable? Leur resolution n'est pas difficile. Dans ces crimes qui ne paroissent qu'en public, comme les meurtres, il est certain qu'il est plus auantageux d'en estre accusé par calomnie, & par soupçon, & d'en estre renuoyé comme innocent: parce que cette absolution peut seruir à montrer en d'autres accusations que l'on est persecuté des médisans, & de l'enuie. Dans ceux qu'on appelle ordinairement l'ouurage des tenebres, il est plus honorable d'estre exempt de leur accusation, que de tirer des vanitez de leur absolution : elle ne peut auoir de consequence vtile ; & souuent elle n'est que l'effet de la faueur, & de la corruption des Iuges, ou de l'éloquence, & de l'art qui ont entrepris leur defense. Mais dans ces pechez enormes, dans ces actions plus noires que la nuict, comme l'heresie, l'impieté, & les crimes contre nature; quelque innocence qu'on en puisse vanter par l'absolution, elle ne peut estre auantageuse : on trouue plus de profit de ne tóber pas sous leur moindre soupçon. Ces actions sont si malignes de leur nature, elles ont vn venin si present, que la pensée qui en conçoit des ombres sur vn homme y laisse des taches qui grossissent comme des corps. Principalement dans l'esprit des peuples, ces crimes, ces impietez, & ces mauuais sentimens de la diuinité, passent pour veritablement commis dans leur seul soupçon ; & leur font croire apres vn homme non seulement capable de tous les vices, mais de l'execution de tout ce qu'il y a d'horreur en la nature.

Il y a de l'adresse, & de l'importance à se donner de la reputation parmy ces foibles esprits. Iusques là qu'il ne peut estre que dangereux à vn homme important dans vn Estat, de se plaindre publiquement qu'on a voulu attenter à sa vie par le fer, ou par le poison. Cela diminuë de son estime, de faire paroistre que quelques-vns s'offensent de son bon-heur; trouuent de l'iniure dans la façon dont il traitte auec eux : ils croyent que ses actions meritent ces supplices. Les ennemis, & les competiteurs en augmentét leur haine, & leur hardiesse de leur mal-faire. Tant il est vray que le vulgaire est ignorant, & stupide iusqu'au poinct de croire que les grands hommes, & les plus esleuez dans les fortunes sont tousiours combattus iustement; & que leur ministere n'a point de bontez, & de iustice, puis qu'ils trouuent des enuieux, & des persecuteurs. Ainsi ne faites des plaintes que des persecutions à qui elles peuuent donner du soulagement, & qui forment voftre perte; si par elles vous n'y apportez du remede. N'en faites pas mesme le recit à ceux qui portent apparemment le tiltre de vos amis; si ce n'est auec quelque sorte d'adresse, par des entretiens, & des discours qui y tombent insensiblement : en plaignant la fortune des gens de bien, qui est tousiours pourfuiuie de l'enuie, & de la médisance; & en accusant la malice des hommes, les mœurs du siecle, qui abondent en ces defauts. Prononcez ces paroles dans vne certaine chaleur, & d'vn certain accent de voix qui tesmoi-

HHh ij

gnent que vous souffrez dans les mal-heurs dont vous faites plainte; & qui fassent en sorte que celuy qui vous escoute, vous ouure le chemin pour venir au discours de ce qui vous offense en particulier. Cette façon de descouurir comment on est persecuté, donne les marques asseurées d'vne innocence; fait qu'on esprouue les sentimens de ses amis sur ce qui nous choque; & quelle est l'affection qu'ils ont pour nos interests. On l'apprend par les discours dont ils se seruent à presenter des consolations sur les disgraces qu'on oppose à nostre fortune. S'ils vous croyent coupables de ce dont on vous accuse; leur façon de consoler sera peu vehemente, sera composée de termes sans affection : & vous verrez que ce sont des faux amis à quitter, puis qu'ils sont susceptibles de creace pour les mauuais sentimens qu'on a de vous. Au contraire, si leur amitié est parfaite; s'ils ne croyent rien de vous qui ne soit vertueux, & dans la loüange; elle sera abondante en paroles, elle vous incitera à la vengeance, & vous promettra du secours.

Finalement, dans les accusations, où les bruicts qui courent au desaduantage, touchent la religion, ou le peu de soin qu'on apporte à l'obseruation de ses obligations; il faut faire effort pour les essouffer, & ne découurir plus auec tant de liberté les sentimens qu'on en conçoit, quand ils ne répondent pas à ceux du vulgaire. Rien n'esloigne tant de toute sorte de soupçons que la reputation d'vne pieté religieuſe. Ce qui la donne eſt la ciuilité que l'on rend en reſmoignage d'affection à ceux qui en portent l'habit, & qui s'appliquent particulierement à la deuotion : ces actions nous excitent des ſentimens fauorables en tous lieux, & en toutes rencontres. Auſſi c'eſt vne maxime plus Philoſophe qu'elle n'eſt Ciuile, que de dire qu'on ſe defend mieux de la médiſance, & d'vne mauuaiſe reputation par le mépris, que par les efforts qui les repouſſent. La reputation eſt d'vne matiere ſi tendre, qu'en receuant les moindres impreſſions elle change de nature ; & reçoit, comme les choſes naturelles, de l'alteration dans toute ſorte de changement. Ainſi i'aſſeure qu'on ne doit rien negliger pour la tenir touſiours dans l'innocence, & la loüange : & qu'on ne doit pas ſeulement rechercher en toutes ſes actions ce qui leur donne luſtre ; combattre ce qu'on oppoſe à leur éleuation ; pourſuiure ce qui nous fait croire amateurs de la ſageſſe, & de la verité ; mais ce qui nous donne le bruit d'auoir ces penſées, & ces enuies. Ainſi ſi l'on eſt de profeſſion à traitter les ſciences ; à parler au public, ou de luy donner ſes ouurages, dans leſquels la médiſance regne tyranniquement : Ie ſouſtiens que c'eſt vne action neceſſaire de repouſſer la médiſance qui attaque ; de leuer les nuages dont les enuieux veulent obſcurcir : & ſoit dans les diſcours publics, ou dans la compoſition des Liures, de donner des atteintes à ces médiſans ; les deſſiner tels par quelques couleurs qui les fasse connoistre, non pas ouuertement, mais par quelques traits de leur ressemblance.

Comment acquerir de la reputation dans les professions ordinaires; se commettre auec les inferieurs & superieurs; & corriger les fautes que l'on commet sur ce suject.

CHAPITRE X.

DAns la profession des arts & des sciences, qui rendent seruice dans les commerces, & dans les societez des hommes, on acquiert reputation, & on conserue son estime, en répendant son ministere d'vne façon plus agreable, plus soigneuse, & plus acheuée que les autres. Vn Medecin se donne vogue, & se fait rechercher, quand il traite son malade agreablement, & d'vne façon iudicieuse: quand il semble par ses visites assiduës n'auoir point d'autre soin que sa guerison; & quand s'accommodant à ses impatiences, & à la deprauation de son goust, il ordonne des remedes faciles à prendre, & qui apportent du soulagement. Vn Iurisconsulte se fait estimer habile, soit dans la consultation, ou la plaidoirie, & s'acquiert vne foule de cliens, quád il les reçoit auec ciuilité; qu'il tempere, ou flatte l'aigreur, & l'animosité de leurs esprits; qu'il trouue des expediens pour leur prompte expedition; qu'il affectionne en apparence les interests de sa partie; & qu'il les defende par des raisons, qui ne sont pas moins dans le iugement que dans le sçauoir, & l'éloquence. L'Intendant d'vne maison se rend considerable, & necessaire, quand il n'en neglige pas les moindres interests, & trauaille pour leur accroissement: quand il cache les profits qu'il y fait; & quand il semble auoir moins d'affection pour ses auantages particuliers que pour ceux de son maistre. Les Officiers des Grands se font cherir par l'affection, & l'assiduité qu'ils apportent en leurs seruices. Dans les Arts liberaux ou méchaniques, vn Peintre dont le pinceau a des delicatesses particulieres, des adresses qui ne sont pas communes à ceux du païs qu'il habite, sera le plus recherché, quand dans son trauail il aura de la promptitude, & de la patience pour ses salaires. Vn Architecte ne manquera point d'employ quand il sçaura parler facilement dans les termes de son art; qu'il sçaura dessiner sur le champ de beaux bastimens; & qu'il vantera ce qu'il a appris dans l'Italie, dans les païs où l'on bastit magnifiquement. Il est ainsi du reste des professions, & des arts: dans de pareilles adresses on se donne reputation d'exceller.

Que si auec toutes ces preparations pour acquerir de l'estime, la fortune qui preside presque en toutes choses, rend ces efforts inutiles: il faut se faire vne leçon de ses propres aduersitez; voir ce qui n'a pas reüssi dans l'opinion de telles & telles personnes; ce qui est approuué de telles & telles conditions: & tascher d'y retourner auec de nouuelles adresses, auec l'excuse que le peu de temps qu'on auoit donné, que le defaut de la matiere qu'on auoit preparée, ont esté les causes que l'ouurage n'a pas eu son entiere perfection. Lors ne vous montrez pas plus habile en vn autre art qu'en celuy que vous professez; plusieurs pechent en ce rencontre, dont l'importance n'est pas peu considerable. De grace, qu'importe-t'il aux Medecins de chanter mal, pourueu qu'ils guerissent bien? & quel profit peut venir à vn Iurisconsulte de parler moins de la decision des Loix, que du plan d'vne Ville, de l'ordre d'vne Armée, & de la façon d'assieger les Places fortes? On a tousiours méprisé ceux qui cherchent à se faire paroistre en ce qui n'est pas de leur profession. On a blasmé Neron de sçauoir la Musique; de toucher les instrumens; & d'ignorer l'art de regner. Et ce compagnon de la boutique d'Appelles, n'eut-il pas la hardiesse de se moquer d'Alexandre, qui voulut parler de la peinture, & des couleurs?

Aussi l'on ne se commet iamais prudemment auec ses inferieurs en quelque combat que ce soit: comme on n'attaque point ses superieurs qu'auec vn repentir; si ce n'est que la iustice nous y pousse, & que l'adresse nous y conduise. I'auouë qu'il y a quatre sortes de combats dans la vie ciuile, où peu d'hommes sont dispensez de prendre les armes contre

contre leurs superieurs, ou les inferieurs: le iudiciaire, le militaire, le ciuil, & le populaire. Le iudiciaire se liure quand on agit deuant les Iuges pour quelques successions, & quelques autres droicts qu'ils decident, ou quelques crimes qu'ils punissent. Le militaire, quand par les armes on dispute les interests des Rois, & des Princes. Le ciuil, quand on veut obtenir les Magistratures, les grandes alliances par les suffrages & la bien-veillance des puissans, & des amis. Et le populaire, quand on veut acquerir la faueur des peuples par les actions qui plaisent, & qui brillent à leurs yeux. Mais si la Iustice n'en fait le mouuement, les triomphes seront sanglans, & funestes à ceux qui en voudront orner leur gloire; & s'ils ne sont faits auec adresse, on en remportera peu de fruit, & de nom; & l'on aura bien de la peine à se maintenir dans leur victoire. Ceux qui prennent les armes contre la raison & l'équité, semblent s'éleuer contre Dieu: ils se soûmettent à toute sorte d'infamie. S'ils ont vn mauuais succez, leur perte est sans resource; & leur reputation ne se restablira iamais: & s'ils obtiennent quelques aduantages, leur conscience propre leur fait vne guerre, qui cause tost ou tard leur défaite. Quand ces armes auront de la Iustice & de l'adresse, ou qu'au moins elles ne les destruiront pas; comme si l'on veut briguer quelques partis aduantageux, quelques Magistratures, quelques grands emplois, ou deferer en iugement; le premier trauail pour y reüssir, sera de ne se laisser pas emporter à cette presomption de croire qu'on est assez heureux & puissant, pour vaincre tout ce qui fera resistance : le second, de chercher le moment à propos pour trouuer le foible des competiteurs; & le troisiéme, si vous voulez vaincre par les formalitez de la Iustice, de ne les traduire pas deuant les Iuges qui honorent leur merite, leur naissance, & qui craignent leur credit; mais deuant ceux qui portent enuie à leur fortune, ou qu'ils ont maltraittez en quelques rencontres. Ie l'ay desia dit souuent, ie le repete, parce qu'il est important : il ne faut rien negliger pour le succez de la vie ciuile. Il en faut venir iusques à faire des brigues aux affaires d'importance; vser d'adresses, & de subtilitez, d'vne infinité de belles paroles, & de promesses; & ne pas mesme espargner l'artifice & la fraude auec ceux qui s'en seruent. Si l'on découure que l'affaire poursuiuie prend vn branle qui soit auantageux; il faut presser instamment, & sans remise son execution : & si le bruit court qu'elle n'aura pas de bonnes fortunes; on doit y trouuer des delais, la laisser dormir en ce temps pour l'éueiller en vn autre, & attendre de luy les occasions d'vne reüssite plus fauorable. Souuent vn retardement a fait triompher apres la defaite, & la mort d'vne personne, vne maladie, vn procés, vne fortune qui se lasse, vne humeur qui deuient auare, ou insolente, donnent aux affaires des visages differens, & ruinent celles qu'on estimoit estre les plus faciles, & les plus fortunées.

L'adresse d'entrer en lice auec vn plus puissant que soy, est de montrer d'abord vne pareille puissance pour le combattre; ou deuant qu'entrer en combat, luy proposer les moyens de terminer le different, en presence ou par l'aduis d'vn amy commun. Rendez luy premierement ce deuoir, priez le affectueusement d'y entendre; & composez les de conditions ingenieuses, & honnestes, qui tesmoignent que vous auez du cœur, & de la science à defendre vos interests. Si vous le rangez à la raison, n'en faites point de vanitez ny de trophées: au contraire publiez par tout les bontez de son naturel. Les Grands, les hommes de naissance, portent plus impatiemment la honte d'estre vaincus, & de ne rendre pas leurs volontez souueraines, que la perte de la chose qu'ils veulent auoir, ou retenir. En vn mot, si vous estes reduit dans la necessité de vous defendre contre les Princes, & d'autres personnes de credit qui soient violens, d'humeur tyrannique, & à vouloir perdre ce qui déplaist à leurs yeux; faites bouclier de vostre innocence, & mettez au iour tout ce que vous auez de vertu. Ne tesmoignez point de foiblesse dans l'apprehension de leurs violences, & de leurs menaces; n'ayez plus de conuersation qu'auec vos intimes amis; ne marchez plus le iour & la nuict qu'accompagné de gens qui soient à vos gages, qui soient d'vne fidelité esprouuée, qui soient de vostre faction; & que les lieux de vostre marche n'ayent esté visitez auparauant.

Il faudroit faire des volumes, & cét ouurage grossiroit infiniment, si ie donnois des preceptes particuliers à tous les accidens de la vie ciuile. C'est assez, Lecteur, de vous aduertir que sur ces fondemens generaux, vous pouuez éleuer vostre reputation, vos commoditez domestiques; & trouuer des instructions particulieres dans leur estude, & leur application. Ie les acheue; & ie dis que si dans la diuersité, & la multitude infinie des actions ciuiles, quelques reüssites eschapent à vostre preuoyance, & à la solidité de vostre iugement; comme il est difficile d'estre homme, & de ne faillir point; c'est à ce iugement de considerer ce qu'il luy a fait commettre des fautes, & de prendre le dessein de tenir vne autre voye que celle où il s'est égaré. Dans chaque profession il ne faut pas manquer d'excuses specieuses, quand on est contraint necessairement d'aduouër qu'on a mal executé: & si la necessité de cét aueu n'est pas absoluë, il faut s'exempter de le faire. Vne telle confession ternit tout le lustre d'vne reputation acquise par beaucoup de sueurs durant plusieurs années. Mais si la faute est telle, qu'à moins de demantir tous les yeux qui la considerent on ne la puisse nier; apres l'auoir excusée specieusement, il faut s'efforcer de la corriger, d'estouffer en nous les inclinations qui nous y portent; & de ne faire pas de vanitez de l'obstination de ses erreurs. De crainte qu'il n'en arriue vne pareille punition à celle de Louïs Sforce, qui pour satisfaire à son naturel artificieux, alloit vantant qu'il estoit d'vn habile homme de ne pas garder la foy promise; & qui fut enfin delaissé par les siens; trahy de ceux qui luy auoient iuré fidelité; n'ayant pas cette satisfaction de perir plûtost par le crime d'autruy, que par le sien.

La methode de traitter, de parler auec les inconnus, les estrangers, & les importuns.

CHAPITRE XI.

Aioustez que c'est aussi vne prudence qui merite son eloge, de ne se commettre pas auec des personnes inconnuës. Si l'on void que vous preniez plaisir à leur faire des remontrances, à leur prescher leur deuoir, à les accuser de leurs fautes, quand ils ne sont pas sous vos gages, & vostre authorité; on y croira moins de charité qu'vn esprit de superbe; & l'on en argumentera des desseins enuieux, & vne inclination à dominer. Si vous reconnoissez que ces personnes s'opposent à vostre reputation, & sement de faux bruits qui luy sont tres desauantageux; il est de la mesme prudence de ne pas les aller aussi-tost chercher pour leur en tesmoigner vos ressentimens; mais d'attendre les occasions qui peuuent repousser leur médisance, & leur faire sentir qu'ils ont tort de combattre celuy qui les preuaut par la bonté des mœurs, par la sagesse, & la suffisance de l'esprit. Auec les inferieurs, & les pareils, l'injure & les mespris sont dangereux, il faut les vanger sur le champ: & auec les superieurs il faut du respect, & du deuoir en apparence; & se preparer sous main des iustifications par l'innocence de sa vie, & l'acquisition de la bien-vueillance de ceux qui gouuernent leurs esprits. Auec les inconnus les sages n'entrent iamais en commerce, ny en aucunes negociations d'importance que par l'entremise d'vne personne qui soit de leur connoissance. S'ils sont dans quelque Prouince en qualité d'Agent, d'Ambassadeur, ou pour exercer quelque autre ministere, & qu'ils y soient sans habitude; s'ils reçoiuent des visites selon les deuoirs de leur negociation, ils auisent dans les entretiens familiers à ne pas seulement découurir les vices de leur esprit, mais de n'en pas exciter les moindres soupçons. S'ils apportent quelques mauuaises nouuelles à des personnes puissantes; ils ne les abordent pas auec imprudence, & inopinement: ils les approchent auec vn visage en sorte composé, qu'il peint sur les yeux ce que la langue veut exprimer, & fait naiſtre l'enuie de les interroger. Ils entament des paroles, qui viennent apres beaucoup de deſtours aboutir inſenſiblement à ce poinct : ils font conceuoir le ſoupçon des malheurs auant qu'en donner l'aſſeurance ; & quelquefois ils en éleuent la gloire, pour paruenir plus facilement à la conſolation.

Si dans ces lieux inconnus, ou dans les autres, quelqu'vn les entretient ſous pretexte de viſite, de diſcours trop longs, & trop curieux, & qui leur ſoient déplaiſans ; ils ne le quittent pas bruſquement, mais ils demeurent quelque temps dans le ſilence, paroiſſent d'vn eſprit inquieté ; ou diſent modeſtement que les affaires que leur miniſtere leur donne, leur reſeruent peu de temps pour les viſites, & les entretiens des amis. Si ces importunitez continuent, & qu'il ne ſorte point, ils appellent quelqu'vn de leurs domeſtiques, ils leur parlent à l'oreille ; puis en feignant quelques neceſſitez de ſortir, ils diſent qu'ils reuiendront en vn moment : & apres ils ſe font aduertir qu'il vient de ſuruenir vne affaire qui les tiendra long temps. Si cet importun ne ſort qu'auec les diſcours, & les actions qui obligent toute la compagnie de ſortir, & qu'il y ait quelques amis particuliers ; ils leur font apres ſçauoir le ſujet de ce qui s'eſt paſſé, de peur qu'ils ne s'offencent d'vn procedé ſi peu ciuil. Enfin, ſi l'on leur fait ſouuent des preſens, ils s'enquierent de quelle part ils viennent ? quel eſt celuy qui les enuoye ? s'il eſt d'vn naturel liberal, intereſſé, ou s'il eſt dans l'oppreſſion de la neceſſité? S'il eſt d'vn beau naturel, ils croyent que c'eſt à deſſein d'entrer dans leur amitié, ils y vont au deuant : s'il eſt dans l'affliction ; qu'il implore leur ſecours, ils luy tendent les bras : & s'il eſt d'inclination auare ; ils ſe tiennent ſur leurs gardes, & craignent que par des ciuilitez ils ne ſouffrent des ſurpriſes. Apres tout, ſi quelqu'vn de ces inconnus les prie de quelque faueur au nom de quelqu'amy puiſſant, qui ſe faſche quand on ne donne rien aux prieres qui viennent de ſa part ; ils ne l'accordent pas qu'ils n'ayent des preuues que la recommandation de cét amy ſoit veritable ; ils demandent vn mot eſcrit de ſa main, ou l'aſſeurance de quelqu'vn de ſes gens : parce que ſi la recommandation n'eſt pas veritable, il ſe deſiſtera de ſa pourſuite; & ſi elle eſt effectiue, ils peuuent excuſer leur retardement par lettres, ou par leurs domeſtiques, ſur la crainte qu'ils auoient d'eſtre ſurpris.

Les discours dont on doit entretenir la conuer-
sation ; ses propres loüanges, celles d'au-
truy ; & les hommes dont on veut tirer
du profit.

Chapitre XII.

MAis dans ces lieux, où il est necessaire de parler pour l'entretien des visites qu'on rend, & qu'on reçoit ; ne faites point de discours des affaires d'autruy, des vostres, ny des publiques, qui soient les images de vos passions. Il est souuent dangereux d'ouurir ses sentimens sur les affaires des Grands, & de vouloir controller le gouuernement public : & dans vn païs où l'on est estranger, si l'on parle de soy, de ses actions, on passe pour vain; & si l'on parle des mœurs des citoyens, en les blasmant, on acquiert leur haine, & leur donnant des loüanges, on se fait estimer flatteur. Les discours indifferens, & communs, sont ceux desquels on doit entretenir la conuersation : comme de parler des beautez, des laideurs de la saison, & de son déreglement; de la facilité, ou difficulté des chemins; de la scituation de la ville; de la temperature de son air; des affaires où quelqu'amy commun a reüssi; des guerres estrangeres; des maladies qui courent; de la mort des Princes, des personnes Notables; des mariages des Grands; du prix des choses qui entrent dans les commerces; des Magistrats, quelle doit estre leur naissance, leur sçauoir, & iusqu'où s'estend leur pouuoir; finalement de la beauté des maisons. Et si l'entretien est plus familier, on l'estend iusques sur les enfans; leurs belles inclinatiõs, les bonnes esperances qu'ils donnent, & les beaux emplois où ils se rendent signalez. Prononcez tous ces discours auec de la grace; auisez à ne porter pas la teste inconstamment çà & là; regardez d'vn œil gracieux ceux qui vous escoutent; & que vostre voix ne s'éleue pas superbement; & ne s'abaisse point auec trop d'humilité.

Il arriue souuent que dans les compagnies on est obligé d'entendre ses loüanges, & celles d'autruy. Qui voudroit dans ce rencontre donner particulierement des instructions, n'entreprendroit pas de petites difficultez. Plutarque qui fut le Philosophe le plus moral de son siecle, a laissé beaucoup de choses à dire dans le traitté qu'il a fait de la façon de se loüer sans déplaire aux autres: quoy qu'ordinairement dans ces escrits tout soit remply de la subtilité de son esprit, & de l'experience qu'il auoit dans le monde. Ie croy qu'il fut touché des mesmes sentimens qui conduisent la matiere de cét ouurage. La sagesse ciuile estant d'vne estenduë presqu'infinie, & n'ayant que peu de principes d'vne certitude entiere, sur le raisonnement desquels on doit mediter sur ceux qui sont moins certains; il suffit de comprendre le general, de tracer de grands chemins, de grandes forests par de petits poincts à la façon des Geographes : & de dire que le discours des loüanges est tousiours agreable à ceux qui en sont honorez en leur particulier, ou en la personne de leurs parens, & de leurs amis ; & que les paroles de médisance ne sont pas déplaisantes à ceux qui n'y ont aucun interest d'amitié, de sang, & de commerce; parce qu'ils croyent qu'on leur donne vne connoissance de leur prochain, qui leur peut profiter dans le rencontre. C'est pourquoy vous pouuez croire sans vous tromper, que les propos tenus à vostre aduantage ne plaisent qu'à ceux qui vous appartiennent par le seruice, & l'esperance de leur fortune ; & ne sont pas fort agreables à ceux à qui vous estes indifferent. Ainsi ne souffrez pas en public qu'on parle de vous dans la loüange, si on ne l'applique sur des suiets qui sont communs à tous les honnestes gens ; comme de vanter en vous l'inclination pour les belles choses, les curiositez, les cheuaux, les peintures, les bons Liures, les jardinages, les seruiteurs adroits; & l'estat que vous faites d'auoir plusieurs amis, & de la bien-veillance par tout. Cette sorte de loüange peut encore s'estendre ciuilement iusques aux enfans, & aux freres, dont on peut vanter les perfections , pourueu que ce soit auec moderation; & qu'on die que tels sont les fruits d'vne tige vertueuse. En effet, on ne sçauroit proceder plus iudicieusement dans la loüange de soy-mesme, & de ceux qui nous appartiennent, que de ne les commencer pas; & de respondre modestement aux discours que les autres en auancent: comme si l'on vous dit que vous auez vn fils qui merite beaucoup, & qu'on celebre vniuersellement, de dire seulement, il n'a pas l'esprit mauuais, il a de bonnes inclinations : & vous deuez en suite considerer la qualité, la reputation des personnes qui le loüent, l'occasion, ou le motif qui les y pousse. S'il n'y a point de flatterie, de derision, ou d'enuie; il n'est pas mal seant de se donner quelques legeres libertez sur ce sujet; de se conjoüir auec ses amis de la satisfaction qu'on trouue dans sa propre vertu, & celle de ses proches: puis qu'au sentiment de Platon, les loüanges font le mouuement des belles actions, sont necessaires pour les exciter; & que comme il faut de l'encens aux Dieux pour auoir leur assistance, il faut des loüanges aux hommes, pour exciter leurs vertus.

Aussi la propre loüange n'est pas defenduë en toutes les actions de sa vie, il en est quelques-vnes qu'il est important de publier. Et s'il est vray qu'il est de nostre honneur de cacher nos vices, il est de nostre gloire & de nostre reputation de faire paroistre nos vertus, qui ne sont pas communes; & de vanter comme par vn remerciment, les faueurs signalées que nous receuons de Dieu. Ainsi Socrates le plus retenu, & le plus modeste de tous les Philosophes, vanta les reuelations de son genie: & de semblables vanitez sont moins des fautes que des perfections, quand elles sont faites à dessein de donner à sa patrie quelques aduis importans pour les faire receuoir auec authorité; ou qu'elles sont faites pour luy dôner la gloire chez les estrangers, & la posterité, de nourrir & d'esleuer de grãds hommes. En ce rencontre il n'y a rien de plus seant qu'vne simple & volontaire confession de ces aduantages. Socrates n'est pas le seul qui s'en vanta : Sinesius, Dion, Iosephe, & tous ceux qui ont receu cette grace de la Diuinité, d'estre inspirez en leurs desseins, ont fait gloire de cette vanité. La loüange de soy-mesme dans les autres vertus communes ne donne pas moins d'importunité qu'elle a d'impudence; on s'excite de l'enuie : ioint que c'est vne action qui tesmoigne qu'on a manque d'amis, d'estre obligé de faire soy-mesme leur office.

Ce n'est pas qu'il n'y ait quelque façon de se loüer soy-mesme en ces vertus communes, qui ne soit pas criminelle; mais il y faut bien de l'adresse, vn artifice iudicieux les doit conduire en cette maniere. Si l'on est accusé d'auoir mal versé en quelques actions; de n'auoir pas donné tous ses soins en faueur de l'Estat; de n'auoir pas fidelement manié les deniers de son Epargne; d'auoir eu quelque intelligence auec les ennemis; au lieu de se defendre sur le principal poinct de l'accusation, vn adroit vantera ses belles actions, qui luy ont donné de l'estime, & qui l'ont appellé dans les emplois qui sont tousiours sujets à l'enuie. Il se plaindra de la fortune qui se plaist d'attaquer par la médisance ceux qu'elle éleue: il publiera hautement qu'il prend Dieu à tesmoin de son innocence; & qu'il ne veut pour iuge de ses actions que les gens de bien, qui sont seuls capables de les considerer. Cette liberté courageuse montre vne conscience asseurée, qui est vn veritable tesmoin de l'innocence. Dans les autres rencontres, cette loüange a tousiours quelque chose d'impertinance & de vanité: elle lasse ceux qui l'escoutent, elle diminuë la reputation acquise; & quoy que la langue, & les liures de plusieurs de l'antiquité qui passoient pour bons esprits, ayent esté les trompettes de leur propre loüange; qu'Epaminondas, Caton, Annibal, & Scipion parmi les grands Capitaines, & Politiques; que Demosthenes, & Ciceron parmi les Orateurs les plus renommez de la Grece, & de l'Italie ayent dans les discours de leur vie, & dans leurs harangues parlé à l'auantage de leurs actions, & publié en toute liberté les seruices qu'ils auoient rendus à leur païs, c'estoit l'effet d'vne morale qui a des defauts. Les siecles suiuans les ont blasmez d'auoir publié leurs loüanges en des sujets, qui n'estoient point necessaires pour repousser la médisance, & l'enuie qui les attaquoit.

A bien dire, le discours de soy-mesme n'est permis, & son vsage n'est excellent que lors qu'on s'entretient familierement auec vn amy, vn fils, vn frere, & quelque autre personne qui consulte sur les actions, où certainement on a de la reputation. Lors on peut parler librement de soy, de la prudence qui en a fait la conduite, de la valeur, du courage auec lequel on s'est exposé ; & de l'estude, & des soins qu'on a pratiquez pour y paruenir. On peut dire pareillement les obligations qui nous y ont poussez ; cette succession d'honneur que nos ayeuls auoient laissée dans leur famille, dont les successeurs ne doiuent point ternir le lustre : & que comme nous auons reüssi dans telles entreprises par de telles actions, & de telles volontez ; nous croyons que c'est le seul chemin qui meine à la reputation. De pareils discours seront parfaitement acheuez, si vous n'vsez pas de termes qui sentent trop le superieur, & le pedagogiste; si ce n'est auec vos enfans, ou ceux qui vous estans sousmis doiuent estre instruits de la sorte : & de semblables entretiens faits si iudicieusement, seront les tesmoins de la verité des loüanges que vous vous estes donné.

Pour finir ces obseruations de ce qui donne, & de ce qui oste l'estime au sujet des parolles ; celles qui sont piquantes, qu'on appelle rencontres dans les compagnies qui ne sont pas serieuses, ruinent aussi souuent la reputation, que celles des propres loüanges. On ne s'en doit seruir que pour repousser celles dont on nous attaque: & quoy qu'elles faffent paroiftre quelques viuacitez d'efprit, que ceux qui l'ont excellent, ont peine à quitter cette façon de parler; elle rend ennemis ceux qui s'en trouuent piquez, qui n'ont pas cette promptitude d'y refpondre, & qui ne font pas d'humeur à les fouffrir. Celles qui par metaphore, ou par vn double fens expriment les chofes, & les actions qu'on ne peut nommer honneftement, font tres-vtiles dans les difcours publics, parmi les Dames, & les perfonnes ferieufes, & de refpect. Lecteur appliquez vous à leur eftude. Ne vous eftonnez pas fi i'ay traitté fouuent de ce fujet dans cét ouurage: fçachez que les paroles font ordinairement la peinture de l'ame, & des mœurs; & que ceux qui trauaillent auec iugement dans la vie ciuile, ne fe feruent que de ce moyen pour connoiftre quelle en eft la trempe, & quelles en font les inclinations.

Pour y reüffir, ne faites donc point de difcours dans les focietez, où vous entrez auec deffein d'y faire profit, qu'auec vn efprit preparé; & qui confidere le moyen de vous infinuer dans la bienvueillance de ceux qui vous efcoutent. Vous ne trouuerez de l'vtilité que parmi les perfonnes de puiffance, & de condition capable d'en donner. Il y a quatre fortes de puiffans dans la vie ciuile. Ceux qui ont l'amitié, & l'oreille des Rois, des Princes & des Miniftres; ceux qui poffedent les dignitez Ecclefiaftiques, & l'immenfité de leurs reuenus,

reuenus; ceux qui manient la guerre dans vn Estat; & ceux qui ont de riches patrimoines, ou qui en acquierent en volant l'espargne, & les peuples, & qui se seruent de l'vsure, comme d'vn moyen legitime à s'enrichir. On est tousiours bien venu, bien receu, bien escouté de ces personnes, quand on les aborde, & qu'on les entretient des richesses, des magnificences de celuy là, de la puissance de celuy cy, des voluptez, & des diuertissemens des autres: & qu'on en fait des comparaisons, qu'on leur dit, s'ils sont d'humeur à les cherir, que leurs somptuositez, & leurs fortunes ont d'autres esleuations; & s'ils sont d'inclination à les mépriser, que leur mépris est l'effet d'vne modestie, dont tous les gens d'honneur, & de sainteté composent leurs loüanges. L'entretien des plaisirs de la bouche ne doit pas durer long-temps, si ce n'est auec ceux qui s'y plaisent naturellement auec excez. Celuy des delices de Venus ne se doit faire qu'en secret, dans la confidence. Celuy du jeu qu'auec ceux qui y sont adonnez: & celuy du luxe est tousiours bien receu des ieunes gens. Voila ce qu'il faut considerer à l'égard des personnes, & la mesure sur laquelle on doit regler l'entretien.

A l'égard des professions, il faut sçauoir que ceux qui ont tousiours les armes à la main triomphent d'aise, quand on parle de duels, d'affronts vangez, de dépoüilles d'ennemis, & de violences. Que les personnes deuotes, les Ecclesiastiques pieux vous

LLl

canonisent, quand on leur parle de Confessions, de frequentes Communions, d'aumosnes, de visite de prisonniers, de Pardons & d'Indulgences: & que ceux qui prennent l'Eglise, & les Benefices pour vn moyen de faire fortune, vous embrassent quand vous leur diuulguez les secrets des familles, le moyen d'y auoir des entrées, d'assouuir secrettement leur ambition, & leurs plaisirs. Les fauoris des Rois & des Princes, les Ministres vous escoutent volontiers, quand on leur parle de leurs belles maisons, de la delicatesse de leur table, de la part du profit qu'ils auront dans vne telle affaire, dans vn tel party: & qu'on leur dit que l'Estat ne subsiste que par leurs soins, leurs veilles, & leurs conseils. Finalement, chaque Prouince, chaque ville, chaque famille, & chaque âge a ses inclinations, & ses mœurs particulieres. Les vieillards se piquent dans l'entretien de prudence, & du gain: les ieunes dans le discours de la beauté, & de la force du corps pour toute sorte d'exercice, & de plaisirs. Ainsi comme les paroles sont des instrumens par qui l'on tente les esprits: faites reflexion sur celles qui pourront auancer ou destourner vos desseins; preparer la connoissance des affaires d'autruy qui vous touchent: & selon vos interests, l'enuie de paroistre d'vne telle humeur, d'vne telle capacité, d'vne telle science, formez vos entretiens, parlez, ou taisez vous.

L'art à composer les lettres missiues.

CHAPITRE XIII.

APres auoir enseigné la façon de vaincre sa disgrace, de s'enrichir, de se loüer, de conuerser auec les estrangers, de parler dans le discours familier: il faut apprendre celle d'escrire, & de composer les lettres missiues. On les deffinit, vn discours qui demeure tousiours, qui ne s'éuanoüit pas à l'instant qu'il est prononcé; & que l'esprit considere auec plus d'attention, & de iugement. Cette attention plus iudicieuse, dans laquelle on les considere, marque d'autant plus la diligence & les soins qu'on y doit apporter; que leur discours doit auoir de la breueté, vn sens intelligible & parfait; & que celuy qui les escrit, parlant à vn absent, doit deuiner, & satisfaire aux objections & difficultez qui naissent du sujet qui luy met la plume à la main. L'Escriture ne doit pas estre moins belle & facile à lire, que le stile beau, graue, & iudicieux, selon la qualité des personnes, du sujet, & du temps: & si elles partent d'vne main conduite d'vn esprit ingenieusement politique, elles ne contiendront point de sentimens, qui tombant entre des mains ennemies, estant expliquez desauantageusement, puissent tirer des argumés pour la preuue de ce dót

LLl ij

on est accusé par la médisance, & l'envie. Comme leur stile ne doit pas estre trop affecté, il ne faut point aussi qu'il sente la negligence; mais qu'il parle de choses communes, qui tombent dans le commerce ordinaire : comme d'avis de maisons, d'heritages à vendre de demande de leur iuste prix; de la brigue de telles Magistratures, du credit qu'ils ont, des moyens d'auoir accez aupres d'eux; des maladies, ou autres obstacles qui ont empesché de rendre des deuoirs, & de penser aux affaires qu'on vous auoit commises; en vn mot de ciuilitez, d'offres de seruices pour entretenir les correspondances, & les amitiez.

Plusieurs mettent la main à la plume trop facilement, & escriuent sur toute sorte de suiets, & de rencontres en la fortune de leurs amis : & pensant se montrer fort attachez à leurs interests, ils s'ingerent de passer sur les actions de la vie d'vn homme, qui estant hors de l'affliction pour laquelle on le console par lettres, se fasche apres dans sa haute prosperité, quand ces lettres luy tombent entre les mains, de ce qu'il reste encore vne peinture de ses mal heurs, & qu'on peut apprendre qu'il a esté dans l'oppression, & la bassesse. Pour exemple : Si vous escriuez à cét amy qu'on a constitué dans de noires prisons, ou dans vne bastille, ou qui ne fait que d'en sortir; si vostre lettre est trauaillee d'vn stile fleury, si vous luy figurez la pesanteur des fers qui l'ont chargé, & si vous luy peignez ces tenebres qui luy faisoient tant d'horreur, luy faisant vne image de ces tristes lieux; tant qu'il est dans l'affliction, ou qu'il en conserue encore les especes en sa memoire, vostre stile luy plaist, & semble adoucir l'aigreur de la fortune qui l'afflige : mais s'il ne s'en souuient plus, s'il est esleué dans les prosperitez, si sa disgrace a fait naistre sa faueur, & que ces lettres tombent sous ses yeux, ou qu'il les voye en des mains estrangeres ; il se pique de ce que ses malheurs ne sont point encore oubliez, & qu'il reste dequoy en exciter le souuenir. Il s'interroge, & se demande à quel dessein cét homme qui fait profession de m'aimer me décrit-il d'vne ancre si funeste ? & pourquoy a-il pris tant de peine à trauailler sur l'édroit de ma vie, que ie voudrois pouuoir effacer du nombre de mes iours ? Si ie n'estois pas innocent, il ne me falloit pas plaindre: & si ie n'auois point failly; il ne deuoit point ajouster à ma disgrace celle de la rendre si publique. Il entre en quelqu'ombrage sur cette amitié : ce qui luy auoit plû dans sa misere, luy déplaist dans son bon-heur. Il aura de l'auersion, & de la crainte à l'abord de cét amy: ses visites luy feront penser à ses mal-heurs; & il craindra qu'il ne tombe sur ce discours où il croit auoir reüssi, ayant pris tant de peine à le trauailler.

Tant il est vray que les lettres doiuent estre iudicieuses, & n'estre pas escrites, ny enuoyées sans vne meditation ; & sans auoir consideré quelle est la main qui l'escrit, & quels sont les yeux qui la liront. Elles peuuent contenir des secrets qui seront diuulguez apres la mort de celuy à qui vous les enuoyez, si elles tombent entre les mains de ses heritiers, ou d'autres personnes auec qui vous n'auez pas les mesmes habitudes d'amitié, & les mesmes obligations de garder le silence. Ioint qu'en se donnant la liberté de découurir ses sentimens sur les affaires qui se passent, & loüant vne conduite, ou la blasmant; vous vous astreignez à suiure ce que vous auez estimé, & à fuir ce que vous auez blasmé. Cela donne des liens, & des retenuës sur de semblables rencontres, où l'on doit agir, ou fait reputer pour inconstant. Ce malheur dans la conduite ciuile n'arriue pas au sujet des discours qui se font dans la conuersation : parce que ce ne sont que de simples paroles, qui pour parler aux termes d'Homere, ne sont receuës que par l'air, qui leur donnant des aisles, leur donne la puissance de s'enuoler, & de disparoistre.

La vengeance & la reconciliation ciuiles.

CHAPITRE XIV.

POur acheuer cét ouurage, & le composer de toutes les obseruations à faire generalement sur les accidens de la vie ciuile; il ne reste plus que celles qui apprennent à venger ciuilement les injures; à souffrir les aduersitez patiemment par la morale; & à dôner à ses enfans vne belle, & prudente institution. Commençons par la premiere. Entre les injures dont la vengeance est plus ciuile, sont celles qu'on reçoit de la part de ceux qui sont poussez d'ambition pareille à la nostre; & qui dans la brigue des mesmes charges, & des mesmes honneurs nous font de mauuais partis. En cét estat vne vengeance obstinée & persecutante, n'est pas si criminelle, qu'elle ne soit susceptible de quelque pardon : pourueu qu'elle soit faite si adroitement, qu'il semble qu'on ne fasse rien moins ; que lors qu'elle a plus de venin dans l'interieur, elle caresse la main dont elle voudroit couper le bras ; & semble obliger par des seruices legers, mais ciuils, celuy qui en est l'objet. Ainsi il ne faut pas s'y porter aueuglement, & pour toute sorte de sujets, si l'on n'en void le succez facile, & asseuré. La vengeance n'a que des laideurs, quand les mouuemens qui la poussent n'ont point de sujets d'indignation proportionnez aux traits qu'elle lance. Aussi le prouerbe qui dit, prestes & tends la main à ton ennemi pour le tirer de l'eau quand il n'y est que iusques à la moitié du corps ; & plonge-le entierement iusques à ce qu'il se noye, quand il y est iusques au col, est la mesure, & la reigle de la vengeance ; c'est à dire qu'on n'en la doit pas entreprendre qu'on n'en ait le succez dans les mains. C'est pourquoy ne vous mettez point en deuoir de la pratiquer sur toute sorte de personnes; n'en prenez pas indifferemment pour instrument tous ceux qui s'offrent de vous y seruir : souuent ils sont les pieges tendus par ceux dont vous voulez vous vanger. Ainsi n'en communiquez iamais le dessein qu'à ceux dont la fidelité vous est asseurée. Et comme ces preceptes sont icy transcrits, plûtost pour preuenir les coups dont on nous attaque, que pour en porter; ils vous dient que vous ayez tousiours quelques déffiances de ceux qui dans vos déplaisirs viennent vous offrir secours, quand vous ne les auez pas encore reconnus d'vne amitié si parfaite, que vostre interest leur soit commun. Lors qu'ils vous presseront, qu'ils vous en montreront les occasions plus apparentes; imitez les poissons, & les oyseaux, qui craignent d'autant plus l'hameçon, le filé, & la glu, qu'ils voyent, que l'appas les tente par la grosseur, & la beauté de l'amorce. La vengeance n'est point entreprise par la raison ciuile, si l'on n'est dans la puissance, ou dans vn espoir apparent qui ne trompe point pour trop flatter, de perdre entierement celuy dont on veut se vanger, ou de le mettre en vn estat de ne pouuoir plus nuire. Et i'ajouste qu'elle n'est pas legitime, si le sujet qui la fait agir n'est pour destourner nostre perte, empescher la ruine de nostre fortune; & conseruer nostre reputation, l'honneur de nos enfans, quand ceux qui font les injures en tirent des

vanitez

vanitez, & font des discours qui sont mortels à nostre gloire.

Il n'en est pas de mesme des injures qu'on reçoit des Princes, & de ceux qui ont sur nous la puissance de la mort, & de la vie : la vengeance en est tousiours criminelle, & la patience y est tousiours couronnée de fleurs. Non seulement le deuoir de la naissance, & de la sujettion y oblige, mais encore la crainte de la fureur de leur colere ; & les exemples tragiques que l'Histoire descrit en lettres de sang, où l'on void la plus grande partie de ces puissances superbes, qui ne considerent les hommes que comme des animaux créez pour leurs seruices, & pour assouuir leurs passions, auoir fait mourir des enfans aux yeux de leur pere ; & seruir apres leurs tables de leurs membres encores tout degoutans de sang. Ainsi si leurs inclinations sanglantes, ou leurs mauuais conseils persecutent vostre innocence, vostre vie, & vos fortunes, pour s'en emparer, ou faire de vos dépoüilles des presens à leurs fauoris ; la plus sainte voye à s'en defendre est la patience, & de montrer vn courage genereux, qui méprise & soustient tous les assauts qu'il reçoit. Et si cette persecution est si violente, qu'on voye visiblement les apprests de sa mort ; on doit abandonner le païs où l'on souffre tant d'ingratitudes & d'infortunes : à l'exemple de Scipion, de Metellus, de Solon, & de Lycurgue ; & ne se retirer pas dans les Estats voisins, alliez, ou amis des

Princes qui vous attaquent. Là vos ennemis auroient la mesme puissance de vous perdre; & vostre perte sembleroit estre vne suite de vostre peu de preuoyance. Mais vous deuez chercher de l'appuy, & de l'asseurance chez les ennemis de vostre païs; pourueu que ce ne soit pas à la façon d'vn Alcibiades, d'vn Sertorius, & d'vn Coriolan; qui prenans les armes contre leurs païs, le reduisirent à demander la paix, auec les larmes de leurs meres, & de leurs prestres. L'on n'approuua iamais ceux qui pour des sujets, quoy que iustes ont combattu leur Prince : l'exemple, & l'imitation des crimes des Souuerains n'est pas l'innocence des sujets.

Mais pour reuenir aux ennemis communs qui sont plus frequents; ne vous declarez pas contre eux ouuertement, que vous ne soyez dans l'entiere puissance de vous vanger. Dans les compagnies ne découurez pas le fiel que vous voulez vomir contre eux, si d'auanture on entre sur le recit, & la consideration de leurs actions. Dans la poursuite des vengeances qui se font iudiciairement, ne mesprisez pas les Iuges ordinaires, les Iuges des lieux; & subissez volontairement leur iurisdiction. Comme ils sont ialoux de la conseruer, vostre soufmission, & vostre obeïssance vous produiront leur faueur. Que si l'occasion, la necessité, la conscience vous obligent à la reconciliation; n'y reculez pas, mais tenez vous sur vos gardes. Si l'inimitié est publique, qu'elle se fasse publiquement; & si elle est domeſtique, qu'elle ſe faſſe en particulier. Vne reconciliation particuliere ne ſeroit pas la ſatisfaction d'vne injure publique: & vne reconciliation publique d'vn affront particulier & ſecret, auroit quelque ſorte de vanité, & diuulgueroit ce qu'on auroit tenu caché. La meilleure reconciliation eſt celle qui ſe fait par l'entremiſe, la puiſſance, & l'authorité des amis genereux, & qui ſont dans la Magiſtrature. Et la façon de s'y comporter apres vtilement, & de conuerſer auec eux, eſt de penſer que telles perſonnes ont eſté autrefois capables de trahir, & de faire injure; d'auoir deuant les yeux quels ſont les motifs de leur reconciliation ; de conſiderer ſi les mouuemens qui les y ont portez durent encores : & de croire qu'il ne faut pas ſeulement apporter du diſcernement à ce que l'on peut commettre à leurs ſoins, mais à ce que l'on doit oſter à leur connoiſſance.

Ce n'eſt pas que ie ne ſçache qu'en ſouffrant patiemment les injures, & que n'ayant point de deffiances d'vn ennemy reconcilié, ſi l'on pratique peu la ſageſſe ciuile, on s'auance beaucoup dans la Morale, & la Chreſtienne ; que l'on s'épargne vne infinité de ſoins & de trauerſes : & qu'on procure à ſon eſprit des tranquillitez d'vne douceur extreme. Dans cette reſolution on n'a d'obſtacles à vaincre que ſoy-meſme; & dans les mal-heurs qui nous perſecutent, le remede eſt en noſtre diſpoſition. Il ne faut que ſe tenir ferme, & ne s'ébranler point; ne s'abandonner pas à la douleur; se munir d'esperance, & leuer au Ciel les yeux du corps & de l'esprit; penser que les malheurs, & les fortunes sont de la dispensation de Dieu, qu'il manie le cours des Astres, leurs influences, qu'il fait subsister les Elemens, qu'il arreste la rouë de la fortune selon ses dispositions eternelles : & que dans leurs reuolutions on void souuent les sceptres changez en houlette, les Couronnes en bandeau d'infamie, le iour s'enueloper de tenebres, la santé faire place à l'indisposition, la vie se terminer par la mort; & dans les mesmes changemens la disgrace amener la faueur, & les fumiers produire des fleurs. Pour s'y maintenir, c'est assez de considerer la breueté de la vie, & les incommoditez qui sont vne partie de sa substance : & de se souuenir que ceux qui nous affligent n'ont qu'vne vie qui nous est commune; que nostre desespoir seroit la satisfaction de nos ennemis; & que leur malice ne desire que d'en voir les images funestes, & d'apprendre qu'en-fin nous laschons le pied en auoüant nostre deffaite. Ce remede est facile à pratiquer : tandis que la fortune exerce sa rage la plus violente, il ne faut que demeurer immobile : le rocher qui ne s'ébranle point rompt l'impetuosité de la vague, & rend son effort inutile. Mais ie veux accorder cette maxime de la vengeance ciuile auec la morale, & le Christianisme. Ie dis qu'il faut se vanger, non pas par vn esprit animé de passion, qui respire la violence, la haine, & le sang ; mais qui agisse sans attachement, par la seule consideration que c'est vne necessité des affaires ciuiles ; & que la malice des hommes, qui ne cherchent qu'à faire déplaisir aux autres, ne peut estre arrestée que par cette punitiõ. Ainsi la vengeance sera morale : estant raisonnée, ce ne seront point les mouuemens desreiglez qui la feront naistre : si elle est sans passion dans le desordre, elle sera sans crime ; & de cette sorte agissant auec prudence, & sans brutalité, ses traits seront plus acerez, & plus infaillibles.

La veritable instruction des enfans.

CHAPITRE DERNIER.

MAis comme les enfans soigneusement éleuez, & prudemment instruits, sur lesquels vn pere iette les yeux amoureusement, & fonde les pensées de l'éternité de sa famille, contribuent beaucoup à donner la patience dans les afflictions ; parce qu'on espere qu'vne portion de soy-mesme, lorsqu'on ne sera plus, pourra deuenir plus fortunée, ou bien estre dans l'âge des fortunes sous vn siecle moins tyrannique, & plus heureux pour les gens de bien : finissons cét ouurage en disant quelque chose de l'institution des enfans, qui les éleue dans ces capacitez de donner de grandes esperances à leur peres; & d'adoucir leurs malheurs par l'espoir des fortunes, que leurs merites brigueront necessairement. L'affection des peres vers les enfans, dans le soin qu'elle produit pour leur auancement, est d'vne nature si releuée, qu'elle surpasse les passions communes des hommes: & l'on void qu'ils s'y portent d'vne inclination si particuliere, qu'il n'est pas difficile à s'imaginer que Dieu la départ, & fait par sa bonté infinie qu'elle surpasse les forces naturelles. Comme les hommes dans la generation des enfans imitent Dieu dans la creation du monde, ou plûtost qu'ils sont les instrumens qui conseruent leur espece; tout ce qui concerne ceux ausquels ils ont donné la vie, est regardé d'eux d'vn autre œil que le reste des choses naturelles. Ils s'y prennent d'vne autre façon. Et comme ce qui se passe dans cette affection a quelque chose de diuin; si des haines qui font horreur quand on y pense s'y rencôtrent; ce n'est plus par le mouuement de la nature, mais par quelque punition diuine, qui pour estre executée, emprunte les passions humaines. Ainsi il est certain qu'vne affection de pere surpasse celles que donnent tous les desirs imaginables: & qu'vn fils qui fait gloire de son obeïssance, qui fait vanité de se soufmettre, de croire, & d'executer les belles instructions qu'vn pere iudicieux luy donne dans son experience, ou qu'il luy fait donner par des maistres qu'il a choisis prudemment; ne luy fait pas en reuanche vn present de satisfactions qui le touchent peu, mais qui le rauissent; & qui sont capables de charmer toute l'amertume que ses disgraces, la calomnie, ou l'enuie qu'on porte à sa vertu luy preparent sur la fin de ses iours. Il regarde auec plaisir que ses enfans ne sont qu'vne continuation de son innocence; & que les vertus coulent sur sa famille & ses descendans, comme sur leur lict naturel. Il void les iustes vengeurs de ses persecutions, & le terme necessaire de ses disgraces : parce que de si belles branches, de si belles fleurs, & de si beaux fruicts, feront respecter vne si belle souche.

Doncques, que la perte du temps qui manque à leur institution, donne aux peres plus de desplaisirs que la priuation de leurs charges, & la dépoüille de leurs richesses; puis qu'elle en sera l'appuy le plus solide, & l'affermissemét le plus inébranlable. Que leur trauail ne languisse pas, quand il sera necessaire de moderer les passions de leur ieunesse, & de reprimer leurs mouuemens qui ne seront pas dans l'honneur, dans la bien-seance, & permis par les loix. S'ils sont d'vn mauuais naturel, qui veut secoüer le ioug à l'obeyssance paternelle; peres, reprenez-les auec douceur, & vne remonstrance charitable, affectueuse, & bien raisonnée. Faites leur voir quelles sont les inclinations qui les poussent à ces mauuais deportemens; qu'elles ont esté les suites, & la fin de ceux qui ont executé ces desordres, & les mauuais conseils des personnes semblables à ceux qui les y portent. Et finalement, dites que leurs veritables amis ne sont pas de mesmes mœurs; que ceux qui s'opposent à leur fortune sont rauis de leurs desobeyssances, de leurs débauches; & que les rendans publiques, ils en font leurs auantages particuliers. S'ils profitent de vos charitables auertissemens; si vous les voyez portez au bien, qu'ils ayent formé quelques beaux desseins, & qu'ils se soient mis en deuoir de les executer; ne les blasmez plus, & ne leur reprochez point leur inconstance ordinaire, ou leurs vices qui les en destourneront: vous esteindriez ce beau feu qu'ils alloient allumer. Aussi ne les loüez point excessiuement de peur de leur donner de la vanité; & qu'ils ne presument trop de leur adresse, & des bon-heurs de leurs entreprises. Le milieu iustement partagé sera d'approuuer seulement leurs desseins, la promptitude & l'affection qu'ils y apportent; & de regarder dans l'execution ce qui merite plus de loüange : afin qu'ils reconnoissent vostre iugement; & qu'ils ne donnent de la satisfaction que quand ils font des ouurages entierement acheuez.

Si vous donnez leur conduite à des maistres, choisissez ceux qui ont de la reputation autant pour la Morale que pour les Sciences. Soignez qu'ils reçoiuent les instructions proportionnées à la capacité de leur âge. Que lors qu'ils ne sont

capables

capables que de la memoire, ils apprennent les exercices du corps, la Grammaire, la Geographie, les Mathematiques, & l'Astrologie. Que quand la raison commencera de prendre chez eux de la force, ils estudient en la science des Silogismes, & de la Morale. Et que lors qu'elle sera parfaite, que leur memoire, leur iugement, & leur imagination marcheront d'vn pas égal, ils composent des actiõs oratoires; & apprennent en suite la Physique, les Loix, l'Histoire, la Theologie, & ne soient pas ignorans dans les Arts Liberaux, & Mechaniques. Il ne faut point souffrir que leur ieunesse s'occupe aux diuertissemens sedentaires, mais aux plaisirs qui sont dans les actions du corps; comme la paume, la dance, le manege, & les armes. Le repos leur deuiendroit familier, & naturel; & le trauail leur seroit vn supplice. Prenez garde qu'ō ne les estouffe à force de les embrasser; qu'on ne les flatte par trop; & qu'on vante demésurément toutes leurs actions: ils ne connoistroient qu'à peine leurs deffauts, ils ne pourroient souffrir la verité; & prendroient cette habitude mal heureuse, qui empoisonne presqu'auiourd'huy tous les esprits. Que si vous les destinez à chercher fortune ailleurs que dans la maison paternelle, & la patrie; si vous les voulez donner aux seruices des Princes, aux emplois des commerces estrangers; faites leur vn naturel qui soit industrieux, robuste, subtil & prudent, qui aime le trauail, qui soit prompt à obeyr, à faire plaisir & ciuilité; & que leur visage soit tousiours égal, & riant. Et taschez qu'ils soient esleuez auec les enfans de ceux au seruice desquels vous voulez les employer.

Finalement, ayez soin qu'on les enseigne auec vne methode qui ait quelques attraits; & faites leur tousiours conceuoir l'esperance du bien, & de l'honneur. La douceur auancera plus chez les bons naturels que la force. L'emulation, les promesses, la recompense sont de meilleurs moyens pour les instruire que les verges, & le foüet. S'ils sont d'vne nature pesante, & materiele qu'il faille éueiller par la crainte du mal; le ieusne en sera la meilleure correction : il rend les esprits moins endormis, il apprend la sobrieté; & d'vn supplice on en fait vne vertu. Apres tout, ne mariez point vos filles auant vingt ans. Donnez à vos fils le plus d'instruction que vous pourrez pour les gentillesses du corps, apres auoir bien formé leurs esprits. Faites qu'ils sçachent presque toutes les langues, qu'ils parlent eloquemment, & auec modestie dans les compagnies; qu'ils apprennent tous les agréemens qui en font le diuertissement; qu'ils couchent bien par escrit, qu'ils peignent vne escriture facile à lire: & dés leur plus tendre ieunesse apprenez-leur à respondre sur le champ à tous les sujets sur lesquels on les interroge; afin de leur rendre l'esprit prompt, & present, & que leur langue ait l'habitude de prononcer auec grace. Pour derniere obferuation, fi vous auez plufieurs enfans capables de rendre des feruices, & que vous foyez dans vn Eftat, dans vne ville, où il y ait des brigues, & des actions; ayez foin qu'ils ne fuiuent pas tous vn mefme parti, & qu'ils entrent dans des interefts differens. Ceux qui feront dans la faueur adouciront les malheurs des difgraciez : fi les victorieux font regner le fang & la flamme; ils fouftrairont leurs freres vaincus d'vn empire fi funefte : au moins ceux qui pourroient leur faire des defplaifirs craindront leur vengeance.

CONCLVSION.

Voila, Lecteur, ce que i'ay propofé d'efcrire fur le fujet de la Science du Monde, ou de la Sageffe Ciuile. Si l'experience vous a donné d'autres obferuations; ne croyez pas que cét ouurage en foit moins acheué : il auroit fallu l'eftendre infiniment, fi i'auois parlé de la prudence particuliere qu'on doit apporter à chaque action de la vie. I'ay fatisfait à mon deffein, quand i'ay découuert generalement ce qui peut la rendre dans la bien-feance, & le fuccez, & que ie ne vous ay laiffé qu'à faire des reflexions particulieres, & des comparaifons à l'eftat de voftre profeffion, fur les accidens dont vous fentirez les atteintes, felon les affaires où vous serez introduit, & où vous serez appellé. Que si dans les soins d'accomplir ces preceptes, il se trouue quelques personnes qui n'ayent point succedé; ne pensez pas aussi que leur doctrine soit moins veritable, mais qu'on l'a mal executée : & qu'il ne faut pas perdre l'enuie de remonter sur mer quand en ses premiers voyages on a senty l'effort de l'orage, on a trouué des bancs & des escueils; & la nauigation difficile.

Leur premiere speculation ne rendra pas leur pratique facile, il leur faut vne estude serieuse, conforme à leur importance, qui soit reprise à diuerses fois par la meditation : & certes tous les iudicieux ont publié, que dans leurs termes Latins ils contenoient vn grand soulagement pour les necessitez ciuiles; ie croy qu'estant François ils n'auront rien perdu de leurs forces. Ce n'est pas vne entreprise nouuelle d'auoir trauaillé sur les sentimens de cét Autheur. Ce Liure, qu'il auoit fait sur la fin de ses iours, & qu'ainsi l'on peut appeller l'acheuement de son experience, ayant esté trouué dans ses papiers apres sa mort, & ayant paru comme vn posthume, ou comme vn enfant abandonné; celuy qui en a pris le soin, l'a baptisé d'vn autre nom, a changé les termes ausquels il trouuoit de l'obscurité, il en a ajousté quelques-vns comme par diuination : & ce qui se trouue entier de sa composition ne côtenant pas par tout vn sens acheué, i'ay pris la mesme licence, & ie l'ay fini selon le dessein qui m'obligeoit à ce trauail. Aussi, mon Lecteur, si vous prenez la peine de la conferer à son original, vous verrez que c'estoit vne copie qui n'estoit pas si facile à tirer, & que le pinceau ne deuoit pas seulement trauailler pour l'imitation, mais pour l'ajustement des couleurs. A peine en dix lignes y trouuerez-vous vn sens parfait dans vne suite acheuée. On l'a mis au iour apres la mort de son Autheur; il n'y paroist que comme vn ébauche, qui n'a point encore de viues couleurs, mais qui a des traits si hardis, & de si belles delicatesses, qu'on y connoist la main d'vn ouurier excellent. Selon ma force & ma connoissance i'en ay tiré ce qui m'a paru plus specieux; ie ne l'ay consideré que comme vne source qui roûloit ses eaux aussi bien sur la fange que sur le sable, ie n'ay puisé que les plus claires: & i'ay crû que l'habillant à la Françoise, ie deuois luy donner les ornemens qui sont à nostre mode. Mais vous auez appris dans la preface les motifs particuliers de la conduitte qui y a esté obseruée. Adieu

FIN.

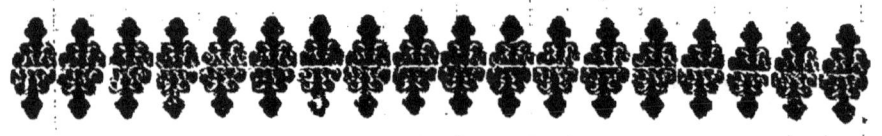

PRIVILEGE DV ROY.

LOVIS par la grace de Dieu Roy de France & de Nauarre, A nos amez & feaux Conseillers les gens tenans nos Cours de Parlement, Maistres des Requestes ordinaires de nostre Hostel, Baillifs, Seneschaux, Preuosts, leurs Lieutenans, & à tous autres nos Iusticiers & Officiers qu'il appartiendra Salut: Nostre cher & bien amé TOVSSAINCT QVINET Marchand Libraire & Imprimeur en nostre ville de Paris, nous a tres humblement remonstré, qu'il desireroit faire imprimer vn liure intitulé *la Science du Monde, ou la Sagesse Ciuile de Cardan, traduit par le Sieur Choppin Aduocat en Parlement*, ce qu'il ne peut faire sans nostre permission tres humblement requerant nos lettres : A CES CAVSES, Desirant fauorablement traicter l'exposant, Nous luy auons permis & octroyé, permettons & octroyons par ces presentes, d'imprimer ou faire imprimer ledit Liure, en tel volume, marge, caractere, & autant de fois que bon luy semblera, iceux vendre & distribuer par tout nostre Royaume, pendant le temps de dix années consecutiues, à commencer du iour qu'il sera acheué d'imprimer, pendant lequel temps, nous faisons tres-expresses defenses à tous Libraires & Imprimeurs, & autres personnes de quelque qualité & condition qu'ils soient, d'imprimer ou faire imprimer ledit Liure, vendre & distribuer sans le consentement dudit Exposant, ou ayans causes sous pretexte d'augmentation, correction, changement de tiltre, volume, caractere ou autrement, sur peine de trois mille liures d'amende, moitié à l'Exposant, & moitié à l'Hostel Dieu, & confiscation des Exemplaires contrefaits, amende arbitraire, despens, dommages & interests, à la charge d'en mettre deux Exemplaires en nostre Bibliotheque, & vne en celle de nostre trescher & feal le Sieur MOLE', Premier President & Garde des Seaux de France, auant que de les exposer en vente à peine de nullité des presentes, du contenu desquelles nous voulons que vous fassiez iouyr plainement & paisiblement ledit QVINET, & ceux qui auront droit de luy, sans qu'il leur soit donné aucun trouble ny empeschement. Voulons aussi qu'en mettant au commencement ou à la fin de chacun desdits Exemplaires vn Extrait des presentes, elles soient tenuës pour deuëment signifiées, & que foy y soit adioustée, & aux copies d'icelles collationnées par l'vn de nos amez & feaux Conseillers & Secretaires comme à l'original. Mandons au premier nostre Huissier ou Sergent sur ce requis, de faire pour l'execution de tout le contenu cy-dessus, tous exploits necessaires, sans demander autre permission. CAR tel est nostre plaisir, nonobstant oppositions ou appellations quelconques, & sans preiudice d'icelles, pour lesquelles nous ne voulons qu'il soit differé, Clameur de haro, Chartre Normande, Declarations, Arrests, Statuts & Reglemens, Confirmation d'iceux, & toutes autres Lettres ausquelles nous dérogeons pour ce regard. DONNE' à Paris le treisiesme iour de Septembre, l'an de grace mil six cens cinquante-vn, & de nostre regne le neufiesme. Signé, Par le Roy en son Conseil, OLIER.

Acheué d'imprimer pour la seconde fois, le trentiesme iour d'Auril mil six cens cinquante-deux.

Les Exemplaires ont esté fournis.

www.ingramcontent.com/pod-product-compliance
Lightning Source LLC
Chambersburg PA
CBHW050251230426
43664CB00012B/1916